beck'sche reihe

D1995906

bsr

Warum müssen wir leiden? Was dürfen wir hoffen? Was sollen wir tun? Diese Fragen treiben viele Menschen um. Die Antworten der Religionen auf diese existentiellen Fragen drohen heute zu erstarren oder zu verblassen. Michael von Brück betrachtet die alten Bilder der Religionen neu – und zwar angesichts der je eigenen, persönlichen Erfahrungen von Leiden und Hoffen, von Lernen und Erleben. Denn Religion und Spiritualität sind – wie alles Wichtige im Leben – nichts Statisches. Identität ist ein Prozeß. Und so zeigt dieses Buch nicht nur, wie man als Christ buddhistisch geprägt sein kann, sondern auch, welche Möglichkeiten der Befreiung von der Angst Christentum und Buddhismus sowie die ihnen eigenen Formen der Spiritualität anzubieten haben. Das sehr persönliche Buch wendet sich an Leserinnen und Leser, die ihr Leben nicht nur im Verbrauch materieller Güter, gewissermaßen im Konsumrausch, leben, sondern hoffen oder gar wissen, daß die Gestaltung des eigenen Lebens wie auch der Gesellschaft einem kreativen Abenteuer gleicht, das sich noch lange nicht erschöpft hat.

Michael von Brück ist Professor für Religionswissenschaft an der Ludwig-Maximilians-Universität München. Ausbildung zum Yoga- und Zen-Lehrer in Indien und Japan. Bei C. H. Beck erschienen von ihm «Buddhismus und Christentum» (mit Whalen Lai, 2000) sowie «Zen» (2. Auflage 2007).

Michael von Brück

Wie können wir leben?

Religion und Spiritualität
in einer Welt ohne Maß

Verlag C. H. Beck

Die erste Auflage dieses Buches erschien 2002 in gebundener Form
im Verlag C. H. Beck.
2.–4. Auflage. 2004
5. Auflage. 2005

1. Auflage in der Beck'schen Reihe. 2009

Satz: Janß GmbH, Pfungstadt
Druck und Bindung: Druckerei C. H. Beck, Nördlingen
Umschlaggestaltung: malsyteufel, Willich,
nach einem Entwurf von Gerwin Schmidt, München
Printed in Germany
ISBN 978 3 406 59050 4

www.beck.de

Inhalt

Vorwort zur Neuausgabe

Wie man in den Wald hineinruft, so schallt es heraus. Das gilt auch für uns selbst. Wir konditionieren uns durch unsere Gedanken, Ideen, Projekte. Nicht nur die Vergangenheit, also unser Bild der Geschichte, wird konstruiert durch die Art und Weise, wie wir die Gegenwart erleben, sondern auch die Zukunft: Wir erwarten das, was wir uns momentan vorstellen. Wenn wir nur schwarzsehen und ein Katastrophenszenario nach dem anderen entwerfen, berauben wir uns des Mutes und kreativer Veränderungspotentiale. Wenn wir aber Probleme und Gefahren verdrängen, stürzen wir als Traumtänzer in den Abgrund, den wir gar nicht gesehen haben. Angst und Euphorie sind Extremstimmungen, die ihren Platz im psychischen und sozialen Haushalt haben, aber keine brauchbaren Maßstäbe für den notwendigen Realismus setzen. Was aber ist wirklich? Das, was wir für wirklich halten, weil es wirkt. Wirkungen wiederum messen wir nach Maßstäben, die veränderlich sind. Was ist das Maß, das unseren heutigen Weltbildern, Geschichtskonstruktionen wie Zukunftsszenarien, zugrunde liegt?

Die Gegenwart ist, wie jede Zeit, vieldeutig. Auch ihre Maßstäbe. Eine dominante Größe ist das Maß des quantitativen Wachstums, das problematisch geworden ist. Eine realistische Analyse kann mit guten Gründen zu dem Urteil kommen: Die Menschheit hat das Maß verloren, weil sie Grenzen nicht oder an der falschen Stelle gezogen hat. Ob man die Ökologie, das globale Währungssystem, die internationalen Terrornetzwerke, die drohenden demographischen Verwerfungen, das Gesundheitssystem, das Gewaltpotential in der Gesellschaft, die Schulsysteme anschaut – alles ist an Grenzen gekommen.

An Studien und Vorschlägen ist kein Mangel. Die Debatte ereignet sich fundiert und pointiert in fast allen Medien. Doch zu selten stellen wir die fundamentalen Fragen so, daß existentiell-philosophische und historisch-politische Erwägungen miteinander verknüpft werden. Wagen wir, nach dem Grund und Sinn des Daseins zu fragen, so daß daraus Schlußfolgerungen für eine andere Lebenspraxis gezogen werden können?

Der Ruf nach Reformen auf allen Gebieten ist zum Mantra geworden, und jede Reform zeichnet sich dadurch aus, daß sie reformiert wird, bevor sie überhaupt umgesetzt ist. Sprechblasen verdecken die Ratlosigkeit. Der Grund: Man dreht fortwährend an den quantitativen Stellschrauben, verdrängt aber die Auseinandersetzung um Qualität. Genau das ist das Problem. Wenn aber die Debatte um Qualität und die Einübung in entsprechende Werte in der Praxis vermieden werden, ist die Suche nach den Parametern für eine «zukunftsfähige Gesellschaft» müßig.

Weder die Hoffnungen auf immer mehr quantitatives Wachstum, das die Gier befriedigt, noch die Szenarien des Untergangs, die der Angst entspringen, haben sich bisher als hilfreich erwiesen. Die Angst kann zwar aufrütteln, blockiert aber letztlich die Entdeckung kreativer Potentiale bzw. die Potentiale des Kreativen. Wie aber können Hoffnungen wachgehalten werden, die nicht nur einzelne Menschen motivieren, sondern einen Mentalitätswandel in der Gesellschaft ermöglichen, der notwendig zu sein scheint?

Ein realistischer Blick auf die Gegenwart zeigt, daß Globalisierung wohl eine unausweichliche Entwicklung ist, jedoch kein völlig neues Phänomen darstellt und gewiß nicht auf ökonomisch-technologische Entwicklungen reduziert werden kann. Spätestens seit Beginn der Neuzeit hat die europäisch-amerikanische Kulturwelt eine Dynamik entfaltet, die alle Völker, Sprachen, Religionen, Kontinente miteinander verbunden hat. Von einem «Kampf der Kulturen» kann keine Rede sein, denn die Auseinandersetzungen um «Tradition und Moderne» samt ihren Folgen für Werteorientierungen und soziale Lebensformen gehen mitten durch die Religionen und Kulturen hindurch. Die Kontroversen werden erbittert geführt, oft mit verbaler und sogar militärischer Gewalt. Es geht um Verteilungskämpfe von materiellen Gütern, aber nicht nur. Auch der Zugang zu Kultur, zu Bildung, zu eigener Lebensgestaltung steht auf dem Spiel. Können globale Märkte und regionale Lebensformen, die Identität und Heimat bieten, miteinander auskommen? Oder frißt die Globalisierung ihre Kinder?

Wenn wir die Situation beschreiben und Lösungen finden wollen, müssen wir unsere eigenen Denkvoraussetzungen verstehen, denn diese prägen unsere Maßstäbe und Sichtweisen. Unter den Bedingungen der Globalisierung kann eine solche Analyse nur interkulturell und interreligiös sein, denn das Orientierungswissen der Religionen speist sich im globalen Netz medialer Diskurse aus mehreren Religionen: Bilder der Hoffnungen und apokalyptische Ängste machen weder an Sprach- noch Institutionengrenzen halt. Wie aber steht es mit den Religionen in einer Welt, die von den Dynamiken der Wissenschaft und Technologie sowie der Märkte angetrieben wird und nicht von dem Bewußtsein der Begrenztheit gegenüber einer Transzendenz, die man kaum noch zu benennen wagt?

Die Religionen, einst Hüter der Überlieferung von Wissen und Werten, sind Hoffnungsträger für die einen, Inbegriff von Rückständigkeit und Gewalt für die anderen. Gewiß, Religionen bieten Orientierung. Sie richten den Menschen auf Lebenssinn aus, der sich nicht im materiellen Konsum erschöpft, sie beschwören die Würde eines jeden Individuums. Aber gleichzeitig sind sie verstrickt in die Macht- und Deutungskämpfe der Zeit, und das nicht nur, weil sie von der Politik mißbräuchlich instrumentalisiert würden, sondern auch, weil ihnen zumindest Tendenzen zu Ausschließlichkeit, Absolutsetzungen des eigenen Standpunkts und Unduldsamkeit innewohnen.*

Spätestens seit der weltweiten Finanz- und Wirtschaftskrise 2008/09 ist der Optimismus geschwunden, man könne mit schneller-besser-mehr (oder auch: einseitiger-korrupter-rücksichtsloser) dem Wettbewerbsdruck der globalisierten Märkte standhalten und die Zukunft «gewinnen». Jetzt zeigt sich, ob kulturelle Kräfte vorhanden sind, um Werte zu schöpfen, die

* Dazu: M. v. Brück (Hrsg.), Religion – Segen oder Fluch der Menschheit?, Frankfurt a. M.: Verlag der Weltreligionen 2008.

sich nicht in inflationär/deflationären Einheiten von Währungen messen lassen. *Aufbruch* ist vonnöten, und dieser ist durchaus sichtbar, wenn man genauer hinschaut. Überall bilden sich «alternative» Bewegungen: in der Medizin, in sozialen Systemen, in Finanzierungsstrategien, im pädagogischen Bereich, auch in den Religionen. Dies sind meist Anfänge, aber sie entwickeln sich. In Japan etwa haben große neu-buddhistische Laienbewegungen die etablierten «klassischen» Schulen des Buddhismus an Einfluß, Kreativität und Wirtschaftskraft überflügelt. Der «Engagierte Buddhismus» fordert die ritualisierten Sozialmuster buddhistischer Eliten heraus. Die Bewegungen einer «Kirche von unten», Basisgruppen und Initiativen aller Art bilden – in mehreren Kontinenten – neue solidarische christliche Gemeinschaften. Weltweit und religiös höchst unterschiedlich inspiriert, entstehen spirituelle Gruppierungen, die nicht ihre Identität aus dogmatischer Abgrenzung gegeneinander, sondern aus gestalterischer Lebenspraxis miteinander gewinnen. Im sozialen Bereich entstehen neue Lebensformen, die generationenübergreifend Menschen auf der Basis der Selbsthilfe zusammenführen. In der Medizin etabliert sich immer mehr eine Kooperation von alternativen Heilmethoden mit schulmedizinischer Apparatemedizin – der praktische Erfolg läßt Ressentiments schmelzen.

Das sind Zeichen der Hoffnung. Als dieses Buch im Jahre 2002 erstmals erschien, wollte ich das Thema der Hoffnung auf dem Hintergrund religionswissenschaftlicher Einsichten neu aufgreifen, indem ich die uralten Fragen des Menschen nach dem Leiden, der Hoffnung und den Handlungsspielräumen, nach den Möglichkeiten einer qualitativ veränderten spirituellen wie sozialen Praxis also, stellte. Es geht um Gründe für eine Praxis, die Hoffnung auf dem Hintergrund des Leidens in eine Motivation für die lebensstärkende Tat umsetzt. Die Spiritualität der Achtsamkeit, deren Grundlagen in diesem Buch erörtert werden, dient diesem Ziel. Das Anliegen ist aktuell.

München, im Mai 2009 *Michael von Brück*

Einleitung

Die Debatten um die «Krise der Zivilisation» reißen nicht ab. Insbesondere das nach wie vor wenig kontrollierte Bevölkerungswachstum, die zunehmende Kluft zwischen Armen und Reichen sowie Arbeitsuchenden und Arbeitenden, das (vorläufige) Scheitern der Klima-Konferenz von Kyoto und der weltweite Terrorismus machen Angst. Die Verarmung Afrikas, Lateinamerikas und einiger Teile Asiens erweist sich zunehmend als Problem auch für Europa und Amerika. Genetik, Bio- und Medizintechnologien, Nanotechnologie und der rasante Ausbau der Informationssysteme führen jedem Menschen die Unvorhersagbarkeit der Zukunft vor Augen. Eine neue Nachdenklichkeit hat eingesetzt: *Wie können wir leben*? Daß diese Frage auch im individuellen Lebensbereich aktuell ist, zeigen die Debatten um Sinnkrise, Werteverlust, Streßgesellschaft usw. Menschen fühlen sich zunehmend weniger frei in bezug auf die Gestaltung ihres eigenen Lebens, sondern eingeengt von «Sachzwängen» und Reizüberflutungen, denen sie sich nicht entziehen zu können glauben. Individualisierung hat auch zu Vereinsamung geführt, und die Fülle von therapeutischen Angeboten angesichts dieser Entwicklungen ist kaum noch überschaubar. «Man» sucht nach Orientierung, Heilung, Sinn. Die Ratgeber-Literatur findet reißenden Absatz, und auch die Suche nach religiösen Alternativen und Spiritualität verstärkt sich, obwohl die öffentliche Wirkung der institutionalisierten Religion (Kirchen) in Europa eher abzunehmen scheint.

Viele Menschen glauben heute, an einem Wendepunkt der Geschichte zu leben. Zwar ist *jede* Zeit geprägt von Kontinuität und Aufbruch, von Trägheit und Bewegung, doch das gegenwärtige Tempo der technologischen, wirtschaftlichen und auch gesellschaftlichen Wandlungsprozesse erzeugt Ohnmacht einerseits und Manipulationswahn andererseits, in beiden Fällen jedoch das Gefühl von Umbruch und Maßlosigkeit. Eine Welt ohne Maß? Globalisierung, gesellschaftliche Veränderungen, das faszinierende Projekt der europäischen Einigung nach Jahrhunderten kriegerischer Konflikte einerseits, eine drohende Konfrontation der Kulturen andererseits, die Notwendigkeit einer weltweiten Rechtsordnung also, die Dringlichkeit eines ökologischen Umbaus der Industriegesellschaft, vor allem aber die rasante Entwicklung in den Wissenschaften und ihre Folgen für die Ethik sind Stichworte, die ein solches Lebensgefühl verdichten.

«Wie können wir leben?» Es geht hier nicht um Imperative, wie wir leben *müssen*, sondern um das Ausloten von Möglichkeiten kreativer Lebensgestaltung, also darum, wie wir leben *können*. Ich werde zeigen, daß dies wesentlich davon abhängt, wie wir leben *wollen*. Dabei gehe ich aus von dem Ist-Zustand, der für denjenigen, dem sich die Frage überhaupt stellt, in der einen oder anderen Weise als *leidvoll* oder ungenügend empfunden wird, und ich suche nach erkennbaren Alternativen, die plausibel sind und als realisierbar erscheinen – d. h., ich frage nach dem, was *Hoffnung* genannt werden kann. Drittens stellt sich die Frage, was zu *tun* sei, damit Leben individuell wie kollektiv gelingen kann in einer Welt, die in vieler Hinsicht die Maßlosigkeit zum Maß aller Dinge macht. Wahrnehmung von Leiden wird bestimmt dadurch, wie wir das Leiden interpretieren, von unserem Bewußtsein also, das gesteuert wird durch Begriffe und Sprachbilder der Hoffnung oder der Angst, die sich unmittelbar und langfristig auswirken und bei der Gestaltung des Lebens hilfreich oder hinderlich sein können. Es geht also um ein Selbst-Erkennen des Bewußtseins und seiner Inhalte, das zu prüfen hat, was bei der Gestaltung unseres begrenzten Lebens möglich ist und was nicht. Die Begriffe und Bilder des Bewußtseins wiederum sind geprägt von Traditionen, in Religionen, Philosophie und Kunst, sowie vom alltäglichen gesellschaftlichen Diskurs. Wie können wir leben? Die drei klassischen menschlichen Fragen nach dem Leiden, der Hoffnung und dem Tun werden also erneut aufgeworfen, heute allerdings im Bewußtsein der Globalität des Schicksals der Menschheit im Kontext vieler kultureller und religiöser Traditionen, und zwar mit der Intention, der Ratlosigkeit und Angst zu widerstehen, damit wir unsere Verantwortung durch wohlüberlegtes individuelles wie politisches Handeln in einem bewußt gestalteten Leben wahrnehmen können.

Warum müssen wir leiden? Wer glaubt, auf diese Frage eine klare Antwort geben zu können, ist entweder naiv oder zynisch. Und doch gibt es menschliche Erfahrungen und mögliche Antworten, die hilfreich sein können. *Was dürfen wir hoffen?* Wer meint, Hoffnungen seien nur naive Utopien, die der kritischen Vernunft nicht standhalten, zerstört die Kreativität des Menschen. *Was sollen wir tun?* Wer fordert, daß alles auf einmal anders werden muß, sorgt dafür, daß alles bleibt, wie es ist, weil er sich übernimmt. Wer einfache Antworten sucht, muß enttäuscht werden, denn er verkennt die Komplexität der Welt. Komplexität zu reduzieren ist zwar sinnvoll, um *Durchsicht* zu gewinnen, was aber nicht selten zu Lasten der *Einsicht* in die tieferen Zusammenhänge von Lebensprozessen geht. Zwar ermöglicht die naturwissenschaftliche Methode des Experiments verallgemeinerbare Vorhersagen von Abläufen, Wissen also, das weitgehend widerspruchsfreie Aussagen zuläßt, doch der Preis ist eine hohe Abstraktion von den komplexen Zusammenhängen des Lebens, wobei die Abhängigkeit von der Versuchsanordnung, also von den Fragestellungen, die der Mensch an die Wirklichkeit heranträgt, bestehen bleibt. Der Mensch als Subjekt ist immer auch Teil der Gewinnung von Wissen. Die reine Objektivität des Wissens gibt es nicht, denn das Subjekt agiert mit einer derart unvorhersagbaren Komplexität, daß widerspruchsfreie und eindeutige Aussagen, die das menschliche Handeln und das menschliche Schicksal betreffen, nicht möglich sind. Und doch will ich versuchen, Wege und Möglichkeiten, neue, aber auch sehr alte Ansatzpunkte und Grundmuster aufzuzeigen, die aus der Lethargie bzw. dem Diktat der angeblichen Sachzwänge befreien können. Alle drei Fragen sind nämlich nicht nur den menschlichen Grundfragen, wie sie Immanuel Kant formuliert hat, nachempfunden, es sind auch Grundfragen in wohl allen Religionen.

Was aber sind *Religionen?* Sie sind Traditionen, die Gesellschaften über lange Zeiträume hinweg zusammenhalten, ihnen Werte und Deutungsmuster der Wirklichkeit geben. Religionen sind wie Sprachen, die man vorfindet, in die man hineingeboren wird, deren innere Zusammenhänge man erlernt und in denen man sich verständigt. Wie andere Institutionen auch werden Religionen von professionellen Spezialisten gehütet, die priesterliche Funktionen haben, nicht immer aber eigene religiöse Erfahrung kennen. Gleichzeitig gibt es in Religionen immer auch «Charismatiker» (Schamanen, Propheten, Ekstatiker), die aus *eigener* spiritueller Erfahrung die Welt deuten und ihre Mitmenschen auf Oberflächliches und Tiefgründiges hinweisen, damit geistige Kraft das Leben neu erfassen und transformieren kann. Unter *Spiritualität* verstehe ich den bewußten Umgang mit dem eigenen Bewußtsein, d. h. vor allem die Schulung der Wahrnehmung und die Entwicklung von Achtsamkeit in allen Lebensbezügen. Entwickelt sich die Spiritualität, kommt es zu neuen Deutungen der Welt, des Lebens und der Rolle des Menschen, zu einer Veränderung in den Religionen also. Religionen sind – wie alles Wichtige im Leben – nichts Statisches. Identität ist kein Ding, sondern ein Prozeß. Dieser Prozeß ist ein gegenseitiges Durchdrungensein von allem, was Menschen in einer sich ständig verändernden Welt erfahren, was sie durchdenken und fühlen. Religionen sind und bleiben dabei verschieden, sie drücken in einer je einzigartigen Sprache das Geheimnis des Lebendigseins aus. Doch diese Sprache verändert sich, sie kann reicher, aber auch ärmer werden. Es ist wie in der Dichtung: Wir werden von der Sprache geführt, aber *wir* sind es, die der Sprache erst das Leben einhauchen. Wir, in unserem Lebendigsein.

Dies ist ein persönliches Buch, d. h. mehr als eine wissenschaftliche Abhandlung. Denn anders als im streng wissenschaftlichen Verfahren, das jede vorläufige Erkenntnis und Behauptung immer neu zur Diskussion stellt, berühren persönliche existentielle Erfahrungen eine Schicht des Menschlichen, die in beinahe allen Kulturen mit dem verbunden war, was wir in der europäischen Tradition «religiöser Glaube» nennen. Religionen stützen sich auf grundlegende Behauptungen – meist «Offenbarungen» genannt – und Werte, die sie a priori akzeptieren und nicht begründen können. Angesichts der Vielzahl solcher Behauptungen müssen sie aber ihre Vernünftigkeit vor der Religionskritik erweisen und gerade auch im interreligiösen Gespräch auf den Prüfstand stellen. Denn im Streit der religiösen Meinungen geht es um Werte, die nicht nur autoritär akzeptiert, sondern von persönlicher spiritueller Erfahrung und ihrer vernünftigen Reflexion getragen werden. Erst dann können sie Ausstrahlungskraft gewinnen. Spirituelle Erfahrungen aber sind subjektiv und damit auf Ergänzung und rationale Vergewisserung angewiesen, sie sind nicht beliebig und austauschbar.

Ich wende mich an Leser, denen es nicht genügt, ihr Leben nur als Verbraucher von materiellen (oder geistigen) Gütern im Konsumrausch zu leben, an Menschen also, die wünschen und hoffen oder gar davon überzeugt sind, daß die Gestaltung des eigenen Lebens und die Gestaltung der Gesellschaft einem kreativen Abenteuer gleicht, das sich noch lange nicht erschöpft hat. Menschen, die bei allem Scheitern im Detail des Lebens die Werte von Freiheit, Gleichheit und Brüderlichkeit auch ohne ironischen Unterton buchstabieren wollen. Ich möchte die Leser einladen, die *alten* Bilder der Religionen *neu* zu betrachten, und zwar auf dem Hintergrund der je eigenen ganz persönlichen Erfahrung von Leiden und Hoffnung. Deshalb möchte, ja muß ich auch meine eigene Erfahrung einbeziehen, wobei ich mir der Grenzen deutlich bewußt bin, da letztlich nur in unmittelbarer Gemeinschaft Persönliches wirklich lebendig werden kann. Doch will ich mich darauf einlassen, um damit andere, wenn möglich, zum Abenteuer der spirituellen Entdeckung zu inspirieren. Vieles in meinem Leben erscheint mir als «Ent-deckung». Das meiste ist zu mir gekommen, nicht ich habe mich bewegt. Und ich bin neugierig.

Meine eigene Lebensgeschichte ist eng mit dem Zen verbunden. Zuvor war ich aufgewachsen in einem Elternhaus, in dem die christliche Freude an der Erlösung und der wunderbaren Schöpfung Gottes vor allem in der Musik lebendig war. Ich sang acht Jahre in einem Knabenchor, und noch heute kann ich weite Teile der Bibel auswendig singen (nicht sprechen). Religion wurde für mich weniger eine Sache intellektueller Sätze, sondern musikalischer Ausdruck, dankbare Anbetung. Vermutlich ist das der Grund dafür, daß ich schon früh ahnte, der wesentliche Beitrag des Christentums zum Erbe der Menschheit bestehe vielleicht weniger in den philosophischen Theorien als in der geistlichen Musik, die alle Schattierungen menschlichen Leidens, Ringens und Scheiterns, aber auch menschlicher Hoffnung und überirdischer Harmonie so einzigartig ergreifend zum Ausdruck bringen kann. Später kamen das Studium der Theologie und die Faszination durch die indische Geisteswelt hinzu. Zunächst war ich nur an der Sanskrit-Sprache interessiert, aber dann lasen wir Texte aus den Upanishaden und der Bhagavadgita, die mich nicht mehr losließen. Es war die Verbindung tiefer Herzensfrömmigkeit mit intellektueller Schärfe, besonders in der Gita und der Katha Upanishad, die mich neugierig machten auf eigene Entdeckungen. Und es begegneten mir zur rechten Zeit erfahrene Lehrer, das war entscheidend. Ihnen verdanke ich unzählige Anregungen und Einsichten, von denen auch dieses Buch geprägt ist. Von meinem akademischen Lehrer Peter Heidrich lernte ich, genaue Philologie mit kontemplativem Schweigen zu verbinden und angesichts der Fremdheit geistiger Welten vorschnelles Urteilen zu vermeiden. Die alten Chinesen waren in seinem Haus ebenso gegenwärtig wie Dantes «Göttliche Komödie» und Goethes «Faust». Er führte mich ein in das gegenständliche Meditieren und nahm mich später mit zu einem Meister, der mein weiteres Leben entscheidend beeinflussen sollte: der katholische Priester und Zen-Lehrer Hugo M. Enomiya-Lassalle. Unter seiner Anleitung unternahm ich die ersten Schritte in der Praxis der Zen-Meditation, unter großen Schmerzen und Widerständen zunächst, denn das stundenlange Sitzen war anfangs eine Qual – die Beine schmerzten, die innere Unruhe löste psychische Spannungen aus. Doch gleichzeitig wuchs eine Freiheit des Augenblicks in mir, die sich durch das Bewußtwerden des Atems einstellte. Später lud mich Lassalle nach Japan ein, wo ich bei anderen Meistern übte.

Doch zuvor kam die Begegnung mit Indien und dort mit Menschen, die für mich prägend wurden, vor allem mit dem Benediktiner Bede Griffiths und dem XIV. Dalai Lama. Zunächst studierte ich in Indien die Upanishaden, das Brahma-Sutra, die Kommentare Shankaras und auch das Yoga-System (in Theorie und Praxis). Durch die Begegnung mit dem Dalai Lama eröffnete sich mir die Welt des tibetischen Buddhismus. Indien, das war und ist der Eintritt in eine Welt der Widersprüche, die zu einer tieferen Begegnung mit sich selbst, den eigenen Werten, der Religion, den Zielen im persönlichen Leben zwingt.

Dann ging ich nach Japan. Dort faszinierte mich die Schönheit der Tempel, das Spielen der Shakuhachi-Flöte, ihr verhauchter Ton, der sich im Crescendo bruchlos zu einem schneidenden Trompetenklang verdichten kann. Im zenbuddhistischen Kloster rebellierte ich zunächst gegen den Druck der Disziplin, die sich bis auf die Art und Weise des Einschlafens und Schlafens auf der Matte im Zendo erstreckte. Alles erschien mir herzlos, mechanisch, perfekt eingeübt, als bloße und doch sehr schöne Fassade. Zerschmetterung des Ego – ja, aber auf diese Weise? Bis die erste eigene Erfahrung das selbstgewobene Netz von Verstrickungen, Ängsten, Gedanken und geheimen Wünschen zerreißen ließ – Frieden und ein tiefes inneres Lachen! Alles war in diesem Augenblick eins: die Schönheit, die Trauer, das Vorige und das, was im Moment war, der Ton einer Glocke in der Nachbarschaft. Ich empfand eine unbeschreibliche Freude, in der das Gefühl aufklang, das ich als Knabe während der h-Moll-Messe von Bach erlebt hatte, wenn wir das «Sanctus» sangen. Aber hier sang ich kein «Sanctus», sondern das «Sanctus» sang mich. Jede Millisekunde des Atmens war das Sanctus. Alles war Gegenwart.

Die Einzelheiten sind mir heute noch ganz greifbar. Es war, als hätte ich nach einer langen Wanderung durch den Himalaya den schweren Rucksack abgeworfen und ein Bad im kalten Gebirgsbach genommen – nun kam die Lebenswärme von innen zurück und erzeugte ein Gefühl von Leichtigkeit, von Freude. Das hielt an, und mein Üben war hinfort wie in ein anderes Licht getaucht. Erst später studierte ich, was ich erfahren hatte, d. h., ich beschäftigte mich mit buddhistischer Philosophie, der Geschichte der buddhistischen Traditionen, der Begegnung der Religionen.

Für mich waren es also eigene innere Erfahrungen und Begegnungen mit mehreren Religionen, die meinen Weg bestimmt haben und weiter prägen. Ich glaube, daß es Fügungen sind: Jedem begegnet im rechten Augenblick das, was ihm/ihr gemäß ist. Allerdings: Wir müssen achtsam sein, den Augenblick nicht zu verpassen. Achtsamkeit, also Meditation, kann man lernen – es ist nie zu spät. Die guten Augenblicke kehren in neuer Gestalt immer wieder, in unendlicher Fülle.

Noch einmal zu den drei Menschen, die mich zu dem angeregt haben, was ich in diesem Buch zu formulieren versuche: Hugo M. Enomiya-Lassalle (1898–1990) war einer der Pioniere des Zen im Westen und hat bahnbrechend gewirkt in der Begegung von Buddhismus und Christentum. Unbestechlich in seiner Art, bald knorrig-spröde, dann wieder entwaffnend heiter mit trockenem Humor, konnte Lassalle nüchterne Begeisterung wecken. In diesem Sinn ist er zum Lehrer und Zen-Meister für mich und Ungezählte, Christen wie auch Buddhisten und Menschen ohne Religionszugehörigkeit, geworden.

Der XIV. Dalai Lama (geb. 1935), ein bescheidener buddhistischer Mönch und zugleich ein verantwortungsvoller Politiker der Gewaltlosigkeit, verbindet herzliche Güte mit schallendem Humor. Allen politischen Widrigkeiten zum Trotz praktiziert und vermittelt er klare und einfache Handlungsmuster, so daß ich mich wie viele Menschen, die seine Nähe erfahren, bestärkt, ermutigt und voller Hoffnung fühle, ohne genau zu wissen, warum und wie dies möglich ist. Er hat die Gabe, im

Gespräch mit entwaffnender Direktheit und doch liebevoll jede Maske behutsam zu entfernen, hinter der man das jeweils eigentliche Problem zu verstecken sucht. Selbst in ausweglos erscheinenden Situationen gelingt es ihm, das Weiterführende zu sehen. Leiden ist für ihn eine Chance, freier zu werden. Wenn alles fraglich ist und dem Wandel unterliegt, so bleibt doch eine Grundhaltung für ihn unveränderlich: Er glaubt an das Gute in *jedem* Menschen, das nur entwickelt werden müsse. Der Dalai Lama betont immer wieder, daß jede einzelne Religion ihren ganz besonderen Charakter habe und daß es *eine* Theorie der Welt und des Menschen oder *eine* Ideologie für alle nicht geben könne. Vielmehr solle im Meinungsstreit geprüft werden, was unter den gegebenen Umständen für die Menschheit nützlich sei, was man voneinander lernen könne, damit eine vertiefte widerspruchsfreie neue Interpretation des je Eigenen möglich wird. Und das nicht, um eine abgehobene Innerlichkeit zu pflegen – «*nirvana* kommt später», sagt er schmunzelnd –, sondern um gewaltfreie Konfliktlösungen und mehr Gerechtigkeit in der Welt zu schaffen. Die Ausstrahlung des Dalai Lama, das ist vor allem kraftvolle Güte, gepaart mit geistiger Klarheit, die das ganze Leben im Nu auf einen Punkt zu bringen scheint.

Bede Griffiths (1906–1993) erlebte ich als warmherzigen und intellektuell neugierigen Menschen, der mit zarter Aufmerksamkeit behutsam auf alles Neue zuging und wohl gerade so nicht nur mich bis ins hohe Alter hinein mit seiner Begeisterung für die indische Geisteswelt anzustecken vermochte. Ihm war daran gelegen, die Gegensätze des Intuitiven und Rationalen, religiöse Erfahrung und Wissenschaft, Kunst und Philosophie miteinander zu verbinden und sein einfaches kontemplatives Leben im indischen Ashram als Modell neuer Lebensgemeinschaft für viele Menschen fruchtbar zu machen. In den letzten Lebensjahren reifte in ihm die Einsicht, daß alle überlieferten Religionen eher dominant, eben *maskulin*, seien und daß es gelte, die *feminine* Seite in den Religionen, aber auch in sich selbst, zu entdecken und zur Entfaltung zu bringen. Die Dualismen von Welt und Gott, Natur und Geist, Himmel und Erde zu integrieren sah er als Aufgabe für unsere gegenwärtige Generation. Bede Griffiths ist immer Christ geblieben, auch wenn er in der hinduistischen kontemplativen Erfahrung an denselben Urgrund zu rühren glaubte, der sich auch in den großen Texten des Christentums ausspricht. Die Große Mutter sah er nicht nur als Symbol, sondern als eine geistige, vielleicht sogar politische Haltung, aus der sich ein transpersonales Muster für das Gottes- und Menschenbild ergeben könne, das unserer Lebenspraxis eine andere, anmutigere und wahrhaftigere Richtung geben solle. «Small is beautiful», dieser Satz des Ökonomen E. F. Schumacher hatte es ihm angetan, und er suchte in allen Lebensbereichen das Einfache im Komplizierten zu entdecken, nicht im Sinne einer Reduktion, sondern als Besinnung auf das Wesentliche. Beinahe zwanzig Jahre lang haben wir immer wieder gemeinsam die Upanishaden und die Bhagavadgita gelesen, tibetische Klöster und indische Ashrams besucht, meditiert und die großen Feste der Religionen gefeiert.

Traditionelle Kulturen lebten in jeweils mehr oder weniger fest voneinander abgegrenzten Religionen und Wertvorstellungen, die die Gesellschaft zusammenhalten, Orientierung und Maß geben sollten. Daß es dabei nirgends konfliktfrei zuging, zeigt ein Blick in die Geschichte. Heute aber begegnen die Religionen einander institutionell in einer Weise, wie es das in der Menschheitsgeschichte noch nicht gegeben hat. Das erzeugt neue Konflikte, aber auch Möglichkeiten zu kreativen Synthesen. Wie die Welt in fünfhundert Jahren diesbezüglich aussehen wird, wissen wir nicht. Aber die Religionen begegnen einander auch als Übungswege, Denkformen und Gefühl in jedem einzelnen, der oder die Anteil an verschiedenen Kulturen, Sprachen und Lebensformen hat, und das sind heute nicht wenige Menschen.

Vieles von dem, was ich schreibe, ist Nachdenken über das, was meinen Werdegang geprägt hat und sich in mir selbst abspielt: wie etwa ein Christ buddhistisch geprägt wird, ohne aufzuhören, Christ zu sein. Folgendes Bild drängt sich mir auf: Es ist wie der Einstieg in einen tiefen Schacht ohne Treppen. Ich werde gehalten nur durch das Abstützen von Füßen und Händen an den Einstiegswänden. Die eine Wand ist für mich das Christentum, die andere die buddhistische Übungspraxis. Lasse ich auf der einen Seite los und taste mich einen Schritt tiefer vor, so folgt sehr bald der Schritt auch auf der anderen Seite. Es ist ein Loslassen und Neufinden, ohne Angst in tiefem Vertrauen, weil bisher alle Schritte zu neuen Erfahrungen und neuen Welten geführt haben. Ich kann die Theorien, die Rituale, die äußere Gestalt der Religionen schätzen, aber in Anbetracht der Grenzen des Erkennens auch gelassen relativieren. In Wirklichkeit ist alles noch einmal ganz anders, und das Tasten in die Tiefe hört nie auf.

Warum müssen wir leiden?

Selig sind, die da Leid tragen, denn sie sollen getröstet werden.
(Bergpredigt)

Religion ist der Trost der Leidenden.
(Giuseppe Verdi, La Traviata)

Warum müssen *wir* leiden? Warum muß *ich* leiden? Beide Fragen klingen ähnlich und sind doch ganz verschieden. Die erste Frage spricht ein philosophisches oder theologisches Problem an, ein weltanschaulich unterschiedlich formulierbares Rätsel: Warum ist die Welt, wie sie ist? Warum gibt es Leiden, wenn die Welt doch von einem guten Gott geschaffen wurde und darum gut sein sollte? Dann müßte es ein (noch) verborgenes Gutes, einen Sinn, im Leiden geben. Wenn die Welt hingegen schlecht ist, ist Leiden Ausdruck dieser Situation. Aber warum gibt es dann überhaupt eine Welt, oder vielmehr: Warum ist der Mensch in der Lage, sich über diese schlechte Welt zu erheben, indem er von einer besseren oder guten Welt träumen kann? Woher kommt dann die Hoffnung?

Die zweite Frage, warum muß *ich* leiden, wird aus der existentiellen Tiefe eines leidenden Menschen laut. Wer möchte es wagen, diese Frage, die wohl jeder Mensch irgendwann stellt, zu beantworten? Natürlich hängen beide Fragen zusammen, und sie können beide letztlich nicht widerspruchsfrei und rational beantwortet werden. Und zwar auch dann nicht, wenn referiert wird, was verschiedene Religionen zu diesem Thema gedacht und zu sagen haben. Eine Antwort, klar formuliert mit einem Satz, läßt sich nicht geben, und ich werde auch nicht versuchen, eine solche zu suggerieren. Dennoch möchte ich aufzeigen, unter welchem Erlebnis- und Verstehenshorizont diese Frage immer wieder gestellt worden ist, denn es gibt ja dokumentierte Lebenserfahrungen von Menschen, die gelernt haben, mit Leiden nicht nur umzugehen, sondern die aus diesem Prozeß wesentlichen Gewinn für ihr Leben gezogen haben.

1. Vorüberlegungen

Ich möchte ein chinesisches Märchen aus der Zeit von Lao-tzu voranstellen:

In einem chinesischen Dorfe lebte ein alter Mann, der ein wunderschönes weißes Pferd besaß. Darum beneideten ihn selbst die Fürsten. Der Greis lebte in ärmlichen Verhältnissen, doch sein Pferd verkaufte er nicht, weil er es als Freund betrachtete.

Als das Pferd eines Morgens verschwunden war, erzählte man sich im ganzen Dorf: «Schon immer haben wir gewußt, daß dieses Pferd eines Tages gestohlen würde. Welch ein Unglück für diesen alten Mann!» «So weit dürft ihr nicht gehen», erwiderte der alte Mann. «Richtig ist, daß das Pferd nicht mehr in seinem Stall ist, alles andere ist Urteil. Niemand weiß, ob dies ein Unglück ist oder ein Segen.»

Nach zwei Wochen kehrte der Schimmel, der nur in die Wildnis ausgebrochen war, mit einer Schar wilder Pferde zurück. «Du hast recht gehabt, alter Mann», sprach das ganze Dorf, «es war ein Segen, kein Unglück!» Darauf erwiderte der Greis: «Ihr geht wieder zu weit. Tatsache ist nur, daß das Pferd zurückgekehrt ist.»

Der alte Mann hatte einen Sohn, der nun mit diesen Pferden zu arbeiten begann. Doch bereits nach einigen Tagen stürzte er von einem Pferd und brach sich beide Beine. Im Dorf sprach man nun: «Alter Mann, du hattest recht, es war ein Unglück, denn dein einziger Sohn, der dich im Alter versorgen könnte, kann nun seine Beine nicht mehr gebrauchen.» Darauf antwortete der Mann: «Ihr geht wieder zu weit. Sagt doch einfach, daß sich mein Sohn die Beine gebrochen hat. Wer kann denn wissen, ob dies ein Unheil ist oder ein Segen?»

Bald darauf brach ein Krieg im Lande aus. Alle jungen Männer wurden in die Armee eingezogen. Einzig der Sohn des alten Mannes blieb daheim, weil er ein Krüppel war. Die Bewohner des Dorfes meinten: «Der Unfall war ein Segen, du hattest recht.» Darauf entgegnete der alte Mann: «Warum seid ihr vom Urteilen so besessen? Richtig ist nur, daß eure Söhne ins Heer eingezogen wurden, mein Sohn jedoch nicht. Ob dies ein Segen oder ein Unglück ist, wer weiß?»

Diese Geschichte sagt schon fast alles zu unserem Thema: Ein Urteil steht uns nicht zu, weil wir das Ganze nicht überblicken. Wir können nur Einzelaspekte unseres Lebens betrachten, einzelne Episoden und Phasen aus Vergangenheit und Gegenwart herausgreifen und beurteilen, die von uns dann häufig vorschnell gewertet werden und dadurch den Blick einengen. Die Anmaßung des Urteils ist vielmehr Symptom der Maßlosigkeit einer anthropozentrischen Perspektive, die in der modernen Kultur dominant ist und sich so ihre eigene Verzweiflung beschert. Ein Urteil steht uns also nicht zu, aber dennoch stellen wir die Frage: Warum müssen wir leiden? Da wir, wie mit all unseren Fragen, nicht allein sind und Menschen, soweit die dokumentierte Geschichte zurückreicht, diese Frage schon immer gestellt haben, ist es auch hier angebracht, das Rad nicht neu erfinden zu wollen, sondern die Antworten in der Geschichte zu betrachten. Manche Leser werden fragen, ob es hier nicht vornehmlich um die Frage der Theodizee, der Rechtfertigung Gottes, ginge: Wo war Gott, als dies und jenes geschah, als Millionen von Menschen ermordet wurden oder ein kleines Kind unvorstellbaren Mißhandlungen ausgesetzt war? Wo war Gott?

Ich möchte diese Frage umkehren und fragen: Wo waren die Menschen? Wir sind sehr schnell mit unserem Vorwurf «Wo war Gott?» und schieben das Problem von uns weg in die Theodizee, anstelle anthropologisch zu fragen: Wo war der Mensch angesichts dieser leidvollen Ereignisse, die ich eben nannte?

Alle Religionen, mit denen ich mich befaßt habe, drücken auf verschiedene Weise die Erfahrung aus, daß der Weg zur

Freude, der Weg zur menschlichen Erfüllung nicht am Leid vorbeiführt, sondern durch das Leid hindurch. Eben «die da Leid tragen», sie sind es, die getröstet werden sollen. Aber was heißt «die da Leid tragen»? Im griechischen Text steht *penthountes*, d. h. nicht diejenigen, die sich im Schmerz über die eigene Fehlbarkeit oder die eigenen Sünden verlieren, sondern die trauern über das Böse in der Welt und besonders im Menschen, die klagen und nicht verdrängen, sie sind es, die hier selig gepriesen werden.

2. *Typologien*

Leiden ist mit dem Menschsein verbunden. Zumindest insoweit, als der Mensch sterblich ist. Sterben und Tod werden zwar in den einzelnen Religionen und Kulturen sehr unterschiedlich interpretiert, aber daß wir sterben werden und uns damit auseinanderzusetzen haben, ist jedem Menschen – zumindest von einem bestimmten Lebensalter an – zu allen Zeiten bewußt gewesen. Es geht hier um eine der wichtigsten Grunderfahrungen des Menschen. Und so sind Leiden und Tod in der Geschichte der Religionen immer ein zentrales Thema gewesen, das jeweils neu und in äußerst vielgestaltiger Weise bedacht worden ist. Mir scheint, daß sich trotz vieler Unterschiede doch einige Grundmuster herausschälen lassen, wie das Leiden verstanden worden ist. Ich möchte vier Typen der Antwort unterscheiden.

Erstens gilt Leiden als Strafe für Sünde.

Dann *zweitens* auch als pädagogisches Mittel, damit der Mensch gebessert werde. Leiden bewirke, hier und jetzt ganz da zu sein. Leiden könne dem Menschen die Augen für sich selbst öffnen und dann vielleicht auch für andere. Leiden sei das Tor, Mitleiden zu lernen.

Eine *dritte* Antwort geht in die Richtung, daß Leiden ein notwendiges Übel sei, nämlich der Preis dafür, daß der Mensch zumindest ein gewisses Maß an Freiheit genießen könne. Wenn es dem Menschen völlig unmöglich wäre, übel zu handeln, wäre er nicht frei. Wenn es ihm versagt wäre zu leiden, könnte er auch kein Glück genießen, sondern wäre letztendlich eine determinierte Maschine.

Viel häufiger aber, und keineswegs nur in der heutigen Zeit, scheinen sich viele mit der *vierten* Antwort, die eine Nicht-Antwort ist, zu begnügen, nämlich das Leiden oder die Antwort darauf zu verdrängen. Keineswegs erst heute ist dies der Fall, denn schon Schriftsteller in der Antike, der griechischen wie der indischen, beklagen diese Leidensvergessenheit und die daraus folgende Gedankenlosigkeit der Menschen. Ja, bei dieser Verdrängung geht man oft so weit zu behaupten, daß die Frage nach dem Leiden eine unzulässige, sinnlose Frage sei, weil sie theoretisch nicht beantwortet werden könne.

Es bleibt aber das Leiden als Angst vor dem Sterben und dem Tod, angesichts derer wir machtlos sind. Krankheit und Tod konfrontieren uns mit der Verletzlichkeit des Lebens. Wir können noch so erfolgreich und scheinbar autark das Leben meistern – platzt nur ein Äderchen im Gehirn, ist alles dahin. Auch in der Einsamkeit, die jeder Mensch irgendwann erfährt, zeigt sich unser Ausgesetztsein. Verletzlichkeit, Einsamkeit, Krankheit und Tod sind unvermeidlich, und sie sind der Nährboden für eine tief wurzelnde Angst. Je mehr wir diese Angst verdrängen, um so mehr macht sie sich in unseren Träumen, in unseren unbewußten Wahrnehmungsstrukturen, in unserem Fühlen wieder bemerkbar. Verdrängen schafft bekanntlich die Probleme nicht aus der Welt, sondern ganz im Gegenteil kehrt das Verdrängte in stärkerer und meist weniger kontrollierbarer Gestalt zurück. Deshalb ist es in vielen Religionen ein wichtiges Ziel der menschlichen Reifung, das Sterben zu lernen und das Leiden zu lernen, d. h. die *ars moriendi* (Kunst zu sterben) zu üben, weil darin das Ziel der spirituellen Reifung anklingt. Wer sterben kann, kann sich auch der Fülle des Lebens öffnen. Leiden läßt sich auf Dauer nicht verdrängen, Leiden kann auch nicht rationalisiert werden. Wir können lernen, es anzunehmen und in dieser Annahme auch zu integrieren. Aber können wir es verstehen?

Menschen können am Leiden zerbrechen oder aber auch, wenn sie mit dem Leiden umgehen lernen, hindurchgehen und dann eine Haltung der Achtsamkeit einüben, die durch die Leiderfahrung ermöglicht wird. Daraus wächst Verstehen. Wenn ich sage «verstehen, ohne zu rationalisieren», dann meine ich damit ein Hineingehen, ein Hineinleben, eine Empathie in das Leiden und die Leidenden, auch in das je eigene Leiden, zu entwickeln, um das Leiden bewältigen zu können. Oder anders ausgedrückt: Wir können nur in mehrdeutigen Bildern und Geschichten über das reden, was wir mit dem Leiden und seiner Überwindung ansprechen. Mit dem Leiden umgehen lernen setzt die Gegenwart anderer Menschen voraus. Denn nur in Gemeinschaft, in Beziehungen, die über das Kreisen in sich selbst hinausführen, kann das Ausgesetztsein einen Halt finden, aufgehoben und angenommen werden. Warum? Weil das Leiden gerade darin wurzelt und sich ständig neu generiert, daß Menschen aus Unwissenheit eine Identität suchen, die den Wandel, das Vergehen und den Tod ignoriert. So entsteht ein metaphysischer Riß zwischen dem Guten und dem Vergänglichen. Um ihn zu überspielen, werden Abgrenzungen als Ausgrenzungen inszeniert, die das jeweils Ausgegrenzte zunächst der Verstehbarkeit, dann der identifizierenden Empathie und schließlich dem Mitgefühl entziehen: Der oder das Andere kann dann ausgegrenzt und vernichtet werden.

Ich möchte drei Ebenen des Leidens unterscheiden. Dabei gilt es zu bedenken, daß zwar alle drei Ebenen jedes Leben mitprägen, daß sie aber dennoch nicht verwechselt werden dürfen.

Ebene der Evolution

Das, was wir als Naturkatastrophen erleben, erleben wir aus *menschlicher Perspektive* als Katastrophe. Es handelt sich dabei aber meist um in der Natur und mit der Natur gegebene Prozesse, die an die Erdentwicklung und das mit dieser Entwicklung verbundene Leben gekoppelt und darum nicht zu ändern sind. Die Welt wäre eine völlig andere, wenn es nicht so wäre, wie es ist. Ob eine ganz anders strukturierte Welt denkmöglich ist, welche die beste der möglichen Welten sei (Leibniz), sind Fragen, die von der Art und Weise unseres Bewußtseins und seinen Strukturen abhängen, die wiederum ein Aspekt *dieser* unserer Welt sind. Das Problem endet also im Zirkelschluß.

Ein Erdbeben ist ein Naturereignis. Sicherlich ist es eine Katastrophe, zunächst im Wortsinn eine Umkehr, eine Umwälzung von Naturprozessen. Solche Prozesse geschehen so, als wäre ein leidendes fühlendes Wesen nicht vorhanden. Der Mensch kann die Zusammenhänge erkennen und in begrenztem Maße Vorsorge treffen. Wer sein Haus auf einen gefährdeten Platz baut, hat die Konsequenzen zu tragen, könnte man argumentieren. Wobei wir allerdings sofort einschränken müssen, daß es letztlich keinen Ort gibt, der nicht in irgendeiner Weise gefährdet wäre.

Leiden, das vom Menschen und auch von Tieren als solches empfunden wird und das aus der Natur kommt, ist also mit der Evolution und der Geschichte der Natur unweigerlich gegeben. Es handelt sich dabei um eine Weise des Fühlens oder der denkenden Interpretation des Menschen, die überhaupt erst durch die Wahrnehmung von Unterschieden möglich wird. Die Neuropsychologie etwa würde in dieser Weise argumentieren und sagen, Bewußtsein könne überhaupt erst mit dem Empfindungsvermögen für Lust und Schmerz beginnen. Aus der Unterscheidung erst gewönnen wir Bewußtsein und bewußte Wahrnehmung, denn als unbewertetes Wissen oder gleichgültiges Daseinsgefühl wäre Bewußtsein, jedenfalls biologisch, sinnlos. Kein Wesen hätte Veranlassung, sein momentanes Erleben entweder zu erhalten oder zu verändern. Das bedeutet, daß die Differenz von Lust und Leid, von Schmerz oder angenehmem Gefühl der Motor für die Psyche ist, die Antriebskraft, die uns Dinge empfinden und dann gestalten läßt. Auch Körperschmerzen haben ja in diesem Sinne ihre Bedeutung, denn sie können eine Warnung sein. Ohne den Schmerz würden wir unsere Hand verbrennen, wie man aus der Geschichte von Leprakranken weiß.

Dies ist keine Antwort auf die Frage, *warum* die Welt so eingerichtet ist, wie sie ist, sondern die Feststellung: Weil die Welt so eingerichtet ist, daß sich Leben aus den Prozessen der Natur entwickelt und sich bewußtes Leben aus den Potentialen des Lebendigen überhaupt herauskristallisiert hat, muß die Möglichkeit der Wahrnehmung von Differenz, also auch des Leidens, unausweichlich sein.

Wir können in diesem Zusammenhang noch einen dritten Gesichtspunkt ins Feld führen und sagen: Weil die Welt nicht abgeschlossen, sondern ein offenes System ist, weil auch unser Bewußtsein ein offenes System ist und dadurch Handeln, Wahrnehmen und Denken über bloße instinkthafte Reaktionen hinaus ermöglicht werden, aus diesem Grunde ist auch Leiden ein völlig normaler und nicht wegzudenkender Teil unserer Lebenswelt. Leiden also entsteht, weil die Welt nicht abgeschlossen ist. In der Natur strebt jedes System, also auch jedes Lebewesen, nach einem Gleichgewicht. Ein Lebewesen ist um so komplexer, je mehr unterschiedliche Gleichgewichts-Prozesse es verknüpft und in Balance bringt. Einzelne Kräfte oder Aspekte in diesen Systemen tendieren dazu, das bestehende Maß zu überschreiten, d. h., sie streben aus der Balance hinaus und verursachen Ungleichgewichte. Damit schaffen sie die schöpferischen Momente, in denen Altes zerbrechen und Neues entstehen kann. Ein solches notwendiges Herausfallen aus der Balance ist aber leidvoll, wie schon Aristoteles wußte. Diese Überlegung hängt funktional mit dem Argument zusammen, das ich zuvor schon erwähnt hatte, daß nämlich Leiden die Begleiterscheinung der Freiheit im Geiste, der Freiheit auch in der Natur, der Freiheit zu neuen und erweiterten Entwicklungsmöglichkeiten ist. Das, was wir in der Natur als leidvoll empfinden, ist ihre unendliche Verwandlungskraft.

Ich stelle hier nicht das Problem zur Diskussion, das der Philosoph Gottfried Wilhelm Leibniz gesehen hat, als er behauptete, daß unsere Welt die beste aller möglichen Welten sei, auch wenn prinzipiell andere Welten denkbar wären. Leibniz kam argumentativ zu dem Ergebnis, daß trotz allen Leidens eine bessere oder funktionalere Welt nicht denkbar sei.

Man kann Leibniz widersprechen mit der Behauptung, daß sicherlich andere theoretische Modelle denkbar wären. Aber diese Welt ist, so wie sie ist, darauf angelegt, daß wir sie in Polaritäten oder Gegensätzen (von «mehr oder weniger», von Hell und Dunkel, Plus und Minus usw.) erleben. Jeder Gewinn auf der einen Seite hat seinen Preis auf der anderen. Wir wären überhaupt nicht wir, wenn wir nicht in diesen Polaritäten erleben würden. Das ganze Argument hängt in jedem Fall an unseren Wahrnehmungs- und Urteilsweisen, die eben *dieser* Welt und nicht einer anderen möglichen entstammen, wie ich schon sagte.

Dies ist die erste Ebene: Leiden aufgrund der Gegebenheiten in der Natur, aufgrund der erwähnten Polarität, der Differenz, der Unterscheidung, die sich mit bewußtem Wahrnehmen zwangsläufig ergibt.

Ebene der gesellschaftlichen Beziehungen

Hier geht es um das Leiden, das Menschen einander zufügen durch ihren Machttrieb, ihren Selbstbehauptungswillen, ihr Ego. In diesem Sinne ist das Leiden eine Folge des Bewußtseins des Menschen, der noch nicht reif ist und dessen Wahrnehmung unzureichend ist. Auf dieser Ebene geschieht das, was wir als das Böse erleben: wo Menschen aus Gier, Haß oder Dummheit nackte Gewalt ausüben oder gleichgültig am bedürftigen Mitmenschen vorbeigehen. Zwar ist die Geschichte der Menschheit eine Geschichte des Versuches, Gewalt- und Aggressionspotentiale durch Rechtssysteme zu domestizieren, und diese Versuche sind keineswegs erfolglos geblieben. Aber es wäre naiv zu glauben, daß dadurch Gewalt und Rechtsbruch überwunden werden können.[1] Es kommt hinzu, daß sich das Böse ja keineswegs «nur» in Gestalt des offenkundigen Verbrechens zeigt. Ganz im Gegenteil: Stumpfheit, Gleichgültigkeit, Spießertum und der alltägliche Terror der korrekt verwalteten

1 Die Thematik des Bösen habe ich in vielen Gesprächen mit Werner Huth, München, erörtert. Ihm bin ich für Einsichten zu Dank verpflichtet.

Pflicht können wirkliches Mitgefühl und die Aufmerksamkeit für sich selbst und den Anderen untergraben. All dies resultiert daher, daß ein unsicheres Ich sich zu behaupten sucht, weil die freie Selbstbejahung scheitert.

Ich möchte vom Standpunkt des Zen-Buddhismus her eine Behauptung aufstellen: *«Leiden liegt darin begründet, daß Menschen Dinge tun, die sie nicht begreifen, deren Bedeutung sie sich aber haben einreden lassen.»*[2]

Was heißt das? Wir meinen, ein bestimmtes Ziel zu verfolgen, das wir rational verteidigen und uns zu eigen gemacht haben. Man hat es uns aber eingeredet, und mit dem «man» meine ich eine ganze Bandbreite von Autoritäten, durchaus auch die internalisierten. Wir verstehen oft die Zusammenhänge nicht, urteilen aber vorschnell. Anders der Chinese aus der Geschichte, die ich oben erzählt habe, der solche vorschnellen Urteile, solches vermeintliche Wissen, abwehrt. Leiden, das wir einander zufügen aufgrund unseres Machtwillens, hängt mit einer unreifen und unzureichenden Wahrnehmung zusammen. Es ist insofern eine Folge des Leidens, das wir unter der ersten Kategorie als dem naturhaften Leiden besprochen haben, da Menschen, die diese Art von Leidzufügung oder von Unreife verkörpern – nicht immer, aber oft –, diejenigen sind, die mit dem Schmerz, den sie selbst erleben, nicht umgehen können und ihn deshalb nach außen projizieren und auf diese Weise ausleben, entweder in destruktiver Aggression gegen sich selbst oder in Aggression gegen Andere. Ein Beispiel für Autoaggression wären Eßstörungen und das Drogenproblem, ein Beispiel für Aggression gegen Andere sind Kriege – von Ehekriegen, Beziehungskriegen bis zu politischen Kriegen zwischen Völkern. Diese Gestalt des Leidens hat zu tun mit einem Mangel an Gemeinschaftsfähigkeit, der wiederum eine Wurzel in der Unfähigkeit hat, sich selbst zu akzeptieren und zu bejahen. Denn einerseits entsteht das Empfinden von Schuld, wenn sich ein individueller

2 Ähnlich formuliert bei F. S. Nakagawa, Zen – weil wir Menschen sind, Berlin: Theseus 1997.

Trieb- oder Handlungsimpuls gegen das internalisierte Über-Ich[3] behauptet, andererseits dadurch, daß der Mensch spürt, nicht ganz er selbst zu sein, wenn er fühlt, denkt und handelt, also seine Potentiale nicht auszuschöpfen vermag. Im Spannungsfeld beider Ungenügsamkeiten ist jeder Mensch auf seine Mitmenschen bezogen, und er kann gar nicht anders, als ihnen «etwas schuldig» zu bleiben angesichts der unerschöpflichen Tiefe menschlicher Wünsche und Gestaltungsmöglichkeiten. Schuldgefühle sind eine Reaktion auf unerlöstes Leid, und Schuldgefühle sind nicht selten der Wurzelboden für grauenhafte Aggressionen, die dann auf ganz andere Weise rationalisiert werden. Andererseits aber haben Schuldgefühle entwicklungsbedingt den Sinn, unser einmaliges Ich und damit ein unverwechselbares Gewissen herauszubilden. Und das wiederum, um unsere Wahrnehmung zu schärfen, d. h., um uns überhaupt achtsam zu machen für die eigene Bedürftigkeit sowie die Probleme und Bedürfnisse der Anderen. Das Zerstörende liegt auch hier im Maßlosen, nämlich in der übermäßigen Verstärkung von Schuldgefühlen, im «Überhang» derselben über längere Zeiträume hinweg, wodurch sie zu einem Gefängnis werden. Der angemessene Umgang mit Schuldgefühlen ist eher der, daß wir lernen, durch sie hindurchzugehen, durch sie zu reifen, um auf einer anderen Systemebene, einer «höheren Stufe» gleichsam, zu vertiefter und erweiterter Gemeinschaft zu gelangen und die Einsicht in einen umfassenderen Zusammenhang zu gewinnen, der uns *als Erfahrung* immer noch bevorsteht. Das ist es, was uns einen Neuanfang erlaubt, so daß wir nicht wie in einem Gefängnis von Schuld ständig Aggression aufstauen, die nur durch gewaltsame Abfuhr nach außen aufgelöst werden kann. Diese Zusammenhänge und Mechanismen sollten genannt und erkannt werden, wenn wir uns auf der Ebene subtiler Verstrickungen in leidvollen Beziehungen, die sich in Aggres-

3 Ich gebrauche den Begriff in einem ganz allgemeinen Sinn, durchaus aber mit Bezug auf Freuds Theorie des Über-Ich und Heideggers Uneigentlichkeit im «man». (Dazu: W. Huth, Zur Dynamik von Schuldgefühlen, Stimmen der Zeit, Bd. 190/11, Nov 1972, 315–324.)

sionen und Leidverursachung äußern, besser zurechtfinden wollen.

Andererseits ist es aber durchaus nicht so, daß wir durch die leidvolle Situation, aufgrund des Verstricktseins in Muster destruktiver Aggression bzw. in Verhältnisse der ständig neu erzeugten Schuld, ertrinken müssen, als ob wir dann notgedrungen nicht nur unsere Menschlichkeit vergessen würden, sondern die Würde des Menschlichen überhaupt nur eine Verdrängungsphantasie wäre. Denn dieser Negativität, diesem Ekel am Menschlichen, der sich etwa in bestimmten Formen des Existentialismus Luft gemacht hat, widerspricht eine Erfahrung, die Albert Camus in seinem Roman «Die Pest» so formuliert hat: «In Zeiten der Pest lernen wir, daß es im Menschen mehr Dinge zu bewundern als zu verachten gibt.» Und zwar deshalb, weil sich gerade in Zeiten der äußersten Verstrikkung, in der scheinbar brutalsten und nacktesten Existenzbehauptung, auch die Solidarität, die Gemeinschaftsfähigkeit und die Liebesfähigkeit von Menschen eindrucksvoll zeigen und entwickeln können. Wie aber steht es um die Zeiten alltäglicher Banalität?

Fixieren wir uns bloß nicht auf den Gedanken, der Mensch sei übel, der Mensch tue (fast) nur Böses. Gewiß, wenn man täglich die Zeitung aufschlägt und seine Meinung durch nichts anderes als derartige Lektüre bildet, könnte man vielleicht zu diesem Urteil kommen. Daneben aber gibt es selbstlose Solidarität und Mitmenschlichkeit überall, gerade im unscheinbaren Alltag, und zwar gerade in «Zeiten der Pest», wo man im Menschen mehr Dinge bewundern als verachten kann. Wenn wir nur bereit sind, die Gegenwart nicht einfach als Summe des Vergangenen zu begreifen und die Zukunft vielleicht als eine Hochrechnung der addierten Vergangenheit und Gegenwart zu erwarten, sondern wenn wir bereit sind, zu akzeptieren und dafür offen zu sein, daß es auch Neues geben kann, daß die Zukunft nicht einfach die Summe des Vergangenen ist, sondern daß jeder zukünftige Tag eine noch unbekannte Schöpfungskraft in sich birgt und neu geformt werden kann. In der Kraft des Anfangs werden Verstrickungen auflösbar.

Existentielle Ebene

Diese Ebene bezeichnet das Leiden aus Vereinsamung, das dazu führt, daß sich Menschen in sich zurückziehen und von daher psychosomatisch auf vielfache Weise und immer tiefer zu leiden beginnen. Diese Ebene hängt allerdings mit der zweiten, der gesellschaftlichen Problematik zusammen, aber sie stellt noch etwas anderes dar.

Die größte Tragödie ist nicht ein schmerzvoller Tod, sondern Verlassensein. (Mutter Teresa)

Das Gefühl des Verlassenseins ist es, das uns im Innersten vielleicht am tiefsten aufwühlt, denn es ist gleichwohl das, was wir unmittelbar und in jedem Augenblick ändern könnten, wenn wir den Mut und die Antriebskraft dazu hätten. Denn das Verlassensein sitzt zwar einerseits unauslotbar tief in der Seele, kann aber andererseits durch nur einen Blick, durch ein Wort, durch eine Geste zwar nicht sofort beseitigt, wohl aber aufgebrochen werden. Der Mensch ist ein geselliges Wesen. Sein Leben kann gerade nicht in Selbstverwirklichung gegen oder ohne die Anderen gelingen, sondern nur in Kommunikation und Gemeinschaft. Das zeigt sich schon daran, daß das, was Menschsein zutiefst bestimmt, die Sprache nämlich, eine Ausbildung von Gemeinschaft voraussetzt, die als Voraussetzung für jede individuelle Gestaltung gelten muß. Der Mensch kann sich nur in seiner Beziehung zum Mitmenschen entfalten. Wird die lebenswichtige Beziehung oder Kommunikation zum Mitmenschen, aus was für Gründen auch immer, plötzlich abgeschnitten oder trocknet sie durch allmähliche Verkümmerung aus, kommt es zum Verlassensein. Nun gibt es aber eine noch tiefer liegende Ursache für das Verlassensein. Wer mit seinem Lebensgrund, der Kraft, aus der er lebt und schöpferische Impulse bezieht, nicht mehr in Kontakt treten kann, verkümmert. Er deckt sich den Mangel und das Leerheitsgefühl mit Sinneseindrücken zu und kann dabei Suchtverhalten, einschließlich der Arbeits- und Leistungssucht, entwickeln. Diese Eindrücke können jedoch deshalb keine tiefen Erlebnisse schaffen, weil sie nicht mit einem inneren Zentrum verknüpft werden, aus dessen kontinuierlicher Wirkkraft heraus allein lebensmotivierende Freude erwächst. Außerdem sorgt der Leistungsdruck dafür, andere Menschen in narzißtischer Abkapselung übertreffen zu wollen, und die egozentrische Selbstbespiegelung führt noch tiefer in die Verlassenheit. So kulminiert diese leidvolle Fehlhaltung im Überdruß, in dem alle Erlebnisfähigkeit schwindet, der Mensch innerlich abstirbt und die Verlassenheit nur weiter zunimmt.

Allerdings müssen wir die Einsamkeit des Verlassenseins von der Einsamkeit unterscheiden, die im Rückzug auf die spirituellen Wurzeln des Menschen zum Kraftquell der Erneuerung wird. Die Einsamkeit des Verlassenseins ist das, was wir durch spirituelle Kraft überwinden können. Und wenn wir diese Einsamkeit überwunden haben, werden wir uns selbst und den betreffenden Menschen, mit denen wir zu tun haben, eine Brücke bauen, sich selbst anzunehmen. Wenn sie sich selbst annehmen können, werden sie andere annehmen können, und das oben erwähnte Muster der Kettenreaktion von nach außen projizierter Schuld, die sich in Gewalt äußert, wird durchbrochen. Es ist übrigens auffällig, daß Menschen oft in ganz verzweifelten und entsetzlichen Situationen entdecken, daß sie Menschen sind und gleichsam in einer humorvollen, manchmal auch ironischen Entgegensetzung gegen das Übel die menschliche Würde lebendig werden lassen. Beispiele dafür finden sich in der Literatur aller Religionen und ganz besonders im jüdischen Witz.

In all solchen Situationen zeigt sich das, was ich bereits angedeutet habe: daß wir die Zukunft nicht als Quersumme oder Hochrechnung der Vergangenheit betrachten können, daß nicht alles absehbar ist, sondern daß uns der Horizont, in dem wir eigentlich leben, letztlich verborgen bleibt. Gerade aber aus dieser Offenheit kann zweierlei wachsen,

– das *Urvertrauen*, dessen Entwicklung und Kultivierung mit Religion zusammenhängt, und
– *Humor*, der durchaus auch mit Religion zusammenhängt.

Humor und Religion haben nämlich ein und dieselbe Wurzel. Sie sind beide etwas, was unsere jetzige Situation, unser jetziges Verstricktsein, unsere jetzige Denkweise, unsere jetzigen Urteilsrahmen sprengt. «Das Komische reflektiert die Einkerkerung des menschlichen Geistes in der Welt.»[4] Komödie und Tragödie sind beide Kommentare zur Endlichkeit des Menschen. Aber im Humor anerkennen wir nicht nur die komische Diskrepanz in der menschlichen Situation, sondern relativieren sie auch. Im Humor übersteigen wir diese Selbstverstrickung in das Leid, in das Mitleid, in das Selbstmitleid, in dem wir uns immer wieder verfangen finden. Humor ist ein Hauch von Transzendenz, nicht selten ein erfrischender Wind sogar.

Diese drei Dimensionen also gilt es zu unterscheiden: *erstens* das Leiden, das sich aus der Realität der Welt ergibt, so wie sie ist; *zweitens* das Leiden, das sich aus den menschlichen Beziehungen ergibt, wo wir sehr schnell erkennen können, was für Projektionsmuster hier ursächlich sind, so daß dieses Leiden vielleicht eben doch nicht so ganz unerklärlich ist; *drittens* das Leiden aus Vereinsamung und Überdruß, das mit der zweiten Dimension eng zusammenhängt.

3. Antworten der Religionen

Religionen erfassen alle Lebensbereiche, sind dynamisch und wandeln sich. In ihnen begegnen uns ganz unterschiedliche Vorstellungen, krasse Widersprüche neben wohlargumentierten Philosophien. Aussagen und Gestaltungsmuster von Religionen können einerseits nur in ihrer jeweiligen komplexen Geschichte angemessen erfaßt werden; es bedarf andererseits aber auch einer gewissen Innenansicht, um nachvollziehen zu können, was in einer Religion erlebbar ist und was nicht. Ich will deshalb nur über solche Religionen berichten, die ich zumindest in Ansätzen auch «von innen» kenne, weshalb ich z. B.

4 Peter L. Berger: A Rumor of Angels, New York: Anchor 1990, 78

die große Tradition des Islam ausklammern muß. Auch das Judentum in diesem Kapitel zu erörtern steht mir nicht zu, weil das Judentum angesichts der Geschichte besonders des 20. Jahrhunderts einen ganz eigenen Umgang mit dem Leiden entwickeln mußte, der etwas Unantastbares und damit auch zumindest von außen Unbeschreibbares hat.

Ganze historische Deutungszusammenhänge wie auch einzelne Bilder und Argumente in den Religionen können uns anregen, über uns selbst nachzudenken. Mehr wollen und können wir hier nicht versuchen.

Hinduismus

Die Religion(en) des Hinduismus[5] lebt (leben) noch in archaischen Bildern, wenn es um die Frage nach dem Leiden geht, Bilder, die auf uralte Wurzeln menschlicher Erfahrung des Einzelnen wie auch ganzer Gruppen, Stämme und Völker zurückgehen. Es sind die Götter, ihr Handeln und Schicksal, die überirdischen Kräfte und Mächte, die im Kosmos ebenso wirken wie in jeder einzelnen menschlichen Seele, die hier bildhaft dargestellt werden und an denen der Mensch abliest, wer er selbst ist.

Die Frage nach dem konkreten menschlichen Leiden ist etwas anderes als die Frage nach dem Bösen, aber gerade im Hinduismus sind beide Probleme nicht zu trennen, weil die metaphysische, die physische und die psychologische Ebene einander so stark durchdringen, daß das menschliche Erleben Spiegelbild kosmischer Prozesse sein kann und umgekehrt. Für unser Thema ist es wichtig festzuhalten, daß in Indien neben theistischen auch atheistische Lebensanschauungen existieren, neben hingebungsvoller Gottergebenheit und Gottesverehrung steht die Lehre von der Nicht-Dualität von Gott und

5 Der Hinduismus ist in sich so komplex, daß man mit Recht von mehreren Religionen sprechen kann, die gleichwohl in engen Wechselwirkungen so miteinander verflochten sind, daß sie in der Selbst- und Fremdwahrnehmung als Einheit erscheinen können.

Mensch, neben dem Glauben an das Schicksal und die Lenkung der Welt durch einen allmächtigen Gott steht das Gesetz von reziproker Ursache und Wirkung (*karman*). Gleichwohl haben sich durch wechselseitige Beeinflussungen über die Jahrhunderte hinweg kulturelle Muster entwickelt, die kasten- und kultübergreifend große Teile der indischen religiösen Tradition prägen. Dazu gehören auch die Antworten auf die Frage nach dem Bösen und dem Leiden.[6] Dennoch sind die Widersprüche der unterschiedlichen Philosophien (*darshana*) und Religionssysteme beträchtlich. Der Religionswissenschaftler A. L. Herman hat die klassischen indischen Lösungsversuche für das Problem des Bösen in fünf Modelle unterteilt:[7]

- die *ästhetische Lösung*, nach der das Ganze der Welt gut ist, wenngleich die Einzelteile und Aspekte als unvollkommen und böse erscheinen,
- die *pädagogische Lösung*, nach der die Möglichkeit zum Bösen für die Willens- und Charakterbildung des Menschen notwendig ist,
- die *voluntaristische Lösung* mit Verweis auf den *freien Willen*, wonach das Böse die Schuld des Menschen ist, der Böses wiederum notwendigerweise tun kann, weil er seinem freien Willen folgt,
- die *Illusionstheorie*, wonach das Böse in Wahrheit nicht existiert und daher eine bloße Illusion des verblendeten Bewußtseins ist, und schließlich
- die *Begrenzungstheorie*, wonach Gottes unendliche Möglichkeiten bei der Schöpfung per definitionem Eingrenzung erfuhren, und diese Begrenzung erscheint als das Böse. Gott wegen des Bösen anzuklagen wäre nichts anderes, als zu klagen, daß der Schöpfer eine Welt mit räumlichen und zeitlichen Dimensionen geschaffen hat.

Herman urteilt zu Recht, daß die Frage nach dem Bösen in

6 Zwei maßgebliche Publikationen seien empfohlen: A. L. Herman, The Problem of Evil and Indian Thought, Delhi: Motilal Banarsidass 1976; W. Doninger O'Flaherty, The Origins of Evil in Hindu Mythology, Berkeley: University of California Press 1976.

7 Herman, aaO, 200

der indischen Literatur eine wesentlich geringere Rolle spielt als in der christlich-europäischen Tradition; vor allem die Frage nach der Theodizee (die Rechtfertigung eines zugleich guten und allmächtigen Schöpfergottes angesichts des Bösen in der Welt) hat weit weniger Brisanz als in den jüdischen, christlichen und islamischen Kulturen. Warum? Weil

- erstens die Schöpfung meist nicht als letztgültige Wirklichkeit betrachtet wird, weil
- zweitens Gott in seiner überfließenden Kreativität spielend die Welt schafft (*lila*) und wie ein Kind tollt, das man nicht zur Verantwortung ziehen kann, weil
- drittens kein strenger Monotheismus herrscht, d. h., das Böse ist im Mythos meist verbunden mit dämonischen Kräften (*asuras*), gegen welche die Götter (*devas*) im ewigen Kampf seit Urzeiten angetreten sind, und weil
- viertens der Glaube an die Wiedergeburt das Böse und das Leiden für das Individuum relativiert und letztlich Befreiung aus dem Leidenskreislauf (*samsara*) verspricht.

Trotz dieser allgemeinen und relativierenden mythischen oder philosophischen Vorstellungen spielen das Böse und die Kontrolle des Bösen im gelebten Hinduismus auf allen Ebenen der sozialen Wirklichkeit eine wichtige Rolle. Die meisten Riten der Hindus im Alltagsleben zielen darauf, negative bzw. böse Kräfte abzuwehren und das Heilsame zu stärken. Der Mythos, die Heldensagen und Ahnenriten sind voll davon. Die hinduistischen Traditionen unterscheiden nicht zwischen dem naturgegebenen und dem moralischen Übel, wie das z. B. in der griechisch-römisch-christlichen Tradition der Fall ist. Der Sanskritbegriff *papa* (übel, verunreinigt, böse) bezeichnet seit der Zeit des Rigveda das Disharmonische bzw. die Unausgewogenheit in der Welt, die z. B. durch Mangel oder Fehler beim Opfer, durch falsche Sprache (die die «Grammatik der Welt» verletzt), durch Verletzung der Weltordnung (*rita*), durch Immoralität usw. hervorgerufen wird. Das Unreine und damit das Üble ist das Veränderliche, das Vermischte und das Bewegte; rein hingegen ist das Unveränderliche, das klare und reine Sein, das weder Eigenschaften hat noch dem Wandel unterworfen ist.[8] Da materielle, moralische und geistige Prozesse eng miteinander zusammenhängen, was ca. seit dem 7. Jahrhundert v. Chr. in der umfassenden Lehre vom *karman* systematisch gedacht wurde, hängen das moralische und das natürliche Böse eng zusammen. *Karman* wäre unbegreiflich, wenn das Böse nicht Folge des Handelns des Menschen wäre. Da aber Handeln eine Frage das Charakters ist, der durch Wiederholung und Intentionen gebildet wird, die im Denken wurzeln, ist das Böse weniger im Willen als im Intellekt verankert. Das Böse wurzelt im fehlerhaften Denken, das das Unwirkliche (*asat*) für real (*sat*) und das Wirkliche (*sat*) für unreal (*asat*) hält. Freilich muß die phänomenale Präsenz des Bösen von der noumenalen unterschieden werden, denn wenn das Böse völlig unreal wäre, wären *karman* und Wiedergeburt unreal, und damit wäre auch Befreiung (*moksha*) aus dem Kreislauf des Übels (*samsara*) unreal. Das aber behaupten nur ganz wenige Denker, die sich dabei auf eine strenge Auslegung des Advaita Vedanta berufen. In den theistischen Frömmigkeitsformen, die als Bhakti-Bewegungen ca. seit dem 2. Jahrhundert n. Chr. wohl aus der dravidischen Kultur in die brahmanisch-sanskritische Kultur immer stärker eingedrungen sind und spätestens seit dem 12. Jahrhundert bis heute den Hinduismus maßgeblich prägen, ist das Böse oder das Leiden das Getrenntsein von Gott, dem Geliebten. *Bhakti* bedeutet vertrauensvolle Hingabe (des Menschen an Gott), und der Mensch, der sich Gott gegenübersieht, möchte letztlich mit Gott verschmelzen. Die poetischen und erzählerischen Literaturen dieser Religionsform gebrauchen in vielfältiger Weise die Metapher der erotischen Liebe (z. B. zwischen dem Gott *Krishna* und seiner Geliebten *Radha*), um das Verhältnis Gottes zum Menschen auszudrücken. Leiden ist demnach die Trennung von Gott, und alle religiöse Sehnsucht richtet sich auf die Gemeinschaft, ja das Verschmelzen mit dem Geliebten.

8 Axel Michaels, Der Hinduismus. Geschichte und Gegenwart, München: C. H. Beck 1998, 374 ff.

Im allgemeinen fragen die hinduistischen Denker weniger nach dem Ursprung als nach Funktion und Wirkungsweise des Bösen. Denn die Frage nach dem Anfang würde einen regressus ad infinitum bedeuten, insofern eine Frage nach dem Bösen vor der Schöpfung von Raum und Zeit und anderen Unterscheidungen sinnlos wäre. Diese Unterscheidungen und Begrenzungen wirken aber in reziproken Verursachungsketten (*karman*), d. h., jede Tat wirkt auf den Täter zurück und prägt ihn, was die nächste Tat beeinflußt, und so weiter. Die Frage nach der Schöpfung (einschließlich des Bösen) wird daher anders gestellt. Nämlich so, daß gefragt wird, ob dem allem, d. h. dem Weltablauf, eine Absicht zugrunde liege. Zwei maßgebliche indische Denker, die der vedantischen Tradition entstammen und sie unterschiedlich systematisierten, nämlich *Shankara* (8. Jh., strenge nicht-dualistische Interpretation) und *Ramanuja* (12. Jh., modifiziert nicht-dualistische Interpretation), sind sich in dieser Frage einig: Schafft Gott absichtslos oder absichtsvoll? Wäre die Schöpfung absichtslos, läge ihr kein geistig-energetisches Potential zugrunde, wäre sie hingegen absichtsvoll, würde der Schöpfer aus einem Mangel heraus handeln, d. h., er wäre unvollkommen. Also handelt der Schöpfer weder absichtslos noch absichtsvoll, sondern auf eine dritte Art und Weise, nämlich *spielend (lila).* Shankara gebraucht hier als Vergleich den Atem, der sich weder absichtslos noch absichtsvoll vollzieht. In der Tat, ein alter Schöpfungsmythos besagt, daß der Gott *Vishnu* auf dem Grund des Weltenozeans auf der Weltenschlange Shesha schläft und rhythmisch atmet. Aufgrund dieses Rhythmus wächst aus seinem Nabel ein Lotos empor, und in diesem Lotos sitzt Brahma, der Schöpfergott. Er wiederum schafft rhythmisch (im Augenaufschlag) eine Welt, die mit dem Schließen des Auges wieder zugrunde geht, bis eine neue Welt beim nächsten Augenaufschlag entsteht. Die Welt entsteht und vergeht. Der Aspekt des Vergehens wird von Menschen erlebt als Böses, aber es ist ein notwendiger und integraler Aspekt des schöpferischen Prozesses.

Shiva (wörtlich übersetzt: der Gnädige), dieser «Große Gott» (*mahesha*) im Hinduismus, ist es, der den Kosmos ins

Sein tanzt und ihn auch wieder aus dem Sein heraustanzt. Fünffach ist die Bewegung, in der seine göttliche Totalität Gestalt annimmt – Schöpfung, Erhaltung, Auflösung, das Enthüllen und Verhüllen der Wirklichkeit. Letztlich führt sein Wirken zur endgültigen Befreiung aus der Illusion der Zeit.[9] Der tanzende Gott mit vier Armen hat den linken Fuß zu leichtem Schritt erhoben, der rechte ruht auf der Gestalt eines Dämons, der durch den Tänzer niedergehalten wird. Aber der Dämon wird nicht ausgelöscht, sondern gezügelt, denn seine Energiewellen halten, in gestalteter Form, den Tanz der Schöpfung in Gang. In der Gegenbewegung von Armen und Händen spielt sich das Drama von Leben und Tod ab, zwei Endpunkte eines ewigen Pendels, das rhythmisch schlägt: Die obere rechte Hand hält die Trommel der Zeit, ihr Ton ist der Ur-Klang, aus dem sich das Universum entfaltet. Die obere linke Hand trägt das Feuer, das die Welt am Ende eines jeden Daseinszyklus verzehrt. Die unteren Hände, erhoben und gesenkt, zeigen im kreisenden Gestus die Gebärde der Furchtlosigkeit und des Gewährens an – Werden und Vergehen, der Rhythmus des Lebens als Spiel, zu dem der lächelnde Gnädige (*shiva*) voller Anmut einlädt. Unausschöpflich ist diese Gestalt, dunkel und doch klar in ihrer Form, die das *Wesen* hinter dem Zittern der Welt enthüllt und so alle Illusion, Angst und Trägheit vertreibt. Denn *Shiva* tanzt wo? Im Herzen eines jeden Menschen.

Shiva tanzt den kosmischen Tanz der Schöpfung und der Zerstörung des Geschaffenen, erzeugt dabei Ordnung und bezwingt das Chaos.

9 Die Zeit ist undenkbar. Wir kennen die Vergangenheit nur als erinnerte jetzt in der Gegenwart und die Zukunft nur als erwartete Bilder, die wir gegenwärtig hervorbringen. Die Gegenwart aber ist der Punkt ohne Ausdehnung, in dem Vergangenheit und Zukunft einander berühren. Der Widerspruch zwischen einer gleichmäßig ablaufenden Zeit, die meßbar ist, und einer geschichtlichen Zeit menschlicher Erfahrung, die diskontinuierlich ist, führt dazu, daß die Zeit, wie sie uns *erscheint*, im Hinduismus als Illusion gedacht wird. Vgl. G. Picht, Unter dem Diktat der physikalischen Zeit, in: Hier und Jetzt Bd. II, Stuttgart: Klett-Cotta 1981, 377–382; M. v. Brück, Wo endet Zeit? Erfahrungen zeitloser Gleichzeitigkeit in der Mystik der Weltreligionen, in: K. Weis (Hg.), Was ist Zeit?, München: dtv 1995, 207–262.

Gott umfaßt in dieser Vorstellung alles, er umschließt auch das, was wir als Zerstörung leidvoll erleben. Ein moderner indischer Philosoph, in England erzogen und als Staatspräsident Indiens in die Geschichte eingegangen, Sarvepalli Radhakrishnan, versucht, diese Gedanken weiterzuführen und aus dem alten mythischen Bild in moderne Sprache zu übersetzen. Er argumentiert: Leiden ist nicht Strafe, sondern der Preis für Gemeinschaft, d.h., das Übel ist ein Instrument, damit ein größeres Gutes entstehen kann, damit das Individuum angestoßen wird, sich über sich selbst zu erheben und seine Identität in einem Größeren, Umfassenderen zu finden. Wenn wir diesen Gedanken in die von mir am Anfang dieses Kapitels entwickelte Typologie einordnen, wird hier also der Typus des pädagogischen Charakters des Leidens angesprochen. Radhakrishnan meint, daß gerade durch das leidvolle Erleben des Menschen seine Evolution vom materiell bestimmten und determinierten Wesen zum Bewußtseinsträger, zu einem freien Bewußtsein, zu einer spirituellen Existenz möglich wird. Wo sich das Individuum selbst von anderen zuerst abgrenzt und dann ausgrenzt, fällt es in Unwissenheit und wird frustriert. Das ist Leiden. Wenn es sich aber aus diesem Leiden erhebt, durch dieses Leiden hindurchgeht und gerade darin den anderen Menschen erkennt und sieht, wenn es sich also, wie in der Geschichte von dem alten Chinesen mit seinem Pferd und seinem Sohn, von der fixierten Wahrnehmung, ja von dem Vorurteil, von dem bornierten kleinlichen Rahmen, in dem es lebt, erhebt und wirkliches Gottvertrauen oder Seinsvertrauen entwickelt, so wird der Mensch reif und wächst.

Aurobindo, ein anderer bedeutender Philosoph Indiens im 20. Jahrhundert, der den westlichen Evolutionsgedanken in die Philosophie Indiens einführen wollte, meint, daß diese Bewußtwerdung des Menschen, die Evolution selbst das Schmerzhafte ist, weil sie uns aus einem Zustand des Verharrens in immer neue Bewegung führt, und das tut weh. Leiden, so Aurobindo, ist das Herausgerissenwerden aus der Trägheit. Wir sind träge, weil wir Gewohntes nicht loslassen und verlassen wollen, weil wir uns festhalten an einmal erprobten und festgeprägten Formen, die aber zu Ketten werden, wenn sich die Umstände wandeln. Und diese Befreiung aus den Ketten ist notwendig leidvoll, so wie sich der Schmetterling aus dem Kokon befreien muß, damit er das wird, was er ist. Seine Selbstbefreiung ist vermutlich ein anstrengender und wohl auch leidvoller Prozeß.

Ob diese Antworten ausreichen, sei zunächst dahingestellt. Es sind Antworten von Menschen, die auch durch großes Leid gegangen sind. Aurobindo z. B. hat jahrelang im Gefängnis gesessen, weil er sich gegen die britische Kolonialherrschaft erhoben hatte. Übel und die Überwindung des Übels im Hindurchgehen durch das Leiden, so argumentieren beide Philosophen – ja eigentlich die gesamte Philosophie des Hinduismus –, ist ein heroischer Akt des Menschen, ein heroischer Akt, sich selbst anzunehmen, um damit auch den Anderen annehmen zu können. Dabei muß sich der Mensch selbst vollkommen loslassen und in den Rhythmus des tanzenden Gottes eingliedern.

Es ist gleichsam – und so könnte man Aurobindo und Radhakrishnan interpretieren und damit die hinduistische Antwort auf unser Problem in einem Vergleich zusammenfassen –, es ist wie beim Schachspiel. Die Lust und die Freude des Spiels wird nicht dadurch vermindert, daß der gegnerische König matt gesetzt wird und damit «leidet» – im Gegenteil, nur dadurch ist das Spiel als Lernprozeß und als Spiel möglich. Sobald der Mensch sich mit dem Spiel selbst, mit der Kraft Gottes nämlich, identifiziert, kann er auch sein jetziges Schicksal, sein jetziges Leben als einen Aspekt des großen göttlichen Spiels (*lila*) betrachten. Das Leiden erscheint dann für das Individuum immer noch als Leiden, aber das Individuum identifiziert sich nicht mit diesem individuellen Körper, mit dieser individuellen Gestalt, sondern begreift, daß es selbst ein Windhauch im Atem Gottes ist. Und damit ist der Sprung von der Wahrnehmung in kleinen begrenzten Vorstellungen in die Wahrnehmung eines größeren Zusammenhangs vollzogen. Leiden ist unsere subjektive Wahrnehmung des Spieles Gottes, das als Leiden erscheint, wenn wir uns nicht mit diesem Spiel, mit diesem Tanz Shivas identifizieren, sondern uns davon loslösen und meinen, eine eigene kleine Bedeutungswelt schaffen zu können.

Buddhismus

Eine andere Geisteshaltung begegnet uns in der Art und Weise, wie der Buddhismus nach der Ursache und dem Charakter des Leidens fragt. Der Buddhismus geht von der Voraussetzung aus, daß es Menschen sind, die nach dem Leiden fragen, denn Menschen unterscheiden sich, so die meisten buddhistischen Schulen, von den anderen Wesen in den sechs weltlichen Daseinsbereichen: dem Bereich der *devas* («Götter»), dem Bereich der *asuras* (Dämonen), dem Bereich der Menschen, dem Bereich der Tiere, dem Bereich der *pretas* (Hungergeister) und dem Bereich der Wesen in der Hölle. Höhere Wesen wie *devas* und *asuras* sind so sehr mit sich selbst und mit ihrer Lust und ihren Freuden beschäftigt, daß sie gar nicht auf die Idee kommen, den *dharma* zu praktizieren, d. h. Spiritualität zu entwickeln, Meditation zu üben und aus ihren selbstverstrickten karmischen Anhaftungen herauszukommen. Niedere Wesen hingegen (Tiere, Hungergeister, Höllenwesen) sind so geplagt von ihrem Leiden, daß ihr Bewußtsein ganz und gar absorbiert ist und so keine Freiheit zur Praxis des *dharma* besteht. Allein beim Menschen ist die richtige Mischung von Leid und Freude vorhanden, die auf der einen Seite das deutliche Empfinden von Vergänglichkeit, von Impermanenz verursacht, aus dem die Motivation zur Praxis der Religion kommen kann, die aber auf der anderen Seite nicht so wirkt, daß der Mensch völlig in sich und in seinem Leiden versinken würde. Deshalb ist für den Buddhismus die Geburt als Mensch so kostbar. Allein der Mensch steht inmitten des zweideutigen Erlebens zwischen Lust und Leid, und genau dies bringt ihn auf dem spirituellen Weg zur Befreiung vorwärts.

Der Buddha lehnte die Frage nach der letzten metaphysischen Ursache des Leidens oder des Bösen ab: Wer von einem Pfeil getroffen sei, frage auch nicht nach den weiteren Umständen, sondern ziehe den Pfeil schleunigst heraus und versorge die Wunde. Die buddhistische Frage ist somit nicht: Warum müssen wir leiden? Sondern die Frage ist: Wie handle ich jetzt in diesem Augenblick, um für mich selbst und alle Mitmenschen, die mir begegnen, etwas zu tun, um aus diesem leidvollen Zustand herauszukommen? Mit anderen Worten, der Buddha würde den Fragenden zunächst zur Meditation anleiten und dann dafür sorgen, daß er bei den nächsten Mitmenschen, mit denen er heute und morgen zu tun haben wird, ein erstes Licht anzünden könnte, um die Einsamkeit, den Schmerz und die Unfähigkeit zur Selbstannahme zu überwinden. Der Buddha lehnt also die Frage nach der letzten Ursache des Leidens ab, weil das Problem eines letzten Warum nicht lösbar ist und entsprechendes Grübeln eher von dem Nächstliegenden ablenken könne. Er fragt vielmehr, wie das Leiden funktioniert, welcher Mechanismus dazu führt, daß sich Leiden und leidvolle Erfahrungen ständig neu entwickeln und auswirken. Und er antwortet, daß dieser Mechanismus der Mechanismus des Anhaftens ist:

Wir meinen fälschlich, unabhängige Individuen zu sein, die abgegrenzt von anderen Individuen existieren, und um diese falsche Wahrnehmung zu stabilisieren, um also den Fehler aufrechterhalten zu können, müssen wir uns gierig alles einverleiben, und, wenn dies nicht gelingt, haßerfüllt das, was sich uns widersetzt, ablehnen.

Aus dieser Dialektik von Gier und Haß entsteht das Leiden, das wir oben der zweiten und dritten Kategorie zugeordnet hatten: das Leiden in der Dimension der zwischenmenschlichen Beziehungen und das Leiden in der existentiellen Situation der Wahrnehmung unserer selbst. Es kommt mithin darauf an, Gier und Haß dadurch zu überwinden, daß wir begreifen, wie und warum wir die menschliche Situation falsch erleben und interpretieren. Die Fehlwahrnehmung besteht im wesentlichen darin, daß wir uns als vereinzelte Individuen sehen, wo jeder gegenüber den anderen im Machtkampf verstrickt ist, anstatt uns als Glieder einer Kette oder Glieder bzw. Organe eines Leibes wahrzunehmen, die aufeinander bezogen und angewiesen sind.

Wenn wir von der historischen Ursprungssituation des Buddhismus ausgehen, können wir sagen:

- Die erste Predigt des Buddha in Benares verkündet die Vier Edlen Wahrheiten. Sie stellen fest, daß erstens alles Dasein *duhkha* ist, daß zweitens die Ursache von *duhkha* erkannt und überwunden werden kann und daß es drittens einen Weg zur Überwindung gebe, der viertens im Detail beschrieben wird und im wesentlichen darin besteht, die fundamentale *avidya* (Unwissenheit) des Menschen über sich selbst aufzuheben. Dieser Weg wird im «Edlen Achtfachen Pfad» zur Überwindung des Leidens genauer beschrieben. Der Buddha zeigt damit den Wirkungsmechanismus der leidhaften Verstrickungen durch Unwissenheit, Gier und Haß und den Weg ihrer Überwindung auf. So lehrt er den Weg des Menschen zur Freiheit vom Leiden durch die Analyse und Erkenntnis der unmittelbaren geistigen und psychischen Ursachen der leidhaften Verstrickungen.
- Die Ursache des Leidens ist das *Anhaften*, d. h., der Mensch sucht Angenehmes und will Unangenehmes vermeiden, so haftet er am Haben-Wollen wie am Nicht-haben-Wollen, aber damit verdrängt er die je andere Seite, die sich gleichsam wehrt und gewaltsam wieder ins Bewußtsein zurückkehrt. Verdrängte Empfindungen führen dazu, daß man *den Schmerz nicht loslassen* kann, um Recht und Aufmerksamkeit zu bekommen, *statt Aufmerksamkeit zu geben.*
- Das Problem besteht darin, daß der Mensch alles aus seiner Ego-Perspektive wertet, denn er will seinem Ich Dauer, Gewicht und Bedeutung verleihen. Das ist der Grundfehler, der auf der fundamentalen Illusion eines unabhängigen Ich, auf einer Fehlwahrnehmung also, beruht.

Der Buddha lehnte spekulative Fragen nach ersten Ursachen, auch nach dem metaphysischen Grund des Bösen, ab. Der Kreislauf der Wiedergeburten wird im Buddhismus anfangslos gedacht, mithin hat auch das Übel keinen Anfang, wohl aber ein Ende. Allerdings ist die Übersetzung des Begriffs *duhkha* schwierig. *Duhkha* wird meist mit «Leiden» wiedergegeben, was aber nicht unproblematisch ist, weil zu schnell griechischchristliche Konzepte als selbstverständlicher Verstehenshorizont dieses Begriffs mitschwingen. Wir wollen versuchen, uns einem präziseren Verständnis zu nähern, indem wir die Vorstellung vom Leiden im Buddhismus bewußt den entsprechenden abendländisch-christlichen Grunderfahrungen von Sünde und Leiden gegenüberstellen. Demzufolge ist *duhkha* nicht einfach Leiden in einem unbestimmten Sinn und auch nicht die Folge von Ungehorsam gegenüber den Geboten Gottes, sondern die Frustration daran, daß die Dinge nicht so sind, wie sie sich das Ich einbildet und haben möchte.

Noch einmal anders ausgedrückt: Das Leiden ist verursacht durch die Einbildung eines in sich existierenden Ich. Weil dieses Ich eine Illusion (*avidya* bzw. *moha*) ist, die nur durch ständige Selbst-Stabilisierung aufrechterhalten werden kann, entsteht ein unablässiges Begehren (*trishna* bzw. *lobha*) und Anhaften, das dieser Selbst-Stabilisierung des Ich dient. Das Ich schafft sich also gleichsam selbst eine (Schein-)Existenz, indem es Dinge, Vorstellungen usw. begehrend auf sich bezieht und daran anhaftet. Weil aber alle Dinge im Fluß sind (*anitya*), gelingt diese Stabilisierung nicht wirklich. Dadurch wird das (eingebildete) Ich bedroht und reagiert mit Haß (*dvesha*) gegenüber den Dingen/Personen, die es nicht besitzen kann. Die Dinge und Personen werden demzufolge nicht wahrgenommen als das, was sie sind, sondern unter der egozentrischen Projektion des Begehrens. Wird das Begehren frustriert, entsteht Haß. Überwindung des Leidens bedeutet deshalb, diese falsche Wahrnehmung des Ich zu durchschauen und fallenzulassen. Die Aufhebung des Leidens kann nur in der Gegenwart beginnen, weshalb die spekulativen Fragen nach seinem Ursprung und nach zukünftigen Existenzen müßig sind. Man kann zwar die Ursache des gegenwärtigen Leidens im früheren *karman* finden, d. h. in den Handlungen, die in einem vergangenen Leben begangen wurden. Aber letztlich erklärt auch *karman* das Leiden nicht, denn woher würde das erste karmische Anhaften kommen? *Karman* und *samsara* selbst *sind* Leiden. Aus diesem Grund vermeidet die Zweite Edle Wahrheit einen *regressus ad infinitum* bei der Frage nach der letzten Ursache und sagt einfach: Weil es Begehren gibt, gibt es Leiden. Beide entstehen in gegenseitiger Abhängigkeit voneinander gleichzeitig. Die Einzelheiten vergangener Ursachen sind weniger von Belang, und die Tatsache, daß alle Wesen leiden, genügt zur Diagnose.

Der Buddhismus glaubt nicht an einen allmächtig-allgütigen Schöpfergott, und so ist er auch bei der Beantwortung der Frage nach dem Leiden folgerichtig andere Wege gegangen als der Hinduismus oder auch das Christentum. Der Buddha zeigt den Wirkungsmechanismus der leidhaften Verstrickungen durch Unwissenheit, Gier und Haß auf und wie dieser überwunden werden kann, wobei alles Gewicht auf der Überwindung des Leidens durch psychologische und erkenntnistheoretische Analyse und meditative Praxis, nach unserer Definition durch Spiritualität also, liegt. Wenn immer wieder von der «Überwindung des Ich» die Rede ist, heißt dies nicht, daß das Selbstbewußtsein, die innere Gewißheit, daß alle Gedanken, Gefühle und Handlungen ein Zentrum haben, das sich in der Zeit entwickelt und Gedächtnis hat, irreal wäre. Es geht vielmehr darum, daß die Illusion eines *unabhängigen* Ego aufgegeben werden muß. Damit erkennt der Mensch die reziproke Abhängigkeit aller Erscheinungen (*pratityasamutpada*) und entwickelt die geistige Haltung der Achtsamkeit, Güte und Toleranz, durch die das Leiden überwunden wird.

Im einzelnen hat sich der Buddhismus jedoch mit den Kulturen verbunden, auf die er in seiner Ausbreitungsgeschichte traf. So ist das buddhistische Universum in Tibet, China, Japan und Südostasien durchaus mit wohlwollenden und bösen Geistern bevölkert, die in angemessener Weise behandelt werden wollen. Solche nicht-menschlichen geistigen Kräfte müssen durch Riten, Opfer, Beschwörungen, Gelübde usw. beschwichtigt oder zu Hilfe gerufen werden, denn sie gelten als verantwortlich für Krankheit, Unglück und Mißgeschick wie auch für das Gegenteil. In den philosophischen Interpretationen des Buddhismus werden diese Kräfte und Mächte als Reflexe des eigenen mentalen Zustands gedeutet, d. h., die Überwindung des Bösen bedeutet die Integration der betreffenden eigenen geistigen Energien durch entsprechende Bewußtseinsübungen. So wird z. B. im tantrischen Buddhismus der Zorn oder die Wut kultiviert, d. h. zugelassen und durch Identifikation und bewußte Transformation (mittels bildhafter Vorstellungen und Konzentrationstechniken) in heilende Güte umgewandelt. Das bedeutet, daß das Böse als abgespaltene geistige Energie gilt. Folgerichtig wird im tantrischen Buddhismus, aber auch im Mahayana im allgemeinen (besonders im berühmten Vimalakirti-Nirdesha-Sutra)[10] die Einheit der Gegensätze von Entsagung und Sinnlichkeit, von Gut und Böse, in den Mittelpunkt des Interesses gestellt. Auf diese Weise kann alles zum Symbol und Mittel der Reinigung und transformativen Übung werden. Selbst Mara, die Personifikation des Bösen und der Hindernisse, wird als Bodhisattva betrachtet, der sein Spiel spielt, um letztlich alle Wesen zur Befreiung zu führen.

Tugend und Böses sind relativ – auch der tugendhafte Weg, die Meditationsübung, das Tun des Guten kann zum Gift werden, wenn sich der Mensch daran hängt, wenn er sein Ich dadurch stärken will, stolz wird und nicht erkennt, daß auch dies alles leer (*shunya*) ist. Und umgekehrt kann das Böse oder die negative Handlung zum Guten gereichen, wenn sie den Betreffenden aus den Dualitäten, aus dem Anhaften, Begehren und Haß herausführt, wie Vimalakirti in dem genannten Sutra verkündet. Das absolute Gute unterscheidet sich von dem relativen Bösen ebenso wie von dem relativen Guten.

Zusammenfassend möchte ich die buddhistische Analyse des Leidens wie folgt in unsere gegenwärtige Sprache übersetzen:

Der Mensch haftet an, indem er Angenehmes sucht und Unangenehmes zu vermeiden trachtet. Daraus ergibt sich das Haben-Wollen, und das wiederum verlangt nach Unterscheidung und Wertung von Angenehmem und Unangenehmem, wobei die Art und Weise dieses Unterscheidens zu «Wertemustern» und «Charaktertypen» führt, mit denen wir uns selbst

10 Dazu: M. v. Brück, Weisheit der Leere. Wichtige Sutra-Texte des Mahayana-Buddhismus, München: Kösel 2000

identifizieren. Das bedeutet, daß wir unsere Identität durch Trennung in Gutes und Böses, durch Verdrängung, auch Verdrängung des Schmerzes, finden. Das Resultat ist die Unsicherheit und Einsamkeit der Individuen, selbstverursacht durch die falsche Wahrnehmung. Daraus folgt eine unangemessene Bewußtseinshaltung, die Realität verdrängt. Verdrängung des Schmerzes und der selbstverschuldeten Einsamkeit führen dann dazu, daß wir den Schmerz nicht loslassen können und wollen, daß wir z. B. ständig darum bemüht sind, Recht und Aufmerksamkeit zu bekommen statt *Aufmerksamkeit zu geben.* Und bereits in dieser Aussage liegt eine ungeheure Geschichte von Leiden begraben, aber eben nicht begraben, sondern immer wieder neu wirksam, so daß unsere Beziehungen zu uns selbst, zu anderen Wesen und zur Welt insgesamt vergiftet und von Leiden geprägt bleiben. Denn statt Aufmerksamkeit zu geben, suchen wir vorwiegend danach, Recht und Aufmerksamkeit zu bekommen, weil wir glauben, dadurch unsere Identität bzw. unser Ego stabilisieren zu können. Der Buddha lehrt aber: Diese Ego-Perspektive, der Versuch, unserem abgegrenzten Ego, das sich selbst von anderen ausgrenzt, Dauer, Gewicht und Bedeutung zu verleihen, ist die Ursache für das Leiden. Für die buddhistische Haltung zum Leiden kann allgemein gelten:

Das Leiden lehrt den Leidenden Barmherzigkeit, es zwingt dazu, das Ego zurückzunehmen und sich auch mit dem Gegner zu identifizieren. Und gerade darum widersteht der Buddhist dem Bösen nicht mit Aggression aufgrund der Verletzung, die ihm zugefügt wurde, sondern in geduldiger Festigkeit, erstens, damit der Übeltäter nicht noch mehr Unheil anrichtet (und sich dabei selbst schadet, was er nur nicht weiß), und zweitens, damit die Leidenden vom Leiden frei werden. Beide Aspekte sind nicht voneinander zu trennen, weil alle Wesen ursächlich miteinander in Beziehung stehen.

Christentum

Auch im Christentum ist die Frage nach dem Leiden ein Motor der religiösen Dynamik und, in Verbindung mit der Liebe, Angelpunkt von Theologie und Anthropologie. Dabei sind die Antworten in der Christentumsgeschichte sehr unterschiedlich gewesen, und demzufolge auch die Frömmigkeitstypen. Das Christentum hat verschiedene Epochen durchlaufen, in denen sich das Welt- und Menschenbild, das Verhältnis zu Zeit und Geschichte sowie das Verhältnis zur Körperlichkeit erheblich verändert haben. Grundlegend für die christliche Ursprungsgeschichte ist der Hintergrund im Judentum, das aber zur Zeit Jesu in vielerlei Hinsicht vom persischen Dualismus beeindruckt, apokalyptisch geprägt und hellenistisch beeinflußt war. Die frühchristliche Theologie ist entstanden in der Abwehr gegen das radikal-dualistische Weltbild der Gnosis und des Manichäismus (besonders bei Augustinus), aber christliches Denken hat dabei selbst gnostisch geformte Ausdrucksweisen angenommen und modifiziert. Die Rede vom «Sündenfall» und die Vorstellung von der Gestalt des Satans gehören dazu.

Die christliche Erfahrung des Leidens bzw. des Bösen ist geprägt von der grundlegenden Spannung, daß Sünde als Inbegriff des Bösen einerseits als Folge menschlichen Fehlverhaltens, d. h. eines Mißbrauchs des freien Willens (Adams *Ungehorsam* gegenüber dem Gebot Gottes), zu gelten hat, daß das Böse also *aktiv* durch menschliches Handeln verursacht ist, daß aber andererseits jeder Mensch bereits in eine Situation des Übels und des Bösen hineingeboren wird, die strukturell sowohl intrapsychisch als auch sozial wirksam ist, daß der Mensch also *passiv* das Böse *erleidet.* Das Böse als physisches und psychisches Übel werden dabei nicht grundsätzlich getrennt, denn beide Übel sind Ausdruck der Trennung von Gott (der Tod gilt als Folge der Sünde). Sünde ist nach biblischer Auffassung nicht die Summe von einzelnen Fehlhandlungen, die moralisch abgewogen werden könnten, sie ist die prinzipielle Trennung von Gott, die durch den Menschen selbst verursacht und Folge mißbrauchter Freiheit ist. Damit wird jeder Moralismus, aber auch jeder Fatalismus abgelehnt. Sünde ist die egozentrische Selbstverschlossenheit bzw. das menschliche Herz, das in sich selbst verkrümmt ist (*cor incurvatum in se*). Das Böse hat nach Augustinus keine Eigenexistenz, denn alles, was ist, ist gut. Daher ist das Böse widernatürlich (*contra naturam*) und nur ein Mangel am Guten (*privatio boni*). Gott will weder das Böse noch die Sünde, doch er nimmt die Möglichkeit zu beidem bei der Schöpfung in Kauf, um menschliche Freiheit zu ermöglichen, was die Unausweichlichkeit des Leidens einschließt. Nach Augustinus läßt Gott das Böse zwar zu (z. B. als Strafe oder – beim Leiden Unschuldiger – zur Bewährung und Erlangung von Geduld), aber seine Wirkkraft steht auch unter der umgreifenden Macht der Gnade, d. h., das Böse gäbe es nicht, wenn Gott daraus nicht letztendlich noch Gutes machen würde (*de malis bene facere*). Unter dem bösen Handeln des Menschen verbirgt sich die gute Tat Gottes (*in malis operibus nostris Dei opera bona sunt*).

Bei den einzelnen Vorstellungen vom Bösen und vom Leiden, die sich in der Bibel und der frühchristlichen Theologie finden, sind verschiedene mythische Elemente vorchristlicher Religionen (Babylonien, Ägypten) mit der griechischen Philosophie (Platonismus) und den spezifischen alten hebräischen Theologien und Anthropologien zusammengeflossen. *Erstens* spielt dabei der Mythos von der Überwindung des Chaos eine Rolle, wie er z. B. in Hesiods *Theogonie* auftaucht oder, in anderer Form, im babylonischen *Enuma elish* erzählt wird: Der babylonische Stadtgott Marduk gehört ebenso wie Zeus und die olympischen Götter einer Himmelswelt an, die das Chaos bzw. das ursprüngliche Meeresungeheuer (*Tiamat*) besiegt hat, d. h., die Welt als schöne Ordnung (*kosmos*), die menschlich erlebbar und verstehbar ist, muß zuvor dem Chaos durch göttliches Handeln abgerungen worden sein. Das Böse ist hier eine universale Macht, die vor- und übermenschlich ist. *Zweitens* gibt es z. B. im griechischen Prometheus-Mythos Hinweise darauf, daß das Böse eine Macht ist, von der Götter und Menschen geplagt werden. Danach ist jede Existenz tragisch, und dies wird besonders in der griechischen Tragödie zum Ausdruck gebracht. Dieses tragische Verstricktsein, dem der Mensch ausgeliefert ist, widerspricht allerdings der biblischen Anschauung vom freien Willen, der zwar korrumpiert ist, aber doch prinzipiell gegeben war. In der Geschichte des europäischen Christentums hat dieses Element der Tragik jedoch erhebliche Wirkungen gehabt. *Drittens* wurde schon sehr früh in Griechenland, besonders bei den Orphikern und in der Schule Platons, das Übel als Folge eines Falles der Seele aus dem Bereich der reinen Formen, der Ideen, gedacht. Die Einkörperung der Seele in einen Leib ist dabei Ausdruck dieses Falles, wobei der Körper als Gefängnis für den reinen Geist gilt, das dieser im Tode verlassen kann. Damit ist der Tod in Wirklichkeit die Rückkehr zum wahren Leben. Die Seele muß rituell, ethisch und geistig auf diese Rückkehr vorbereitet werden, denn im Grunde ist sie von einer anderen Qualität als der Körper. Das Böse und die Erfahrung des Leidens sind dementsprechend als Folgen dieses metaphysischen Falles zu interpretieren, dessen Ursache nun im Begehren gesehen wird, das selbst wiederum auch eine Ursache haben müßte, die jedoch nicht aufgeklärt werden kann. *Viertens* ist das Element der biblischen Anthropologie zwar nicht das spezifisch Christliche (sie ist hebräisch-jüdischen Ursprungs), wohl aber das eigentlich Neue, das das Christentum in die europäische Welt eingeführt hat. Danach ist das Böse kein kosmisches, sondern ein menschliches Problem. Die Schöpfung in sich ist gut, und das Faktum des Bösen ist allein eine ethische Frage, denn der Mensch allein hat durch seinen Ungehorsam das Böse (Sünde) verursacht. Damit wird das Böse nicht als Resultat eines metaphysischen «Falles» der Seele aus der Himmelssphäre verstanden, sondern als der Graben zwischen Gott und dem Menschen in seiner leiblich-seelisch-geistigen Existenz. Das Böse ist demnach nicht in der Körperlichkeit zu suchen, sondern im *ganzen* Menschen, der eben nicht *ganzheitlich*, d. h. mit Gott verbunden ist. Die gesamte menschliche Wirklichkeit: das Denken, die Sprache, das Verhalten in Partnerschaft (Sexualität), die Arbeit usw., ist von Trennung, Egozentrik, Gier und Eigennutz geprägt. Später hat allerdings Augustinus mit seiner Lehre von der «Erbsünde», die besonders einflußreich war (und ist), die Erzählung vom Ungehorsam Adams mit der platonischen Vorstellung eines «Falles» verbunden und die überindividuelle Wirklichkeit des Bösen gleichsam als «Infektion» über die Generationen hinweg gedacht, die mit der Sexualität weitergegeben wird. Darin ist wiederum das platonisch-gnostische Motiv der Abwertung des Leibes aufgenommen, das dem hebräisch-jüdischen Denken fremd ist. Außerdem fand die spätjüdische (aus Persien übernommene) Vorstellung von einer personifizierten Gegenmacht gegen den guten Schöpfergott Eingang in das Christentum – in der Gestalt Satans.

Das zentrale Element des Christentums ist die Überwindung des Bösen und des Leidens durch Erlösung, und zwar durch die erlösende Liebe Gottes selbst. In der Liebe macht sich Gott selbst verwundbar, und diese Verwundbarkeit bis zum Tod ist der Sinn des Todes Jesu. Der Mensch, der sich ganz in diese Liebe versenkt und in sie hineingetauft wird (man wird, so Paulus, in den Tod Christi getauft, d. h., der Initiationsritus der Taufe ist als Neugeburt aus der Liebe zu verstehen), wird befreit von seiner Gottesferne. Damit sind die Sünde und das Böse im Prinzip überwunden. Der Mensch kann zwar im einzelnen noch böse handeln, aber die Macht des Bösen ist ein für allemal gebrochen durch die Liebe, mit der Gott den Graben überwunden hat. Die Betrachtung und Meditation des Leidens Christi kann dann sekundär einen pädagogischen Effekt haben, d. h. die Mit-Liebe und das Mit-Leiden im Menschen erwecken.

Ich will um der notwendigen Beschränkung willen hier nur einem Motiv nachgehen, das in der christlichen Frömmigkeit außerordentlich wirksam war: Leiden als Strafe, Leiden als Scheitern. Aber nicht nur als Scheitern des Menschen, sondern vielleicht gar als Scheitern Gottes selbst. Diese Frage wird durchaus schon im Hiob-Buch gestellt, aber sie ist dramatisch zugespitzt worden in der Aufklärung und der Religionskritik des 19. und 20. Jahrhunderts.

Heinrich Heine beschreibt das Dilemma sarkastisch, und doch voller Trauer, in «Deutschland. Ein Wintermärchen» (1844), Caput 13:

Mit Wehmut erfüllt mich jedesmal
Dein Anblick, mein armer Vetter,
Der du die Welt erlösen gewollt,
Du Narr, du Menschheitsretter!
Sie haben dir übel mitgespielt,
Die Herren vom hohen Rate,
Wer hieß dich auch reden so rücksichtslos
Von der Kirche und vom Staate!
...
Geldwechsler, Bankier, hast du sogar
Mit der Peitsche gejagt aus dem Tempel –
Unglücklicher Schwärmer, jetzt hängst du am Kreuz
Als warnendes Exempel!

Diese Christentumskritik wird von Heine nicht in antichristlichem Trotz vorgetragen. Der Dichter nimmt keineswegs die Pose scheinbarer Überlegenheit und Stärke ein, sondern er trauert in Wehmut, wenn er auf das zurückblickt, was die Bilanz von eineinhalb Jahrtausenden Geschichte zu sein scheint. Im Christentum ist der Gekreuzigte Inbegriff des Leidens überhaupt. Heines Wahrnehmung des Leidenden am Kreuz, dieses Symbols und der Metapher der menschlichen Situation, ist, daß er im Leidenden das «warnende Exempel» sieht, das die hartherzige bzw. machtgierige Gesellschaft immer wieder aufrichtet. Der leicht verfremdende Blick der Verse Heines auf die Erfahrung des Leidens im Christentum legt drei Dimensionen offen, die mir für die christliche Vorstellung und Erfahrung vom Leiden und der Überwindung des Leidens wichtig zu sein scheinen:

- Leiden als Strafe,
- Leiden als die Erfahrung der Märtyrer und
- Leiden als Mitleiden.

Leiden als Strafe ist ein altes Motiv in der hebräischen und griechischen Bibel. Evas Schmerz ist die Strafe für die Übertretung von Gottes Verbot durch den Menschen, und für Paulus ist der Tod der Sünde Sold. Der leidende Mensch ist der Mensch, der sich von Gott abwendet, der dadurch einerseits zu seinem Ich erwacht, andererseits aber die Einsamkeit der Austreibung aus dem Paradiesesgarten erfährt, der Mensch, der sich in dieser Einsamkeit verstrickt und seine Identität nun zu gewinnen sucht, indem er sein Ego um jeden Preis behaupten will und aus Neid die Gunst, die Gott dem Bruder erweist, nicht ertragen kann. So kommt es zu Gewalt und Mord (Kain und Abel). In dieser Urgeschichte der hebräischen Bibel ist schon der ganze weitere Weg der Menschheit vorgezeichnet: Ich-Verstrickung, Einsamkeit, Leiden, Gewalt. Das sind die Stationen der Eskalation menschlichen Leidens. Das Leiden als Strafe ist dann eigentlich nicht mehr etwas, was von außen noch hinzukommen müßte, sondern es ist eher das, was inhärent in den Ereignissen liegt. Es ergibt sich von ganz allein, wenn der Mensch meint, sich von Gott loslösen oder gar selbst zum Gott werden zu können. Das ist das eine Motiv. Leiden als Strafe, als Inbegriff der Trennung von Gott (Sünde hängt sprachgeschichtlich mit «Sund», dem trennenden Graben, zusammen). Aber diese Trennung ist überwindbar und nach christlicher Vorstellung schon überwunden, indem sich Gott selbst dem Leiden unterzieht, indem Gott selbst sich in diesen Leidensstrom hineinbegibt, um den Menschen in ihrer Einsamkeit ganz nahe zu sein, sie auf diese Weise zu er-lösen und aus dem Leiden wieder hinauszuführen.

Die *Märtyrererfahrung* ist für die christliche Deutung und den christlichen Umgang mit dem Leiden prägend gewesen. Wir können die Intensität des Leidensverlangens der Märtyrer vermutlich kaum nachvollziehen: Gott, so heißt es in den Märtyrerakten immer wieder, sei den Menschen so nahe gekommen, daß sich der Märtyrer/die Märtyrerin nun ganz und gar hingeben wolle und genau in dieser rückhaltlosen Selbsthingabe den Anteil am Paradies gewinne. Es ist die Möglichkeit, nicht nur Gott oder Christus nachzuahmen, der gefoltert stirbt, sondern in dieser Hingabe, in diesem Sterben sich Gott vollkommen hinzugeben, sich mit Gott eins zu fühlen, mit Gott eins zu werden. Diese Leidensmystik, die wir aus der frühen Geschichte des Christentums kennen und die wir so und in dieser Form in keiner anderen Religionsgeschichte antreffen, hat die christliche Frömmigkeit, die Kunst, den Umgang mit dem Leiden über ganze Zeitalter hinweg geprägt.

Das Motiv *Leiden als Mitleiden* geht ebenfalls auf die frühchristliche Deutung des Kreuzestodes Jesu zurück. Jesus leidet *für die Welt,* um den Menschen gerade auch im Leiden nahe zu sein. Er übt diese Hingabe in göttlicher Autorität aus und befreit damit die Menschen aus ihrer Selbstverstrickung.[11] Wie ist es möglich, daß Wesen überhaupt mit-leiden können? Ist es eine psychologische Identifikation oder eine metaphysische Realisierung? Die Erfahrung des Mitleidens hat damit zu tun, daß wir als Menschen mit schmerzgeplagten Wesen eins werden wollen und dadurch uns selbst, das eigene Interesse der Selbstbehauptung, die eigene egozentrische Wahrnehmung, in diesem Schmerz überwinden können und genau dadurch auch die Überhöhung, die Überwindung des kleinen und kleinlichen Ego erfahren.

Arthur Schopenhauer[12] hat in einem seiner Aufsätze zur Begründung der Ethik, aufbauend auf Rousseau, das Mitleid als eine der Triebfedern des moralischen Handelns analysiert und gefragt: Wie kommt es eigentlich, daß Menschen ohne Not, ohne daß sie gezwungen werden, sich plötzlich für andere aufopfern, nicht ihr eigenes Interesse wahrnehmen, sondern bei Gefahr ihres eigenen Lebens einen anderen Menschen retten? Denn derartige Geschichten werden immer wieder erzählt, und zwar nicht nur als Selbstaufopferung der Mutter für das Kind – wo man ja die engen genetischen Beziehungen als Begründung angeben könnte –, sondern als Selbstaufopferung für völlig fremde Menschen, wo jede Form des Eigennutzes

11 Der Kreuzestod Jesu hat in der christlichen Tradition vielfache Deutungen erfahren. Äußerst einflußreich ist die Anschauung vom stellvertretenden Opfertod gewesen, nach der Jesus ein Sühnopfer bringt, um Gottes Zorn angesichts der Sünde des Menschen zu versöhnen. Diese Lehre wurde besonders durch Anselm von Canterbury ausgearbeitet. Andere, z. B. Abaelard, sehen das unschuldige Leiden Jesu als Mittel Gottes an, im Menschen Mitleid zu erwecken und damit die besten Anlagen im Menschen zu entwickeln. In jüngster Zeit wird der Tod Jesu oft als solidarisches Handeln mit den Leidenden und Entrechteten gedeutet, die auf diese Weise Zuspruch erhalten und sich somit gerade als Leidende in der Gemeinschaft mit Gott erfahren.

12 A. Schopenhauer, Preisschrift über die Grundlage der Moral (Hrsg. H. Ebeling), Hamburg: F. Meiner 1979, 106 und 159 ff.

ausgeschlossen ist. Schopenhauer sagt, dies sei so, weil in diesem Augenblick der Selbsthingabe, wo gar keine Zeit zum Nachdenken oder Abwägen der Interessen bleibt, im spontanen Handeln des Rettenden, eine metaphysische Einsicht durchbricht, nämlich die, daß der andere Mensch, der da in Gefahr ist und vielleicht gerade in den Tod springen will, gar kein anderer ist, sondern daß ich selbst es bin oder daß der andere ein Aspekt von mir selbst ist bzw. kein absoluter Unterschied zwischen beiden besteht. Jedenfalls bricht hier eine spontane Intuition durch, die in der Einsicht von der Einheit allen Lebens gipfelt.

Genau im Augenblick dieser Einsicht vollzieht sich das, was wir anfangs in der Geschichte von dem Chinesen mit seinem Pferd gelernt haben, daß nämlich der Horizont, unter dem wir normalerweise urteilen und leben, nicht der wahre und letztgültige Horizont unseres Seins ist. Mit-Leiden ist der Durchbruch, die Horizonterweiterung, die Erfahrung, daß das andere leidende Wesen, ich selbst und Gott, den ich verehre, letztlich nicht voneinander getrennt sind.

Diese Erfahrung gibt es nun keineswegs nur im Christentum. Eine Geschichte aus dem Buddhismus mag dies verdeutlichen. Sie wird erzählt von dem Philosophen Asanga, einem indischen Meditationsmeister aus dem 4. Jahrhundert n. Chr.:

> Asanga wollte über Maitreya, den zukünftigen Buddha, meditieren. Er wurde von seinem Meister in eine Höhle hoch oben in den Bergen geschickt, um sich in völlige Einsamkeit zurückzuziehen und ungestört vom Lärm der Welt zu meditieren. Nach drei Jahren kehrte Asanga enttäuscht wieder zu seinem Meister zurück und sagte: «Maitreya ist mir nicht erschienen, ich habe keine Visionen bekommen.» «Ja», sagte der Meister, «drei Jahre sind eine zu kurze Zeit. Geh wieder in die Höhle, übe dich in Geduld und meditiere unablässig weiter.» Asanga stieg also erneut in die Berge hinauf und verbrachte weitere drei Jahre in der Höhle. Dann kehrte er wieder zurück, noch mehr abgemagert und noch tiefer enttäuscht. Vielleicht schon mit ein wenig Zorn oder Verbitterung in der Stimme tritt er erneut vor seinen Meister und sagt: «Wieder habe ich drei Jahre nach deinen Anweisungen meditiert. Maitreya ist mir nicht erschienen.» Der Meister antwortet: «Geh zurück in die Höhle und meditiere.» Er geht wieder zurück in die Höhle und meditiert noch

einmal drei Jahre. Und wieder gelingt es ihm nicht, zu einer intensiven Meditationserfahrung des Buddha Maitreya zu gelangen. Maitreya erscheint ihm nicht, und Asanga gibt auf. Gebeugt, traurig, einsam, leidend steigt er aus seiner Höhle herunter und sieht, wie am Wegesrand ein sterbender Hund winselt. Er nimmt diesen Hund voller Mitleid auf seinen Arm und streichelt ihn. In diesem Augenblick erscheint Maitreya. Asanga sagt: «Ich habe neun Jahre meditiert und du bist mir nicht erschienen.» Maitreya, der zukünftige Buddha, antwortet: «Ich war die ganze Zeit da, aber du konntest mich nicht sehen.»

Das ist eine Erfahrung des Umgangs mit dem Leiden im Mitleiden, wie sie im Christentum durch das Kreuz Christi symbolisiert wird. Um die Haltung des Christentums zum Leiden noch etwas zu verdeutlichen, will ich zwei bekannte Verse aus dem Lied «Endlich bricht der heiße Tigel» aus dem Evangelischen Kirchengesangbuch erwähnen:

Leiden sammelt unsere Sinne,
daß die Seele nicht zerrinne in den Bildern dieser Welt,
ist wie eine Engelwache,
die im innersten Gemache des Gemütes Ordnung hält.

Leiden stimmt des Herzens Saiten für den Psalm der Ewigkeiten,
lehrt mit Sehnsucht dorthin sehen,
wo die seelgen Palmenträger mit dem Chor der Harfenschläger
preisend vor dem Tore stehen.

Natürlich ist das keine hinreichende Antwort auf die Frage: Warum müssen wir leiden? Es gibt Leiden, das so unerträglich schmerzt, daß es keine Engelwache ist, die im innersten Gemache des Gemütes Ordnung hält, sondern ein Leiden, das so verzehrend und so stechend ist, daß darin weder Wache noch Engel in irgendeiner Weise erfahren oder geglaubt werden können. Solches Leiden kann den Menschen reifen lassen, es kann aber auch zu Aggressionen und deren blinder Abfuhr durch Gewalt führen. Auf ein solches Leiden gibt es keine plausible Antwort, außer der Bitte um Kraft für die Selbsthingabe an Gott. Aber in vielen Situationen menschlichen Lebens können die Geschichte von Asanga und diese Gesangbuchverse eine Antwort sein, die – wenn meist auch erst in der Rückschau – als sinnvoll erscheint.

4. Das moderne Leiden an Leere und Sinnlosigkeit[13]

Der deutsch-amerikanische Theologe und Kulturphilosoph Paul Tillich (1886–1965) unterschied in seinem Buch «Der Mut zum Sein» drei Formen der Angst, die mit drei unterschiedlichen Dimensionen des Leidens verknüpft sind:

– das Problem von Schicksal und Tod,
– das Problem von Schuld und Verdammung,
– das Problem der Sinnlosigkeit.

Die Griechen entwickelten Religionen oder Philosophien, die Antworten auf das Leiden am Schicksal und am Tod suchten. Das Paradigma für diese menschliche Leiderfahrung ist Ödipus, und eine mögliche Deutung seines Schicksals kann lauten: Ödipus mußte handeln, wie er handelte, denn das Orakel konnte nicht umgestimmt werden. Ödipus war zu stolz, um die Warnung des blinden Sehers zu beherzigen, nicht zu suchen, was er nicht kannte. So gelobte er, den Schuldigen zu finden, als der er sich schließlich selbst entpuppte. Die Lektion, die er lernte, war die *tragische Erkenntnis*, daß der Mensch ihm unbekannte Grenzen nicht überschreiten dürfe. Da ihm aber die Grenzen unbekannt waren, wurde Ödipus tragisch schuldig nur in bezug auf die Verletzung der Ordnung, nicht aber in bezug auf eine Gesinnung, die ihn zur Tat motiviert hatte. So geht es in dieser Geschichte um Töten und Bestrafung, nicht jedoch um Schuld und Verdammung. Ödipus blendete sich selbst – die Götter hatten damit nichts zu tun.

Vor allem die Philosophie der Stoa suchte eine Antwort auf diese Form des Leidens am Schicksal. Die Stoiker als Pantheisten blickten dem Schicksal und dem Tod mit Entschlußkraft und Stolz ins Auge, denn ihnen erschien das Schicksal der griechischen Götter, die jenseits von Leiden existierten, als unzulänglich, eben weil sie das Leiden nicht kannten. Die stoische Philosophie zielte darauf, durch das Leiden hindurch-

13 Zum Folgenden vgl. M. v. Brück/W. Lai, Buddhismus und Christentum. Geschichte, Konfrontation, Dialog, München: C. H. Beck 1997.

zugehen und über dem Tod zu stehen: tapfer und heroisch, durch eine einzigartige Anstrengung des moralischen Willens.

Anders stellt sich die nächste Form der Angst und des damit verbundenen Leidens dar. Sie betrifft, so Paul Tillich, die Thematik von Schuld und Verdammung, und dies ist ein zentrales Problem im jüdisch-christlich-islamischen Kontext. Denn hier *kennt* der Mensch die Grenzen, die er nicht überschreiten darf – er hat schließlich die Gebote Gottes empfangen. Doch der Mensch übertritt das göttliche Gebot, und dieser Ungehorsam verlangt nach Bestrafung. Insofern sich der Mensch als radikal unfähig zum vollkommenen Guten erfährt, muß er der Gefahr zeitweiliger oder gar ewiger Verdammnis ins Auge sehen. Diese Form der Angst und des Leidens tauchte schon in den griechischen Mysterienreligionen auf, weil der Mensch sich aus seiner tragischen Verstrickung in Schuld nicht selbst befreien kann, und so boten die Mysterien Sühnerituale an. Doch erst im christlichen Mittelalter wurde diese Form der Angst so dominierend, daß die gesamte Kultur und alle sozialen Schichten davon durchtränkt wurden. Damit war die Wurzel des Bösen in den *Willen* des Menschen verlagert worden, der sich als unfrei erwies. Denn der Mensch konnte trotz Erkenntnis der negativen Folgen das Gute nicht tun. Und dies bedeutet, daß auch die Vernunft (anders als bei den griechischen Philosophen) kein verläßlicher Anhaltspunkt mehr war, weshalb das stoische Vertrauen in die Möglichkeit zur Selbstvervollkommnung des Menschen nicht mehr genügte. Damit veränderte sich die Definition des Glaubens von dem alten hebräischen Sinn des Vertrauens auf die Treue Gottes (in seinem Handeln mit dem Volk Israel) hin zum christlichen Vertrauen auf die Rettung des Sünders aus der Verdammung. Unser heutiges Bild des Menschen und die psychischen Grundmuster, nach denen wir z. B. Kinder erziehen, sind noch sehr stark von dieser Tradition geprägt.

Allerdings ist für Tillich nun die *dritte Grundform* der Angst, die *Angst vor Leere und Sinnlosigkeit,* charakteristisch für die Epoche seit dem Ende der Neuzeit, also auch für unsere Zeit. Sie sei der Inbegriff des Leidens heute. Denn das geistige Zentrum der Kultur ist verlorengegangen, nämlich Gott, der allem Stückwerk menschlichen Handelns und auch allem Scheitern einen Sinn geben konnte, insofern er «alles so herrlich regieret» und letztlich versöhnt. Fehlt dieses Zentrum, verlieren die geistigen Aktivitäten des Menschen ihren Bezug bzw. ihre Ausrichtung, und es kommt zur Erfahrung von Sinnlosigkeit und entsprechend zur Erfahrung von Leiden: Immer Neues wird ausprobiert, aber nichts befriedigt, weil «die Mitte» fehlt. Alles wird dem Zweifel unterzogen, aber nicht mehr von einer Position der Gewißheit aus, sondern im Zweifel daran, daß es überhaupt Gewisses geben könne. Der Mensch, so Tillich, hält diese bodenlose Leere nicht aus und flieht darum unter die Fittiche von Autoritäten. Er opfert lieber seine Freiheit, um einen Halt zu finden, der ihm aufgezwungen wird, d. h., er flüchtet sich in den Fanatismus, der für Tillich nichts anderes als das Korrelat der geistigen Selbstaufgabe ist. Es entsteht Heimatlosigkeit, die Angst verstärkt sich, und der Leidensdruck nimmt zu. Ein Teufelskreis also.

Seit dem Beginn der Neuzeit, im Zuge der Aufklärung und des modernen Atheismus nach Nietzsche und Marx, hat das christliche Paradigma von Schuld und Erlösung zumindest in Europa an Plausibilität verloren, und es ist gerade der Buddhismus, der mit seiner Leidensanalyse Ausstrahlungskraft zunächst in intellektuellen Zirkeln, seit dem Ende des Zweiten Weltkriegs auch in breiten Schichten der Bevölkerung, gewinnen konnte. Wie ist das möglich, wo doch der Buddhismus, wie wir gesehen haben, von ganz anderen Voraussetzungen her argumentiert als das Christentum? Zunächst müssen wir in Erinnerung rufen, daß die Sehnsucht nach «dem Osten», also vor allem nach indischer und chinesischer Religionskultur in der Goethezeit, und später auch nach dem mystischen Islam, nicht neu ist. Besonders in der Aufklärung (Gottfried Wilhelm Leibniz) und der Romantik (Gebrüder Grimm, Arthur Schopenhauer, Richard Wagner) hat es ein entsprechendes Suchen gegeben. Ja, schon die Jesuitenmissionare des 17. Jahrhunderts waren ergriffen von der geistigen Kraft Chinas (Matteo Ricci) und Indiens (Robert de Nobili). Im 19./20. Jahrhundert waren es die Theosophen (Madame Blavatsky, Annie Besant) und Anthroposophen (Rudolf Steiner), die «östliche Weisheit» im Westen verbreiteten, um zu einer Heilung der Kultur beizutragen, die sie – wie später auch Tillich – als sinnentleert empfanden. Wagner wollte als Krönung seines Schaffens eine Buddha-Oper schreiben, entschied sich dann aber für den Parsifal, dessen Motiv «Erlösung dem Erlöser» das Ende und die Überbietung, für viele wohl auch die Erfüllung, der klassisch-christlichen Erlösungsbotschaft anzeigte. Der geistige Schub, den hinduistisch-buddhistische Themen auslösten, hat viel mit der Leidenserfahrung der Europäer im Ersten Weltkrieg, später auch im Zweiten Weltkrieg des 20. Jahrhunderts zu tun – Gandhi bei Romain Rolland, Siddhartha Gautama bei Hermann Hesse boten sich an als mögliche Alternativen zu einer westlichen Kultur, die sich als morbide Zivilisation ohne Maß entlarvt hatte. Das Maß für die zukünftigen Wege des Menschen sollte ein inneres Maß sein, entsprungen aus den Tiefen des menschlichen Geistes, der in Selbsterkenntnis durch Selbstbescheidung seine wahre Größe findet. Nicht mehr der Sünder, der der Vergebung bedarf, sondern der selbstbewußte Adept, dem spirituelle Formung zukommen soll, war das Leitbild dieses Aufbruchs. Und diese Ablösung von der mittelalterlich-christlichen Erfahrung um Schuld und Verdammung bzw. Erlösung hält bis heute an: Aus dem Gefängnis der Leibfeindlichkeit, das schon von der griechischen Antike ererbt war, will man sich befreien zur Erfahrung der Schönheit des Leibes als Träger des Geistigen. Geist ist dann nicht der Gegensatz zur Natur, der Leib nicht das Gefängnis des Geistes, sondern Geist ist die Blüte am Baum der einen leiblich-psychischen und geistigen Wirklichkeit. Tibetischer Buddhismus und Zen sind zu Beispielen und Vorbildern für diese leiblich-geistige Spiritualität geworden, denn die Zen-Übung wie auch die tibetische Praxis dienen dazu, die Spaltung von Körper und Bewußtsein zu überwinden und die Einheit mit allem Lebendigen zu erfahren. So etwa verdichtet sich bei der fortschreitenden Übung des Zen die normalerweise disparate Körpererfahrung, also die Wahrnehmung *einzelner* Glieder, *einzelner* Impulse, *einzelner* Schmerzen, zu einer einzigen *Gesamtwahrnehmung* des Körper-Bewußtseins. Eine Transformation des Bewußtseins sei nötig und möglich, um die Maßlosigkeit der zersplitterten Welt zu überwinden und nachhaltige Ganzheit herzustellen, individuell wie gesellschaftlich. Das, in Kürze, ist das pädagogische Programm nicht aller, aber vieler Menschen, die im Buddhismus praktikable Methoden finden wollen, um heutige Leiderfahrungen zu überwinden. Kann dieses Programm halten, was es verspricht, hat es im ursprünglichen Buddhismus überhaupt eine Basis, oder ist es europäische Projektion?

Wenn wir nicht nur die philosophischen Theorien von Buddhismus und Christentum, sondern die Praxis betrachten, so wird deutlich, daß dieselbe in beiden Religionen nicht so verschieden ist, als daß man nicht ähnliche Handlungsparadigmen aufzeigen könnte: Der Christ, der in der Nachfolge Jesu selbst das Martyrium nicht scheut, und der buddhistische Mönch, der hungert, damit in Zeiten der Not Speise für andere übrigbleibt, wissen beide sehr genau um die Zerbrechlichkeit des «Selbst» des Menschen. Beide haben Ego*stärke* entwikkelt, einen Mut zum Sein, der gerade in der Überwindung des Ego*zentrismus* gründet, denn Selbstliebe ist etwas anderes als narzißtische Selbstbezogenheit. Beide Traditionen argumentieren dabei allerdings auf der Grundlage unterschiedlicher religiöser Glaubenssysteme. Beiden hilft ihr Glaube, die drohende Verzweiflung angesichts des Leidens zu überwinden. Für beide sind die Symbole ihres Glaubens ganz real, realer als der Schmerz des Todes selbst.

Um nochmals die wesentlichen Grundstrukturen zu verdeutlichen, können wir zusammenfassend festhalten, daß Buddhismus und Christentum im wesentlichen drei Paradigmen des Umgangs mit dem Leiden kennen,[14] nämlich:

14 Vgl. M. v. Brück/W. Lai, Buddhismus und Christentum, München: C. H. Beck 1997, 367 ff.

- die *Personalisierung*, d. h., ein allmächtiger Wille (Gott) lenkt alles, teilt das Schicksal zu und wandelt alles letztlich zum Guten (Christentum, Buddhismus des Reinen Landes);
- die *Objektivierung* oder Depersonalisierung des leidenden Selbst, d. h., der Mensch meditiert, daß nicht er es sei, der leidet, weil letztlich kein Ich ist; er fühlt keinen Schmerz, sondern beobachtet den Vorgang in den Sinnesorganen und nimmt diese distanziert von sich selbst wahr (frühbuddhistische Meditation);
- die *Transzendierung* des Unterschieds von Selbst und Welt, bei der das Leiden als ein Aspekt der Interaktion von Welt und Selbst erscheint, so daß es genau dann überwunden wird, wenn der Mensch nicht an einem der beiden Aspekte anhaften würde (die meisten Formen des Mahayana).

Im Europa des 19. und frühen 20. Jahrhunderts ist der Buddhismus nicht selten als nihilistische Philosophie mißverstanden worden. Der buddhistische Begriff *duhkha* als Beschreibung der menschlichen existentiellen Situation heißt aber nicht, daß das Leben an sich schlecht sei. Vielmehr gilt im Buddhismus die Geburt als Mensch als ein Privileg, und diese Chance muß jeder Mensch verantwortlich nutzen. *Duhkha* ist also die Gelegenheit zur Reifung, das Leiden hat einen pädagogischen Zweck: Weisheit (*prajna*) zu erlangen, die *karuna* (die heilende Hinwendung zu allen Wesen) ermöglicht.

So antwortet Vimalakirti im Vimalakirti-Nirdesha-Sutra (Kapitel 5) auf die Frage, warum er unter Krankheit leide:[15]

> ...
> Manjushri, meine Krankheit kommt von der Unwissenheit und dem Durst nach Dasein, und sie wird andauern, solange andere Lebewesen leiden. Wären alle Wesen frei von Krankheit, so wäre auch ich nicht krank. Warum? Manjushri, für einen Bodhisattva besteht die Welt nur aus Lebewesen, und Krankheit ist ein Aspekt des Lebendigen. Wären alle Wesen frei von Leiden, wäre auch der Bodhisattva frei von Leiden. Wenn zum Beispiel der einzige Sohn eines Händlers krank wäre, o Manjushri, würden beide Eltern krank

15 Vgl. Fußnote 10.

wegen der Krankheit ihres Sohnes. Und die Eltern werden so lange leiden, bis der Sohn sich von seiner Krankheit erholt hat. So, Manjushri, liebt ein Bodhisattva alle Lebewesen, als ob jedes sein eigenes Kind wäre. Er wird krank, wenn sie krank sind, und er wird gesund, wenn sie gesunden. Manjushri, du fragst mich, warum ich krank bin? Die Krankheit des Bodhisattva hat ihre Ursache in der großen Barmherzigkeit.

...

Der (Bodhisattva) soll nun sein Mitgefühl mit allen Lebewesen entwickeln durch seine eigene Krankheit, des Leidens gewahr werden, das von Beginn der Zeit an erfahren worden ist, und er soll dadurch sein Bewußtsein schulen, für das Wohl aller Wesen zu wirken. ... Indem der Bodhisattva in seinem eigenen Leiden das unendliche Leiden aller Lebewesen wiedererkennt, vereint er sich meditativ mit all diesen Lebewesen und gelobt, all ihr Leiden zu heilen.

Für die buddhistische Haltung zum Leiden kann allgemein gelten: Das Leiden lehrt den Leidenden Barmherzigkeit, es zwingt dazu, das Ego zurückzunehmen und auch den Gegner in seiner Menschlichkeit zu berühren und ihm nahe zu sein. Und gerade darum widersteht der Buddhist dem Bösen nicht mit Aggression aufgrund der Verletzung, die ihm zugefügt wurde, sondern in geduldiger Festigkeit, erstens, damit der Übeltäter nicht noch mehr Unheil anrichtet (und sich dabei selbst schadet, was er nur nicht weiß), und zweitens, damit die Leidenden vom Leiden frei werden. Beide Aspekte sind nicht zu trennen. Und diese Haltung ist im Christentum nicht wesentlich anders.

5. *Schlußbetrachtung*

Zweifellos gibt es Böses.[16] Wut und Aggression, Selbstbehauptung auf Kosten anderer und bestimmte Formen der Gewalt, die diese Impulse durchsetzen, gehören unvermeidlich zum

16 W. Huth, Kain – die Frage nach dem Bösen aus psychologischer Sicht, in: Transpersonale Psychologie und Psychotherapie, 6. Jahrgang 2/2000, 36–51. In diesem Themenheft auch weiterführende Literatur aus psychologischer, philosophischer, evolutionsbiologischer und religionswissenschaftlicher Sicht.

Leben. Doch die Frage ist, ob und wann in diesem Zusammenhang von «böse» gesprochen werden sollte. Hier käme es eher darauf an, daß die Balance zwischen verschiedenen Trieben und Antrieben (nach Besitz, Geltung und Sexualität) hergestellt wird, damit diese Impulse nicht destruktiv werden und das zerstören, was sie schaffen oder schützen sollen. Der Lernprozeß in der Kultur, ja die Herstellung von Kultur besteht, wie Sigmund Freud gezeigt hat, gerade darin, daß Triebe und Affekte beherrschbar werden. Dies kann nicht durch Triebunterdrückung geschehen, bei der Triebbedürfnisse geleugnet würden, sondern durch Triebbefriedigung mit Augenmaß und Umlenkung der betreffenden Antriebskräfte auf die Gestaltung kultureller Ziele.

Das Böse hingegen tritt beim Menschen, wie ich im dritten Teil noch zeigen werde, in vielfacher Gestalt auf, nämlich z. B. als Dummheit, Egozentrik und Trägheit, die katastrophale Ausmaße annehmen können. In vielen Fällen kann es nur darum gehen, die Auswirkungen böser Motivationen und Handlungen einzudämmen. Dies ist möglich durch starke soziale Einbindung und, wenn diese versagt, durch Sanktionen. Dafür haben wir ein Rechtssystem, das selten absolut urteilt, sondern eine «Abwägung der Güter», d. h. Verhältnismäßigkeit durch rationale Urteile, anstrebt. Das Rechtssystem kann allerdings versagen, denn es ist auch unvollkommen. Leiden ist damit so oder so unvermeidlich.

Aber das ist eine unbefriedigende Aussage, wenn wir die Frage nach dem Bösen im Horizont letztgültiger Werte und der Tiefe der Bewußtseinserfahrung stellen. Das, was wir in unserem Leben als gut oder böse erfahren, wird in der tiefsten Wahrnehmung des Bewußtseins anders empfunden als an der Oberfläche des Tagesbewußtseins. Denn ein Bewußtsein, das nicht an äußerlichen Formen, an äußerlichen Urteilen festhält, sondern gelernt hat, sich selbst loszulassen, wertet nicht. Für ein solches Bewußtsein sind die unterschiedlichen Erfahrungen von Lust und Leid Schwingungen einer einzigen Kraft, Schwingungen dessen, was wir als gut und was wir als böse erleben, Schwingungen dessen, was wir als leidvoll und als lustvoll erleben, die einander nicht auslöschen, sondern sich wechselseitig bedingen, um darin, in lebendigen Rhythmen, die vergängliche Schönheit der Welt von Augenblick zu Augenblick neu erstehen zu lassen. Dieser Rhythmus bildet sich ab in der heiteren Ruhe eines erwachten Bewußtseins, das durch die Erfahrung des Leidens und durch die Erfahrung des Umgangs mit dem Leiden hindurchgegangen ist.

Warum müssen wir leiden? Vielleicht, damit die Bäume nicht in den Himmel wachsen und der Mensch in seiner egozentrischen Selbstverliebtheit die anderen Menschen und die Natur nicht mit dem Terror überziehen kann, der die Folge wäre, wenn es gelänge, daß wir nicht litten, daß wir gleichsam uns selbst zum Schöpfer, zum Gott unserer selbst und damit zum Manipulator der Natur machten. Das Leiden hindert uns daran. Es lehrt uns die Tugend der Geduld und zwingt zur Selbstbeschränkung. Eine wirklich befriedigende Antwort ist das nicht, und es kann sie, wie gesagt, nicht geben, weil uns die letzten Zusammenhänge unbekannt bleiben. Im übrigen erkennen wir gelegentlich die Zusammenhänge um so weniger, je mehr wir im Detail wissen.

Mir scheint nun: Statt dieser nicht zu beantwortenden, aber doch sinnvoll zu stellenden Frage «Warum müssen wir leiden?» immer neu nachzugehen, bleibt die Alternative, mit dem Leiden in Eigenverantwortung umzugehen, in dem Wissen darum, daß *alles*, was uns widerfährt, aus der einen Dimension oder dem letzten Grund kommt, wo alles Liebe ist. Angesichts des Leidens in der Welt wird dieser Grund unbegreiflich bleiben.

Dies ist eine spirituelle Erfahrung, die eine Ebene berührt, die sich nicht beweisen oder theoretisch begründen läßt, und dennoch möchte ich Mut dazu machen, denn sie ist, wie mir scheint, die einzig mögliche Antwort auf das Problem des Leidens. Sie befreit zu der Wahrnehmung, daß jedes Lebewesen seinen Wert in sich hat, nicht dadurch, daß es etwas leistet oder daß es eine bestimmte Qualität hat, z. B. leidfrei und – nach unseren Definitionen – gesund zu sein, sondern daß jedes Lebewesen *als solches*, in *jedem* Zustand, seine Qualität, seinen Wert in sich trägt. So wie es ist, kommt ihm unbedingte Würde zu, die Respekt und Ehrfurcht verdient, gerade auch in der Lebenssituation des Leidens.

Die angemessene Haltung angesichts des Leidens ist die Entwicklung der Fähigkeit zur achtsamen Liebe, einer Liebe, die den anderen achtet, wie er ist, und damit lebendiges Leben schaffen kann. Es geht also nicht um eine theoretische Antwort auf die Frage «Warum müssen wir leiden?», sondern um die bewußte achtsame Annahme, um die Hingabe, das Aufmerksamsein der Liebe. Eine Liebe, die sich gerade und ganz besonders mit dem Leidenden identifiziert und damit das Einssein *aller* Lebewesen erspürt. Dabei und in dieser Haltung, in dieser Liebe, erwachen wir erst zu dem, was wir eigentlich sind. Das ist das Tor der Befreiung und der Inbegriff von Hoffnung.

Selig sind, die da Leid tragen, *denn sie sollen getröstet werden.* Denn dann ist schon die ganze Fülle der Hoffnung in ihnen.

Was dürfen wir hoffen?

Wenn du ein Schiff bauen willst, dann trommle nicht Männer zusammen, um Holz zu beschaffen, Aufgaben zu verteilen und die Arbeit einzuleiten, sondern lehre sie die Sehnsucht nach dem endlosen Meer.

(Antoine de Saint-Exupéry)

Lebewesen sind endlich. Menschen wissen es. Dieses Wissen ermöglicht eine Sehnsucht über das Gegenwärtige hinaus, eine Überlegenheit über die Zeit und die Endlichkeit – und dieser Wunsch nach dem, was (noch) nicht ist, zeichnet den Menschen aus. Aufgrund des Zeitbewußtseins kann sich der Mensch die Zukunft vorstellen. Ja, er kann sich intuitiv in eine andere Wirklichkeit als die, die er gegenwärtig real erlebt, versetzen. Die denkende Imagination ist es, die das Endliche übersteigt und Hoffnung über die jeweilige Gegenwart hinaus freisetzt. Hoffnung ist Ausdruck des Kreativen im Menschen, der sich über den Ist-Zustand erhebt. Hoffnung erzeugt ein Spannungsverhältnis, nämlich die Kluft von Wirklichkeit und Anspruch, von Sein und Sollen bzw. Wünschen. Aber Hoffnung ist zugleich Inbegriff der Aufhebung dieses Widerspruchs.

Hoffnung hat eine individuelle und eine gesellschaftliche Seite. Auf der einen Seite hat jeder Mensch Hoffnungen für sein eigenes Leben, und diese Hoffnungen kreisen nicht nur, aber doch zentral, auch um die Frage nach der Grenze des Lebens, d. h. nach dem Tod und einem möglichen Jenseits. Auf der anderen Seite kann jeder Mensch als Mensch nur in einer Gesellschaft existieren, denn er ist, was er ist, in Beziehung zu anderen Menschen. Die Gesellschaft ermöglicht Leben und schränkt gleichzeitig mögliche Lebensgestaltung ein. Auch hier kreisen die Hoffnungen um die Möglichkeiten der Grenzüberschreitung dessen, was ist, also um eine Veränderung der gesellschaftlichen Zustände. In vielen Gesellschaften und besonders in den entsprechenden Religionen können wir beobachten, wie sich beide Dimensionen der Hoffnung in gegenseitiger Abhängigkeit ausgestalten und verändern.

1. Zur Phänomenologie der Hoffnung

Das klassische Griechenland sah in *elpis*, Hoffnung, zunächst jede Erwartung des Zukünftigen, ob gut oder schlecht, angenehm oder unangenehm. Seit Homer galt *elpis* als Illusion, denn menschliches Hoffen wurde als maßlos empfunden, wenn hierbei der Mensch übermütig die ihm gesetzten Grenzen überschritt.[17] Plato freilich entwarf eine «ideale» Gesellschaft, die nach der vernünftigen Einsicht in das Erstrebenswerte konzipiert sein bzw. auf normativ-politischen Ideen beruhen sollte – einen Zwangsstaat nämlich, der jeden Widerspruch durch «totalitäre Gerechtigkeit» auslöschen würde und in dem die «Einsichtigen» als Diktatoren herrschen müßten, um alles Neue oder umstürzlerisches Aufbegehren im Keim zu ersticken.[18] Mit Sicherheit war hier die lebendige Hoffnung ausgeklammert, denn Plato sah in der Veränderung schlechthin das Übel, im unveränderlichen zeitfreien Sein hingegen den Schlüssel zur Wahrheit und zum authentischen Leben. Erst als mit den jüdischen und später auch den christlichen Zukunftserwartungen eine heilvolle Zielrichtung in der Geschichte angenommen wurde, konnte die Zukunft – als die Zukunft der Herrschaft Gottes – durchweg positiv besetzt werden: Nach einem Endgericht und der Vernichtung des Bösen sollte die vollkommene Welt Wirklichkeit werden. Ob diese Zukunft als Wiederherstellung eines idealen Goldenen Zeitalters (wie bei den Griechen und Römern) oder als völlige Neuschöpfung (so eher die jüdisch-christliche

17 G. Picht, Utopie und Hoffnung, in: ders., Das richtige Maß finden. Der Weg des Menschen ins 21. Jahrhundert, Freiburg: Herder 2001, 111

18 K. Popper, Die offene Gesellschaft und ihre Feinde I, Tübingen: Francke UTB ^{6}1980, 126ff.

Eschatologie) zu sehen sei, blieb auch in der Frömmigkeitsgeschichte des späteren Europa strittig. Die Sehnsucht nach einem Gericht als Ausgleich für erlittenes naturhaftes Leiden (z.B. die Pest im 14. Jahrhundert) sowie Kriege und Unterdrückung (Reformationszeit) war verbunden mit Rachegefühlen gegenüber den «Gottlosen», und mit dieser Sehnsucht wurde nach dem Gericht eine Neue Zeit erwartet, ein Tausendjähriges Friedensreich, ein «Zeitalter des Geistes» (Joachim von Fiore, 13. Jahrhundert). Von der Renaissance bis zur Romantik war teils neben der Ausrichtung auf diese Zukunft, teils im Widerspruch zu ihr, die Sehnsucht nach der Vergangenheit bleibendes Lebensgefühl: Die griechische Antike, das romantisierte Mittelalter galten als Zeiten der Harmonie, die wiederherzustellen bleibende Aufgabe war. *Restitutio* also als Motiv des Aufbruchs in die Zukunft!

In der Renaissance entstand die Literatur gesellschaftskritischer Reiseberichte. Platos Staatslehre, die christliche Erwartung eines Reiches Gottes, das in der Geburt Christi schon angebrochen und in gewisser Weise auch bereits vollendet war[19], und die gesellschaftlichen Umbrüche und Erwartungen in der Renaissance verbanden sich zu einer neuen Literaturgattung, dem «utopischen Roman», deren wirkungsreichstes Beispiel die «Utopia» von Thomas Morus (1515) ist, wo mit der Reise zur «Insel der Seligen» ein utopisches Programm entworfen wird, das nicht nur gedacht, sondern bei anderen Völkern als bereits verwirklicht geglaubt wird. In dieser Tradition hat dann vom 17. bis ins 19. Jahrhundert hinein die Wahrnehmung fremder Kulturen gestanden: Leibniz und nicht wenige Aufklärer schwärmten für China, und von der Romantik inspirierte Sprachforscher, Kulturanthropologen und Mythologen sahen im «edlen Wilden», in indischen Heiligen oder in

19 Besonders in der gotischen Malerei ist Christus die reife Frucht am Baum, der aus der Wurzel Jesse quillt, will sagen die vollendete Erfüllung aller Heilserwartungen. Entsprechend dieser Vollendung ist die gotische Kathedrale konzipiert als Ausdruck des Selbstbewußtseins einer neuen städtischen integrierten Gesellschaft und als Gegenbild zur politischen Realität.

den tibetischen «Meistern des Himalaya» Gestalten des Menschseins verwirklicht, die den eigenen Idealen und Träumen entsprangen, wo spirituelle Meister und Weise herrschen würden und «der Mensch den Menschen liebt»:

> Und ist ein Mensch gefallen,
> Führt Liebe ihn zur Pflicht.
> Dann wandelt er an Freundes Hand
> Vergnügt und froh ins bess're Land.
> (Schikaneder/Mozart, Die Zauberflöte)

Für Immanuel Kant gehörte die Frage nach dem, was wir wissen können, in den Bereich der Theoretischen Philosophie, während die Frage nach dem, was wir tun sollen, Aufgabe für die Praktische Philosophie war. Die Kantische Frage «Was dürfen wir hoffen?» hingegen blieb die Domäne der Religion. Das Wesen der Religion drückt sich für Kant aus in Hoffnungen, die «postulatorisch» sind, d. h., die Bilder von Gott, vom Menschen, von der Zukunft, auf die der Mensch hoffen darf, sind vom Menschen selbst gemacht nach dem Modell des moralisch Notwendigen. Die phantastische Utopie wird zum Postulat, damit der Mensch aktiv die Zukunft gestalte. Dieser kantische Gedanke hat bis in die Werke Ernst Blochs («Der Geist der Utopie» [1918] und «Das Prinzip Hoffnung» [1938–1947]) nachgewirkt. Bei Bloch freilich muß der Gott, der das Gegenwärtige geschaffen hat, verschwinden, damit der Mensch Freiheit für die Zukunft gewinnen kann. Denn für Bloch ist der Gottesgedanke reaktionär, festhaltend, vergangenheitsorientiert. Für Kant hingegen war die Existenz des moralischen Postulats nur erklärbar, wenn ein transzendenter Wille, Gott also, als Schöpfer des moralisch denkenden Menschen angenommen werden könne.[20] So schließt sich der Kreis der Argumentation.

Hoffnungen gewinnen Gestalt in Phantasien, Träumen, Utopien, Visionen, in Prophezeiungen und Bildern der Kunst, in guten Vorsätzen und Revolutionen.

20 Immanuel Kant, Die Religion innerhalb der Grenzen der bloßen Vernunft, Königsberg ^{2}1794 = B, 257 Anm.

Hoffnung – oder Verzweiflung – ist Ausdruck der Phantasiekraft des Bewußtseins. Das heißt: Der Mensch bildet das, was er als wirklich erlebt, durch die sinnlichen Eindrücke nicht nur photographisch ab, sondern er imaginiert aktiv ein Bild der Wirklichkeit. Das, was er als Welt erlebt, gestaltet er aktiv mit. Die Materialien und Ordnungsmuster dieser Gestaltungsvorgänge sind teils bewußt, teils unbewußt. Sie mögen als genetisch bedingt gelten oder als in frühkindlichen Phasen der Entwicklung erworben, sie mögen karmisch erklärt werden oder als Reflexe sozialer Erfahrungen – vermutlich spielen alle diese Faktoren eine Rolle. In jedem Fall entwickelt der Mensch sein unverwechselbares eigenes Bild von sich selbst, der umgebenden Welt und einer letzten Ordnung der Welt (Sinn, Gott, Zukunft), das zukünftig entweder zur Erfüllung der prägenden Wünsche führt (Hoffnung) oder aber zur Nicht-Erfüllung derselben tendiert (Verzweiflung). Hoffnung ist das, was imaginiert schon Gestalt hat, aber in der als wirklich erlebten, durch die Sinne vermittelten Welt noch keine Realität besitzt, das, was man «noch nicht sieht», wie Paulus sagt. Hoffnung ist also ein Produkt des Unterschieds von Anspruch und Wirklichkeit, von Denkbarem und Erlebtem.

Ob wir der Zukunft fortschrittshoffend und optimistisch entgegensehen oder uns in apokalyptischen Weltuntergangsphantasien verlieren, hängt jedoch nicht nur an der individuellen – intrapsychisch begründeten – Einstellung, sondern auch an der sozialen Stellung: Wer mächtig ist und von den Verhältnissen profitiert, neigt gewöhnlich dazu, den status quo fortschreiben zu wollen. Die Unterdrückten und Benachteiligten hingegen hoffen auf eine andere Welt, die ausgleichende Gerechtigkeit bringen soll. Das Goldene Zeitalter des Vergil, Kants Reich des ewigen Friedens oder das Reich der Freiheit eines Karl Marx – all diese Visionen leben von der Hintergrundfolie der als unzulänglich und leidvoll erlebten Gegenwart. Zukunftshoffnungen sind nicht gesellschafts- und machtneutral.

Hoffnung wird konkret, wenn es um die Behebung eines bestimmten Mangels geht, der als solcher empfunden wird durch ein inneres oder gesellschaftlich vermitteltes Idealbild (der Arbeitslose hofft auf Arbeit, der Kranke auf Genesung, der Rechtlose auf Gerechtigkeit, der Verachtete auf Anerkennung usw.). Daß nämlich überhaupt der Gedanke des «Besseren» oder «Vollendeten» möglich ist, bedarf einer sinnhaften («idealen») Gesamtschau von Welt, eines Zieles, einer transzendenten Landkarte des «Ganzen». Aus psychologischer Sicht wissen wir, daß die Tendenzen der Wahrnehmung und Imagination zur Hoffnung oder Hoffnungslosigkeit durch frühkindliche Erfahrungen geprägt werden (Urvertrauen). Trotzdem besteht auch in späteren Lebensphasen die Möglichkeit zur Korrektur. Durch (meditative) Selbstgestaltung des Bewußtseins werden die eigenen Gedanken steuerbar, sie können verändert und auf motivierende Hoffnung hin ausgerichtet werden. Dies geschieht durch willentliche bzw. bewußte Wiederholung von Bewußtseinseindrücken, seien es Mantras, Idealbilder (Heilige, Starkult, «Hoffnungsträger») oder andere Inhalte. Dadurch entstehen Grundrichtungen psychischer Antriebsmuster, die das Denken, das Fühlen und das Wollen prägen. So entwickelt sich der Charakter (die Prägung), dessen Flexibilität zwar mit zunehmender Prägung abnimmt, die jedoch nie völlig versiegt.

Hoffnung setzt die Offenheit des Gegenwärtigen voraus. Im Zen-Buddhismus heißt es darum: «Offene Weite – nichts von heilig». Das Gegenwärtige, gerade auch das, was «man» für «heilig» hält, darf nie verabsolutiert werden, sonst ist Hoffnung nicht möglich. Die Offenheit zu akzeptieren ist vielmehr Inbegriff der Hoffnung. Das Gegenteil davon wäre Furcht, und zwar Furcht aus Mangel an Vertrauen in die offene kreative Kraft der Wirklichkeit. Die Haltung der Hoffnung ist das Gegenteil einer Haltung des Fixierens, die sich bemüht, alles dem eigenen Zugriff zu unterwerfen.

2. *Gestaltwandel der Hoffnung in den Religionen*

In den Religionen ist Hoffnung der Stimulus zur Transformation des Bestehenden. Was das inhaltlich bedeutet, ist abhängig von den gegenwärtigen Erfahrungen des Leidens und der

Unvollkommenheit, die wiederum in Verbindung stehen mit den klimatischen, politischen und anthropologischen Bedingungen der formativen Phasen einer Kultur. Die Transformation bewegt sich vom Tod zum Leben, vom Irrtum zu vollkommener Erkenntnis, von Krankheit zu Gesundheit, von Hunger zu Sättigung, von Verzweiflung zu Erfüllung.

Bilder und Wege der Hoffnung sind in den verschiedenen Religionen nicht Zufallsprodukte der Phantasie, sondern konkrete Erwartungen der Überwindung des konkret erlebten Leidens. Stets liegen in diesen Bildern die individuelle und die gesellschaftliche Dimension eng beieinander. Einige dieser Grundmuster des Gestaltwandels möchte ich im folgenden beschreiben, denn sie sind wie Leitmotive, die im Laufe der Geschichte unendliche Variationen erfahren und die Besonderheit einer Kultur gestalten.

- *Vervollkommnung.* Hier geht es um die Überwindung der dunklen, barbarischen oder dämonischen Kräfte, wie sie etwa der konfuzianische Weise in China anstrebt. Voraussetzung für eine solche Möglichkeit ist, daß man an eine Weiterentwicklung, an eine positive Zielrichtung in der Geschichte glaubt. Vor allem die europäische Aufklärung ist in diesem Sinne von der *Hoffnung auf Vollendung* beseelt gewesen, von Vico über Voltaire, Lessing bis hin zu John Dewey. Das Bild der Hoffnung ist hier verknüpft mit einer evolutionären Geschichtsphilosophie, und die Hoffnung selbst wird dabei zum utopischen Bewußtsein.
- *Entsagung.* Dieses Erwartungsmotiv beinhaltet einerseits durchaus Hoffnung, ist aber andererseits resignativ bezüglich bestimmter Aspekte der Wirklichkeit, die als hinderlich oder verunreinigend erlebt werden. Meist betrifft das die Wirklichkeit des Materiellen, die überwunden werden soll, damit das Spirituelle Gestalt gewinnen kann, wie dies viele asketische Traditionen im Hinduismus, Buddhismus, Christentum und sogar im Islam lehren. Wenn freilich, wie etwa im Buddhismus oder im Christentum, das Problem des Menschen nicht im Materiellen als solchem, sondern im *Anhaften* am Materiellen gesehen wird, kann Entsagung zu einer

Übung des Bewußtseins mitten im Getriebe der alltäglichen materiellen und körperlichen Ansprüche werden.

- *Integration.* Wenn die eine Welt noch gespürt und ihr Zerfall in der menschlichen Wahrnehmung und Lebensweise schmerzhaft empfunden wird, besteht die Aufgabe des Menschen darin, die wahre Natur des Zerfallenen wiederherzustellen. So strebt etwa der chinesische Daoismus die Harmonie der makro- und mikrokosmischen Kräfte, die Harmonie von Himmel und Erde, von Yang und Yin an. Diese Haltung ist auch bestimmend für die Psychologie von Carl Gustav Jung. Sie gründet im Vertrauen auf die Heilkräfte der Natur, und wir können sie darum die *naturalistische Hoffnung* nennen.
- *Auferstehung.* In diesem Bild geht es um die Wiederherstellung der Welt in einer Neuschöpfung. Davon sind alle materiellen und geistigen Ebenen betroffen («ein neuer Himmel und eine neue Erde» Off. 21,1), wodurch der ursprüngliche Plan Gottes zum Ziel kommt. Besonders Christentum und Islam sind von dieser Hoffnung geprägt, sehr nachdrücklich auch das messianische Judentum. Gott ist es, der handelt und der die Welt vollendet. Dies ist die *theistische Hoffnung.*
- *Revolution.* Sie beinhaltet den technisch gestützten und politisch durchgesetzten Wechsel in der Gesellschaft nach einer inneren Zielrichtung. Dabei glauben (nicht nur marxistische) Revolutionäre oft, daß sie einer objektiven Zielrichtung der Geschichte historisch zum Durchbruch verhelfen. Dieses Bild der Hoffnung ist es auch, das Karl Marx und seine Anhänger motivierte. Es ist eine Hoffnung, die sich auf das Handeln des Menschen stützt, eine *humanistische Hoffnung.*
- *Rekonstruktion.* Menschen setzen ihre Hoffnungen in die technologische Wiederherstellung der Funktionalität des menschlichen Körpers, aber auch von Körperschaften, d. h. Institutionen und Gesellschaften. Dies wird als Weg zum Glück oder zumindest einer jeweils besseren Lebenswelt gesehen. Ein Muster der Hoffnung, das sich mit der moder-

nen Medizin ebenso wie mit der rationalen Technologie und dem «social engineering» verbindet, bei dem die menschlichen Belange und die gesellschaftliche Lebenswirklichkeit technisch und möglichst «pannenfrei» durchorganisiert werden.

Mit diesen sechs Modellen habe ich nur einige der unterschiedlichen Muster des Transformationsprozesses herausgegriffen, die oft auch kombiniert vorkommen, wie etwa bei Sokrates, dessen Philosophie auf eine Verbindung von Vervollkommnung und Entsagung hinausläuft. Auch diese Kombinationen sind wiederum abhängig von den Erwartungen und historischen Konstellationen einer Kultur. Die Modelle der Hoffnung können über die Zeiten hinweg in ein und derselben Kultur ganz erheblichen Wandlungen unterworfen sein. Deshalb wäre es irreführend, einige Religionen als eschatologisch oder ganz und gar jenseitig orientiert (Christentum), andere hingegen als diesseitig (chinesische Religionen) zu bezeichnen, denn wir finden in verschiedenen Epochen des Gestaltwandels einer Kultur sehr unterschiedliche Motivationen wirksam. So ist das frühe Christentum von der Naherwartung, also der Erwartung der baldigen Wiederkunft Christi und des Endes der Welt, durchdrungen. Später entstanden die Modelle von der Sakramentalität der Kirche, des Milleniarismus (Erwartung eines Tausendjährigen Reiches) und anderer apokalyptischer Erwartungen. Unter dem Druck historischer Erfahrungen wie z. B. der grauenvollen Pest-Epidemie im 14. Jahrhundert erschien den betreffenden Generationen die entsprechende Zeit als Endzeit, und im Dreißigjährigen Krieg (17. Jahrhundert) wurde dann die Erde als ein unabsehbares Jammertal erlebt, während das 18. und 19. Jahrhundert vor Geschichtsoptimismus nur so strotzen: Hier setzt sich die Erwartung durch, daß alles besser, schöner, größer werde und das Ende der Welt in weiter Ferne liege. Solche Veränderungen hängen auch an neuen Paradigmen des menschlichen Selbstverständnisses. So wurde nach der Amerikanischen und der Französischen Revolution im Zuge der Etablierung der bürgerlichen Welt und ihrer technologischen

Möglichkeiten im 19. Jahrhundert der Mensch als Subjekt der Geschichtsveränderung entdeckt. Es entstand die moderne Idee des Fortschritts, die alte Hoffnungsbilder zu einem neuen Amalgam vom Fortschritt schlechthin als Triebkraft der Geschichte verschmolz.

Bezieht sich die Hoffnung auf das individuelle Schicksal, dann ist der Blick auf das Ewige Leben (oder bessere Reinkarnationen in dieser oder einer zukünftigen Welt) gerichtet. Bezieht sich die Hoffnung aber wie in vielen Stammesgesellschaften, teilweise im alten Ägypten, im frühen Judentum und teils auch in China, auf das gemeinschaftliche Schicksal oder das kollektive Selbst, dann geht es primär um das Weiterleben eines Volkes oder um die glückliche Gemeinschaft mit den Ahnen, gelegentlich auch um die kosmische Vollendung des einen «Leibes der Menschheit», der als Kollektivum alle Individuen umfaßt.

Die konkreten Bilder und Symbole für die Hoffnung sind vielfältig. Oft sind sie dem Rhythmus der Natur entnommen, die sich im Frühling erneuert. Andere Bilder entstammen der alltäglichen Erfahrung des Menschen mit seiner eigenen Wandlungsfähigkeit. Ganz zentrale Bilder der Hoffnung in den Religionen sind zum Beispiel der

- *Lebensbaum.* Er ist der Paradiesesbaum, der die Frucht trägt; im Christentum ist er identisch mit dem Kreuz. Denn das Kreuz symbolisiert das neue Leben, das aus dem abgestorbenen Holz des alten Baumes wächst, das Leben, das durch Leiden und Tod hindurchgegangen ist und sich nun neu entfaltet. Unter dem Kreuz wird oft der Schädel Adams dargestellt. Er ist der alte Mensch. Am Kreuz hängt der neue Mensch, Christus. Christus ist die Frucht des neuen Lebensbaumes, die ins Paradies zurückweist und durch deren Genuß (in der Teilhabe am Leib Christi) der Weg dorthin geöffnet wird.
- *Lotos.* Er steht für die Vollendung des Lebens. In makelloser Schönheit wächst der Lotos aus dem Wasser empor und erhebt sich in die Luft. Er ist die geistige Frucht, die aus dem Bereich der Natur herauswächst und erblüht. Er steht für

den klaren und reinen Geist des Menschen, der in der Körperlichkeit wurzelt. Dabei ist bedeutsam, daß der Lotos nur in schlammigen Gewässern gedeiht. So wächst auch der klare Geist aus den trüben Leidenschaften und körperlichen Unvollkommenheiten heraus.

- *Weg.* Er steht für die Reise des Menschen, der zum Ziel unterwegs ist. In den von China beeinflußten Kulturen ist das *dao* der Weg, die Reise, die Bewegung zum Besseren oder Vollkommenen hin. Im Christentum ist das Wort von der geistlichen Wanderschaft (*homo viator*) bekannt oder auch das Bild des Schiffes der Gemeinde. Im Hinduismus und Buddhismus ist es das Floß, das den Menschen zum anderen Ufer des geistigen Erwachens übersetzt. Das gleiche Bild wird auch angesprochen, wenn sich der Buddhismus selbst als Fahrzeug bezeichnet, nämlich gemäß der Unterscheidung seiner beiden Grundströmungen als Großes Fahrzeug (Mahayana) oder als Kleines Fahrzeug (Hinayana).

3. *Bilder der Hoffnung in den Religionen*

Hinduismus

Der Hinduismus ist keine einheitliche Religion, sondern ein Komplex von Mythen, Riten, Lebensnormen und Anschauungen, der sich in der Geschichte seit Jahrtausenden ständig verändert. Das Leben in Indien und den Gebieten, die von der indischen Kultur erfaßt wurden, ist von diesen religiösen Überlieferungen auch heute noch geprägt, wobei sich der moderne Hinduismus als durchaus anpassungsfähig und kreativ erweist.

Die Zukunft ist gemäß hinduistischer Erwartung nicht ungewiß, da das, was kommen wird, Resultat vergangener und gegenwärtiger Taten und Ereignisse ist. Dies ist das Gesetz des *karman,* von dem der Hinduismus und die anderen in Indien beheimateten Religionen zutiefst durchdrungen sind. Karman bedeutet, daß alle Ereignisse in der materiellen wie geistigen

Welt zugleich Ursachen und Wirkungen sind. Jede Tat wirkt charakterprägend auf den Täter zurück. Die Zukunft birgt somit keine Ungewißheit, sondern ist in diesem Sinne eine Begegnung mit der eigenen Vergangenheit.

Nach hinduistischen Vorstellungen ereignet sich die Welt in aufsteigenden und absteigenden Weltzeitaltern. Die Welten kommen und gehen. Aus diesem Kreislauf der Geburten (*samsara*) kann sich der individuelle Geist befreien, indem er vollkommen harmonisch und ausgeglichen wird, d. h. kein *karman* mehr erzeugt. In vielen Formen des Hinduismus richtet sich die Hoffnung (*asha*) aber auch auf die Einheit von kosmischer Ordnung und gesellschaftlicher Harmonie, die von Helden wie z. B. dem göttlichen König Rama in Zeiten der Verwirrung wiederhergestellt wird.

– In der vorbuddhistischen vedischen Religion Indiens des 2. vorchristlichen Jahrtausends, deren Opferhymnen und Ritualtexte in den Vedas überliefert sind, ist die Hoffnung der Menschen auf diesseitige Güter ausgerichtet, vor allem auf Kriegsglück, Fruchtbarkeit, die Geburt von Söhnen, Wohlstand (viele Kühe) und den Wunsch, keine Feinde zu haben. So heißt es:

> Atmet Furchtlosigkeit (*abhaya*) in uns hinein, Himmel und Erde.
> Mögen wir frei von Furcht sein durch die Kraft Gottes (*soma*),
> durch das Licht Gottes (*savitri*).
> Möge uns der grenzenlose Luftraum in Furchtlosigkeit versetzen.
>
> Möge uns das Opfer der Sieben Seher in Furchtlosigkeit versetzen.
> Vom Norden und Süden, vom Osten und Westen soll das Licht Gottes
> auf dieses Dorf ausstrahlen und Lebensunterhalt, Wohlstand und Leichtigkeit gewähren.
> Möge die Kraft Gottes uns Freiheit von Feinden bereiten,
> alle Furcht beseitigen und den Zorn abwenden.
>
> Unten und oben, hinten und vorn
> gewähre uns Befreiung von Feinden, o du Kraft Gottes.
>
> (Atharvaveda 6,40)

Ganz zentral war für die Menschen dieser Zeit die Hoffnung

auf ein langes Leben, wie es im Rigveda (RV 10,18) und im Yajurveda besungen wird:

Mögen wir hundert Herbste sehen,
mögen wir hundert Herbste leben,
mögen wir hundert Herbste erkennen,
mögen wir hundert Herbste wachsen,
mögen wir hundert Herbste blühen,
mögen wir hundert Herbste sein,
mögen wir hundert Herbste werden –
ja, sogar mehr als hundert Herbste.
(Yajurveda 19,9)

Vor allem aber die Sehnsucht nach Harmonie wie auch nach äußerem wie innerem geistigen Frieden (*shanti*) durchzieht die religiösen Vorstellungen Indiens von ältester Zeit an bis heute. Dieser Frieden stellt sich ein als Harmonie zwischen allen Ereignissen und Dingen im Himmel, im Zwischenraum und auf der Erde. Der Friedenswunsch aber erstreckt sich auch auf den Urgrund der Welt, aus dem alles kommt und der alles Geschehen lenkt. Dieser Urgrund ist die eine transpersonale Kraft (*brahman*), die allem zugrunde liegt. So heißt es: Friede auch dem *brahman*.

Friedvoll sei der Himmel, friedvoll die Erde,
friedvoll der Zwischenbereich,
friedvoll seien uns die fließenden Gewässer,
friedvoll die Pflanzen und Kräuter,
friedvoll seien uns die Zeichen der Zukunft,
friedvoll das Getane und das Ungetane,
friedvoll sei uns, was ist und was sein wird.
(Atharvaveda 19,9)

Die altindische Hoffnung über den Tod hinaus bestand darin, daß die Guten fortleben werden in des Totengottes (*Yama*) Himmel des Lichtes, wo sie mit ihren Vätern wieder vereint würden (RV 1,24,1; 10,14,10). Dabei gleichen die Himmelsfreuden den irdischen, nur sind sie vollkommener (RV 9,113,7–11). Die Bösen aber werden von den Göttern Indra oder Varuna in den tiefen Abgrund gestoßen werden

(RV 10,132,4; 4,5,5; 9,73,8 u. a.), wobei böse diejenigen sind, die keine Opfer darbringen oder Indras Opfer stören.

– In späterer Zeit, etwa seit der Mitte des ersten vorchristlichen Jahrtausends, als die Literatur der Upanishaden sowie Buddhismus und Jainismus entstanden, werden andere Töne der Lebenserfahrung des Menschen hörbar – die Welt als Kreislauf des Leidens, der vom *karman* im oben beschriebenen Sinne angetrieben wird, das äußere Glück als Schein. Damit verinnerlicht sich das Ziel der Hoffnung. Es geht nun um geistige Befreiung aus dem leidvollen Kreislauf des Daseins, um *moksha*. Die Hoffnung richtet sich jetzt kaum noch auf die Erfüllung weltlicher Wünsche, sondern auf das Ende der gegenwärtigen Gestalt unbefriedigten Lebens. Man will nicht mehr in dieser Welt bleiben oder durch Reinkarnation in sie zurückkehren, sondern aufsteigen zu einer gereinigten geistigen Existenz, und zwar durch die spirituelle Erkenntnis des einen Urgrundes der Wirklichkeit, der zunächst lapidar das Eine (*tad ekam*) oder allmählich immer häufiger das Große Alles (*brahman*) genannt wird. In einer tiefen Erkenntniserfahrung wird hier dem Menschen bewußt, daß dieses *brahman* im Kosmos und im Menschen identisch ist. Manchmal wird diese letzte Wirklichkeit transpersonal, manchmal personal erfahren und gedacht:

> Da ist ein Licht, das über diesem Himmel strahlt, über allen Welten, über aller Existenz in den höchsten Welten, jenseits dessen es nichts Höheres gibt – das ist der lichthafte göttliche Herr, der in allen Lebewesen strahlt, die aus einer Gebärmutter geboren sind.
>
> (Shvetashvatara Upanishad 5,4)

– Die Bilder der Hoffnung sind nicht nur vielfältig, sondern auch widersprüchlich. In den philosophischen Systemen des Samkhya und Yoga geht es um die Rückkehr des Geistes zur ursprünglichen Einheit bzw. um die Lösung (*kaivalya*) der individuellen Seele (*jiva*) aus ihren selbst verursachten Verstrickungen. Im System des Advaita Vedanta hingegen existiert nur das eine unveränderliche *brahman*: Es ist alles, ist in allem und ist eins ohne ein zweites (*ekam eva advitiyam*).

In der Taittiriya Upanishad (2,1) heißt es, daß *brahman* Name, Wort, Bewußtsein, Zielgerichtetheit, Denken, Meditation, Weisheit, Energie (Nahrung), Wasser, Strahlung, Raum, Erinnerung ... sei. Größer noch als Hoffnung aber sei das Leben. In einem berühmten Spruch über die Hoffnung lesen wir in derselben Upanishad:

Hoffnung (*asha*) ist wahrlich größer als Erinnerung. Denn entzündet durch Hoffnung, lernt das Gedächtnis die heiligen Hymnen und vollzieht die heiligen Handlungen, wünscht Söhne, Rinder und hofft auf diese Welt und die nächste. Meditiere über Hoffnung.

Wer über Hoffnung *als brahman* meditiert – alle seine Wünsche werden erfüllt durch Hoffnung, seine Gebete werden nicht umsonst sein. Seine Freiheit wird sich ausdehnen bis zu den Grenzen des Bereichs der Hoffnung ... (Taittiriya Upanishad 14,1)

– Erkenntnis des *brahman* heißt zu wissen, daß der Mensch mit diesem Absoluten, dem Großen Alles oder dem Letztgültigen eins ist, wo alle Hoffnung zur Erfüllung kommt und alle Furcht schwindet. Von Anfang an ist die Schöpfung des Kosmos auf diese Erfüllung hin angelegt:

Wer *brahman* für Nichtsein hält,
der wird selbst zu Nichtsein.
Wer aber *brahman* erkennt als «Das, was ist»,
von dem weiß man auch, daß er ist!

... Daran schließen sich diese Fragen an:
Wenn einer ohne dieses Wissen stirbt, geht er in die jenseitige Welt ein? Oder erlangt nur der Wissende, wenn er stirbt, die jenseitige Welt?
(Am Anfang) begehrte er (das *brahman*): «Ich will mich vermehren, ich will Geschöpfe hervorbringen!» Da erhitzte er sich innerlich durch Askese (*tapas*).[21] Als er sich durch Askese innerlich erhitzt hatte, schuf er das Universum, alles, was ist. Nachdem er es geschaffen hatte, drang er in es ein. Als er darin eingedrungen war,

21 Der Sanskrit-Begriff *tapas* bedeutet Erhitzung als Konzentration von innerer physischer und psychischer Energie durch Beruhigung und Sammlung der sinnlichen und geistigen Aktivitäten. Es geht nicht um Askese im Sinne äußerlich wirksamen Triebverzichts, sondern um Ausrichtung aller Energie nach innen, um die Selbsterkenntnis des Bewußtseins zu intensivieren.

wurde er zum Sein und zum Jenseitigen, zum Ausgesprochenen und zum Unausgesprochenen, zum Grund und zum Abgrund, zur Erkenntnis und zum Nichtwissen, zur Wirklichkeit (*satyam*) und zur Nichtwirklichkeit. Die Wirklichkeit wurde zu allem, was hier ist. Was Wirklichkeit genannt wird, darüber ist dieser Vers:

Dieses All war am Anfang Nichtsein,
daraus wurde das Sein geboren,
Er schuf sich selbst aus sich selbst,
daher wird es das Wohlgeschaffene genannt.

Was dieses Wohlgeschaffene ist, das ist die Essenz, denn wenn man die Essenz empfängt, wird man von Freude erfüllt. Denn wer könnte atmen, wer könnte leben, wenn der leere Raum (*akasha*) nicht von Freude erfüllt wäre? Denn er allein bringt Freude. Wenn jemand im Unsichtbaren, im Selbstlosen, im Unausgesprochenen, im Abgrund die Furchtlosigkeit und den Grund findet, dann findet er Frieden. Wenn er aber darin einen geringen Unterschied findet, so bleibt er in der Furcht. (Taittiriya Upanishad 2,6–7)[22]

Wer meditiert, identifiziert sich mit den immer tieferen subtileren Wirklichkeitsebenen (*kosha*), bis er jenseits jeder Furcht ist und alle Hoffnung integriert bzw. erfüllt hat:

Derjenige (*purusha*), der im Menschen ist und der in der Sonne ist, die sind eins. Wer dieses weiß, wenn er aus dieser Welt scheidet, geht er ein in den *atman*, der aus Nahrung besteht, geht er ein in den *atman*, der aus Atem besteht, geht er ein in den *atman*, der aus Verstand besteht, geht er ein in den *atman*, der aus Erkenntnis besteht, geht er ein in den *atman*, der aus Glückseligkeit (*ananda*) besteht. Darüber ist dieser Vers:

Vor dem die Worte und Gedanken umkehren,
ohne Ihn zu erreichen –
wer diese Seligkeit *brahmans* kennt,
hat keine Furcht mehr.
Dann quälen ihn nicht mehr die Fragen: Welches Gute habe ich unterlassen? Welches Böse habe ich getan? Wer dieses weiß, erlöst sein Selbst, er befreit sich selbst von diesen beiden Gedanken.

(Taittiriya Upanishad 2,8–9)

22 Die beiden Stellen aus der Taittiriya Upanishad zitiere ich nach: B. Bäumer, Upanishaden. Befreiung zum Sein, Zürich: Benziger 1986, 70 u. 166f.

Ein Mensch, der seinen Weg bis zu dieser Vollendung gegangen ist, gilt im Hinduismus als einer, der «jenseits von Gut und Böse» steht. Die Lehre der Upanishaden kulminiert in der Hoffnung, wie sie in folgendem Vers ausgesprochen ist:

Asato ma sad gamaya,	Vom Nichtsein führe mich zum Sein,
tamaso ma jyotir gamaya,	Von der Finsternis zum Licht,
mrityor ma amritam gamaya.	Vom Tod zur Todlosigkeit.
	(Brihadaranyaka Upanishad 1,3,28)

Der nachbuddhistische spätere Hinduismus wurde seit etwa dem 2. Jahrhundert v. Chr. immer mehr von dem Glauben an den einen höchsten Schöpfer- und Erlösergott geprägt. Alle Hoffnung richtet sich seither auf diesen «Höchsten», der in unterschiedlichen hinduistischen Schulrichtungen bei verschiedenen Namen genannt und verehrt wird, wobei drei «Konfessionen» eine herausragende Bedeutung zukommt: den Vishnuiten, den Shivaiten und denen, die die höchste Göttin als Kraft (*shakti*) hinter allen Erscheinungen anbeten, meist unter dem Namen Durga. Diese Götter manifestieren sich in unzähligen Gestalten in der Menschenwelt, um die Hoffnungen der Menschen zu erfüllen. Im Vishnuismus gibt es zehn «klassische» Herabkünfte Gottes (*avatara*), die zyklisch wiederkehren und daher mit einer mythischen Geschichtsdeutung verbunden sind, die den Kreislauf der Welt und den Weg zur Höherentwicklung miteinander verknüpfen. Danach erscheint Vishnu zuerst als Fisch, dann als Schildkröte, Eber, Löwe, Zwerg, Parashu-Rama, Rama, Krishna und zuletzt als Buddha. Für die Zukunft wird noch Kalki erwartet, der – im Sinne einer zeitlichen Utopie – ein neues und besseres Zeitalter bringen soll. Die Worte des höchsten Gottes dazu sind:

Als Zuflucht für die Gerechten
und zur Vernichtung der Übeltäter,
um die Weltordnung wiederherzustellen,
entstehe ich von Zeitalter zu Zeitalter.
(Bhagavadgita 4,8)

Krishna lehrt in der Bhagavadgita die vollendete liebende Hingabe (*bhakti*) an Gott als Ziel allen menschlichen Strebens, in dem sich alle Hoffnung erfüllt:

Richte dein Denken auf mich, liebe mich mit Hingabe,
opfere mir, verehre mich!
So sollst du zu mir kommen –
ich verspreche es dir wahrhaftig, denn du bist mir lieb.

Laß alle Pflichten hinter dir,
nimm Zuflucht bei mir allein.
Von allem Bösen werde ich dich erlösen,
sei nicht betrübt!

(Bhagavadgita 18,65–66)

Buddhismus

Die Legende von den vier Ausfahrten aus der Lebensgeschichte des Siddhartha Gautama Shakyamuni ist bekannt: Auf den ersten drei Ausfahrten sieht sich der zukünftige Buddha mit Krankheit, Alter und Tod konfrontiert. Sie bilden den leiderfüllten Hintergrund für die vierte Ausfahrt, die nichts anderes ist als der Inbegriff der buddhistischen Hoffnung: Hier begegnet dem zukünftigen Buddha ein Mönch, der sich auf den Weg der Wahrheitssuche gemacht hat. Dieser Mönch verkörpert die *Hoffnung auf eine andere Wirklichkeit,* welche weder die Verlängerung oder Verbesserung der gewöhnlichen Erscheinungen im Leben noch den Eintritt in ein fernes Jenseits beinhaltet, sondern die Eröffnung einer anderen Dimension, eines anderen Bewußtseinszustandes oder des Innenraums der Wirklichkeit ist. Nur durch die Praxis der Bewußtseinsschulung, also durch eigene Aktivität, kann diese Hoffnung erfüllt werden. Die Menschen bringen dafür unterschiedliche Voraussetzungen mit, die in früheren Leben erworben wurden, d. h., der jetzige Zustand des Menschen ist Folge seines Handelns in der Vergangenheit. Das gegenwärtige menschliche Leben ist daher für Buddhisten Inbegriff einer zumindest ansatzweise erfüllten Hoffnung, denn als Buddhist hat man die kostbare Möglichkeit zur Praxis im genannten Sinne. Dies wird besonders im Mahayana-Buddhismus, und hier beispielsweise im Dzogchen-System der tibetischen Nyingma-Schule, bewußt gemacht, wenn man sich der zehn günstigen Voraussetzungen für die buddhistische spirituelle Praxis erinnert:

1. Mensch zu sein,
2. in einem *dharma*-Land geboren zu sein,
3. alle fünf Sinne zu besitzen,
4. keine Kapitalverbrechen begangen zu haben,
5. der Lehre des Buddha vertrauen zu können,
6. den Besuch eines Buddha in unserem Land,
7. und zwar im Land eines Buddha, der nicht nur schweigt, sondern auch lehrt,
8. und dessen Lehre bis in unsere Gegenwart Bestand hat,
9. wobei wir das Privileg genießen, in seine Lehre eingeführt zu werden
10. und dafür einen Lehrer (*guru, lama*) finden.

Das Grundprinzip der buddhistischen Hoffnung ist die Überwindung jeder Hoffnung, die sich aus dualistisch konzipierten Wünschen speist. Überwindung bedeutet das *Nicht-Anhaften* an allen Gedankenkonstrukten bzw. egozentrischen Projektionen.

Der Bodhisattva. Die buddhistische Ikone der Hoffnung ist der Bodhisattva, der das Gelübde abgelegt hat, unermüdlich segensvoll zu wirken und nicht eher ins *nirvana* einzugehen, bis alle Lebewesen befreit sind. Seine barmherzige Haltung kommt aus der Gewißheit der Hoffnung, daß alle Lebewesen den Frieden des *nirvana* finden werden. Und dies ist bereits das nirvanische Bewußtsein – vollkommenes Einssein mit allen Wesen. Der Bodhisattva strahlt Liebe (*maitri*) und barmherzige Hinwendung zu allen Wesen (*karuna*) aus, wie es im Lankavatara Sutra heißt. Er ist Vorbild und wird damit zum Inbild einer Pädagogik der Hoffnung, denn er verhält sich zu den Lebewesen wie Eltern zu ihrem einzigen Sohn:

> Denn Vater und Mutter eines einzigen Sohnes, sie denken immerzu an diesen Sohn, ob schlafend oder wachend, stehend, sitzend oder liegend. Wenn er Übles tut, geben sie ihm freundlichen Rat und bringen ihn dazu, nichts Übles mehr zu tun. So ist es auch beim Bodhisattva: Wenn er Wesen in die Bereiche der Hölle, Hungergeister oder Tiere fallen sieht, oder wenn er sieht, wie sie Gutes und

Böses im Bereich der Menschen und der Himmlischen tun, richtet sich sein Bewußtsein immerzu auf sie und ist nie von ihnen getrennt. Selbst wenn er sie Übles tun sieht, wird er doch nicht zornig oder straft er sie nicht mit wütender Haltung.

(Mahaparinirvana Sutra 471)

Buddhanatur. Nach (mahayana)-buddhistischer Vorstellung haben alle Wesen die Buddhanatur oder, wie der japanische Zen-Meister Dogen (1200–1252) sagt, sie *sind* die Buddhanatur. Im Mahayana wird allen Lebewesen die unmittelbare Bestimmung oder Potentialität zugesprochen, zur Buddhaschaft zu reifen. Die Buddhanatur gilt als eine Wirkkraft im Menschen, die wie in einem Mutterschoß zunächst keimhaft entwickelt ist (*tathagatagarbha*) und zur Reife gelangt in der überzeitlichen Gestalt der entwickelten Buddhaschaft (*dharmakaya*). Als «embryonische Potentialität» (*tathagatagarbha*) ist sie das Bewußtsein von der leidvollen Situation (*duhkha*) der Lebewesen, in ihrer vollen Aktualisierung (*dharmakaya*) ist sie das nirvanische Bewußtsein, das sich selbst als leer (*shunya*) begreift, weil es frei von Egozentriertheit, Gier und Haß, den drei Verunreinigungen (*klesha*), ist.

In der psychologischen Theorie der Yogacara-Schule wird Buddhanatur auch mit dem Speicherbewußtsein (*alayavijñana*) verbunden, der Ebene des Geistes also, die allem Denken, Fühlen und Urteilen zugrunde liegt und alle Eindrücke über mehrere Leben hinweg speichert. Im Shri-Mala Sutra heißt es, daß Buddhanatur ein Selbst-Werden sei, d. h., das Bewußtsein reift zu seiner eigenen Fülle durch Selbst-Befreiung, die in der Zeit als Selbst-Entfaltung bzw. Evolution erscheint. Die Buddhanatur ist dabei die Basis nicht nur für das *nirvana*, sondern auch für den leidvollen Kreislauf der Welt (*samsara*). Denn das Jenseitige ist nichts anderes als das Diesseitige, die Befreiung und Vollendung ist nichts anderes als die Vollkommenheit in *dieser* Welt des Leidens. Denn *samsara* und *nirvana* sind eben nicht zwei verschiedene Welten, sondern zwei radikal verschiedene Bewußtseinszustände, Haltungen, Wahrnehmungsweisen. Darum ist, philosophisch gesprochen, die Buddhanatur keine ontologische Substanz, sondern eher das eine unteilbare ontologische Subjekt, die unbedingte Bewußtheit oder das reine Gewahrsein, wo es auch keine Differenz mehr von Anspruch und Wirklichkeit gibt, kein Wünschen und Hoffen auf das, was noch nicht ist. So heißt es im Lankavatara Sutra:

> Das Tor der höchsten Wirklichkeit ist frei von dualistischer Erkenntnis. In der Selbstverwirklichung gibt es keine Zeit; sie geht über alle Bereiche, die zu den verschiedenen Stufen gehören, hinaus.
>
> (Sagathakam 104 und 110)

In China, und dort besonders in der Tradition des Zen-Buddhismus, spielt die überzeitliche Buddhanatur eine große Rolle. Jedes Lebewesen ist von Anfang an rein und vollkommen, die Menschen wissen es nur nicht, weil sie an Abgrenzungen anhaften, die das Ego selbst verursacht. Nirvana bzw. das Erwachen (*bodhi*) ist hier das Gewahrwerden der als beglückend erlebten Freiheit von dieser Fehlwahrnehmung, die alles Unglück verursacht. Buddha und Lebewesen sind in Wirklichkeit identisch:

> Wenn verblendet, erscheint ein Buddha als Lebewesen,
> wenn erwacht, ist ein Lebewesen ein Buddha.
> Wenn unwissend, ist ein Buddha ein Lebewesen;
> in Weisheit, ist ein Lebewesen ein Buddha.
> Wenn das Bewußtsein in sich verstrickt ist, ist es ein Lebewesen,
> wenn das Bewußtsein nicht-wertend ist, ist ein Lebewesen
> ein Buddha.
> Wenn einmal ein verstricktes Bewußtsein entsteht,
> wird der Buddha im Lebewesen verborgen.
> Wenn wir in einem Augenblick nicht-wertend sind,
> dann sind die Lebewesen selbst Buddha.
> Ein Buddha existiert in unserem Bewußtsein selbst,
> unser eigener Buddha ist der wahre Buddha.
> Wenn wir in uns selbst nicht das Buddha-Bewußtsein hätten,
> wo sollten wir dann Buddha suchen können?
>
> (Hui Neng, Hochsitzsutra 52)

Es geht um den Gewinn der großen Freiheit, von der wir in der Einleitung sprachen, um die «offene Weite», wie es im Zen heißt, angesichts derer «nichts als heilig» unverrückbar festgeschrieben werden kann. Diese Haltung paart sich im Buddhismus mit strikter Rationalität, die auf der Logik der reziproken Kausalität beruht: Jede Wirkung wirkt auf ihre Ursache zurück und verändert den gesamten Ursache-Wirkungszusammenhang (*karman*), d. h., nichts existiert für und aus sich selbst (Leerheit, *shunyata*), sondern alles, was ist, ist genau das, was es ist, in Wechselwirkung mit allem anderen (*pratityasamutpada*, Entstehen in wechselseitiger Abhängigkeit). Diese Philosophie des Zusammenhangs aller Erscheinungen im Ganzen ist die gefühlsmäßige und intellektuelle Einsicht in das Verwobensein in einen großen Zusammenhang. «Offene Weite – nichts von heilig», das ist eine befreiende Erfahrung im Zen, aber das Ergebnis ist, daß alles, buchstäblich *alles* als *heilig* erfahren wird: das kleinste Staubkorn, das weinende Kind, der Schmerz des Kranken oder Verachteten, den zu heilen ich vielleicht aufgefordert bin ...

Maitreya. Auch die Buddhisten mußten freilich erkennen, daß zur Befreiungserfahrung nur wenige gelangen und die Menschheitsgeschichte weiterhin von Unwissenheit, Gier und Haß angetrieben wird. Darum entwickelte sich im Buddhismus die Hoffnung auf einen zukünftigen Buddha, auf Maitreya, den liebenden Buddha, der kommen wird, um das zu vollenden, was Buddha Shakyamuni, der Buddha unseres gegenwärtigen Zeitalters, schon angestoßen hatte. Die Vorstellung eines zukünftig kommenden oder wiederkommenden Erlösers stammt ursprünglich aus Persien, wo der iranische Erlöser Saoshyant erwartet wurde, und diese Hoffnung hat im Westen das Judentum und das Christentum beeinflußt und in Nordindien und Zentralasien auch den Buddhismus durchdrungen. Man kann die Maitreya-Gestalt aber auch allein auf indischem Hintergrund deuten, denn bereits die alte Philosophen-Schule der Ajivikas und auch die Jainas lehrten, daß es zukünftige siegreiche Überwinder dieser Welt, die helfend den Menschen beistehen würden, nämlich Tirthamkaras bzw. Jinas, geben würde. Jedenfalls fiel diese Heilshoffnung im Buddhismus auf fruchtbaren Boden, denn offensichtlich mußte der Graben von Anspruch (Befreiung für alle) und Wirklichkeit (wenige Zeitgenossen erlangen das *nirvana*) überbrückt werden.

Maitreya steht für die Hoffnung, daß eine bessere Zukunft anbrechen wird. Als der liebende und universal ausstrahlende Buddha wird er in allen (mahayana-)buddhistischen Schulen verehrt, wenngleich mit unterschiedlichen Geschichten und Legenden verknüpft. Besonders in den Literaturen des Divavadana und Mahavastu (der Mahasamghikas) ist die Rede von vielen zukünftigen Buddhas, deren erster Maitreya ist. Um ca. 500 n. Chr. ist seine Gestalt in allen Ausformungen greifbar und sein Charakterbild festgelegt.

Interessanterweise gehen in der Gestalt Maitreyas die politische und die geistige Herrschaft ineinander über, und zwar besonders in Südostasien, in China und auch in Zentralasien. So wird im ceylonesischen Mahavamsa detailliert beschrieben, wie 5000 Jahre nach Buddha Shakyamuni der *dharma* fast völlig erloschen sein wird, die Welt im Chaos versinkt und die menschliche Lebenserwartung nur zehn Jahre beträgt, bis die Umkehr des geschichtlichen Verfallsprozesses erfolgt, worauf die Verhältnisse immer besser werden, bis die Lebenserwartung der Menschen auf 80 000 Jahre angestiegen ist. Dann wird ein Herrscher (*cakravartin*) als messianischer Hoffnungsträger die Weltbühne betreten und für weltliche Wohlfahrt ebenso sorgen wie für die neue Ausbreitung des buddhistischen *dharma*. Und auch Maitreya wird aus dem Tushita-Himmel («Zufriedenheit») herabsteigen, sein volles Potential als Buddha entfalten und den *dharma* selbst lehren.

In China finden wir auch bei den Daoisten die Erwartung eines weisen Herrschers, der Erlösung bringen soll; bereits im 4. Jahrhundert n. Chr. hatte z. B. der buddhistische Mönch Dao-an mächtige chinesische Herrscher mit Maitreya identifiziert. Nicht selten legitimierten chinesische Kaiser wie Sung Tsu-hsien und auch Kaiserin Wu in der T'ang-Zeit auf diese Weise ihre Herrschaft und beanspruchten, Wegbereiter des zukünftigen Buddha zu sein. Umgekehrt galt die Hoffnung auf den kommenden Maitreya auch als Legitimation des politischen Umsturzes, denn man glaubte, das Ende unerträglicher politischer Verhältnisse durch die Ausrufung des Anbruchs von Maitreyas Reich einläuten zu können.

In Korea und Japan verknüpfte sich die Hoffnung auf Maitreya mit Fruchtbarkeitskulten und der Erwartung von Wohlstand, der Kinderreichtum und eine glückliche Zukunft gewähren würde. So erzählt eine japanische Kultlegende in Kashima, daß eines Tages aus einem Paradies ein mit Reis beladenes Schiff ankommen werde, das schon jetzt draußen auf See liege. Kein Zufall auch, daß im 17. und 18. Jahrhundert in eben diesem Kashima Maitreya-Tänze aufgeführt wurden, bei denen die Hauptpriesterin des Kultes Orakel gab und die Zukunft für das kommende Jahr vorhersagte. Sogar einige neue im 20. Jahrhundert entstandene japanische Religionen berufen sich auf Maitreya, wie etwa die Omotokyo, deren Gründer Deguchi Onisaburo 1928 von sich behauptete, eine Inkarnation Maitreyas zu sein, oder die Reiyukai, die durch die Schwägerin des Gründers, Kotani Kimi, insofern mit Maitreya in Verbindung gebracht wird, als diese Geistheilerin mit dem zukünftigen Buddha identifiziert wird.

Judentum

Die jüdische Religion gründet sich auf drei Bundesschlüsse zwischen dem *einen* liebenden Gott und den Menschen, Bundesschlüsse, die jeweils einen unterschiedlichen Akzent hinsichtlich des Themas der Hoffnung setzen. Gott schließt erstens einen Bund mit *Noah,* in dem er sein Wohlwollen gegenüber der ganzen Schöpfung ausdrückt. Allen Menschen wird die Güte Gottes versprochen, *alle* können daraus ihre Hoffnung schöpfen; und auch die Tiere, die in der Arche Noah Platz gefunden hatten, um vor der Sintflut Schutz zu finden, sind in den Bund eingeschlossen. Zweitens schließt Gott einen Bund mit *Abraham* und verspricht ihm und seinen Nachkommen den göttlichen Segen in besonderer Weise. Das Prinzip der Hoffnung besteht hier darin, ganz auf den Gott ausgerichtet zu sein, der das Heil in der Vergangenheit gewährt hat und auch in Zukunft schenken wird. Der dritte Bund ist die Zusage an *Moses,* dem sich Gott selbst offenbart, indem er ihm die Tora als Lebensgrundlage gibt, damit die Kinder Israel in Gerechtigkeit und Frieden leben können. In den drei Bundesschlüssen vollzieht sich eine Bewegung zum geschichtlich Konkreten: Der erste Bundesschluß ist universal, der zweite ist an den Glaubensgehorsam der Menschen gebunden, der dritte an die Geschichte des Volkes Israel. Aus religionsgeschichtlicher Sicht können wir hinzufügen, daß der Noah-Bund mythisch, der Abraham-Bund prähistorisch und der Mose-Bund historisch am greifbarsten ist.

Die Geschichte des Volkes Israel beginnt nach jüdischer Überlieferung mit der Urgeschichte, d. h. der Schöpfung der Welt und des Menschen. Durch den Willensakt des Ungehorsams des Menschen kommt das Böse in die Welt, und die Bosheit des Menschen nimmt ständig zu – von der Erzählung des Sündenfalls über Kains Mord an Abel bis zur Selbstüberhebung gegen Gott im Turmbau zu Babel. Gott muß darum den Menschen in der Sintflut von der Erde vertilgen und macht danach einen Neuanfang, in dem er Noah trotz der Bosheit der Menschheit seine alles erhaltende Schöpfergüte zusagt:

> Solange die Erde steht, soll nicht aufhören Saat und Ernte, Frost und Hitze, Sommer und Winter, Tag und Nacht. (Genesis 8,22)

Nach der Geschichte vom Turmbau zu Babel hat Gott aber gleichsam eine «Sicherung» gegen die ungebremste Ausbreitung und Wirkung des Bösen in Gestalt des menschlichen Größenwahns eingebaut, indem die Menschheit in unterschiedliche Sprach- und Interessengruppen aufgeteilt wird, die sich gegenseitig neutralisieren. Diese sprachlich-kulturelle Zersplitterung der Menschheit ist also nicht bloß Strafe, sondern ein Aspekt der Hoffnung, damit das Böse nicht überhandnehmen kann:

> So zerstreute sie der Herr von dort in alle Länder, daß sie aufhören mußten, die Stadt zu bauen. (Genesis 11,8)

Und so wird die alte Zusage erneuert und konkretisiert im Bund, den Gott mit Abraham schließt, der für die jüdische Religion das Symbol von Hoffnung schlechthin ist, einer Hoffnung nämlich, die sich gegen allen äußeren Anschein der hoffnungslosen Verhältnisse zu behaupten vermag:

> Geh aus deinem Vaterland und von deiner Verwandtschaft und aus deines Vaters Hause in ein Land, das ich dir zeigen will. Und ich will dich zum großen Volk machen und will dich segnen und dir einen großen Namen machen, und du sollst ein Segen sein.
>
> (Genesis 12,1–2)

Diese Hoffnung richtet sich auf die Zukunft, auf das Gebären und Neuwerden: Sarah wird dem Abraham ein Kind gebären, obwohl sie dafür eigentlich zu alt ist. Sollte Gott etwas unmöglich sein? (Genesis 18,14)

Selbst die Geschichte vom Untergang der Städte Sodom und Gomorrah schildert kein totales Scheitern. Auch wenn das Böse wieder in unerträglichem Maße zugenommen hat, will Gott nicht die blinde Rache oder den gnadenlosen Untergang. Er läßt mit sich handeln. Sollte es wenigstens zehn Gerechte geben, kann das Verderben noch aufgehalten werden. Dies ist jüdische Hoffnung bis heute, wenngleich damals Sodom und Gomorrah untergehen mußten, weil sich die kleine Schar von Gerechten eben nicht fand.

Die Josefserzählung pflanzt die Kraft der Hoffnung mitten in die Machtpolitik jener Zeit. Die Unterdrückung der Israeliten in Ägypten ist unerträglich geworden, die politischen Verhältnisse scheinen ausweglos zu sein, und der Kampf zwischen Resignation und Hoffnung auf einen Neuanfang scheint lange unentschieden:

> Aber je mehr sie das Volk bedrückten, desto stärker mehrte es sich und breitete sich aus. Und es kam sie ein Grauen an vor Israel. Da zwangen die Ägypter die Kinder Israel unbarmherzig zum Dienst und machten ihnen ihr Leben sauer mit schwerer Arbeit in Ton und Ziegeln und mit mancherlei Frondienst auf dem Felde.
>
> (Exodus 1,12–14)

Gott erfüllt auch hier seine alte Zusage: Er rettet das Volk vor den Ägyptern im Durchzug durch das Schilfmeer und ermöglicht einen politischen Neuanfang durch den Bund mit Mose. Dieser Bund ist aber nicht nur Ausdruck der Hoffnung, sondern auch der Verantwortung. Das Prinzip Hoffnung kann ohne das Prinzip Verantwortung nicht sein,[23] denn das gute und menschenwürdige Leben wird an die Verantwortung des Menschen gegenüber Gott, gegenüber der Mitschöpfung, gegenüber seinem Mitmenschen und gegenüber sich selbst gebunden. Der Mensch hat Anteil und Verantwortung hinsichtlich der Erfüllung von Hoffnung: Leben kann nur gelingen, wenn die Tora respektiert wird. Alles andere führt zu Chaos und Verderben. Die reale menschliche Lebenswelt wird an diesem Maßstab gemessen, und die konkreten politischen Verhältnisse werden immer wieder auf diese «Magna Charta» bezogen, wodurch dem Judentum eine permanente Gesellschaftskritik eingebaut ist. Das ist es, was Ernst Bloch «subversive Erinnerung» genannt hat, denn in der Passah-Liturgie heißt es – mit Anklang an Ps 137,6 – «nächstes Jahr in Jerusalem», d. h., Jerusalem, die heilige Stadt und die Präsenz Gottes in ihr, darf nicht vergessen werden. Die Heilsereignisse (Auszug aus Ägypten, Schilfmeerwunder, Landnahme in Kanaan) werden erzählt und erinnert, um begründete Hoffnung für die Zukunft zu stiften.

Diese Erinnerungen sind politisch und konkret. Insbesondere der Auszug aus Ägypten durchs Schilfmeer ist es, der die Hoffnung der Juden über Jahrhunderte wachgehalten hat. Er steht für Bewegung, Veränderung, Wanderung: Ein neues Land, ein neues Gesetz, eine neue Lebensform werden erhofft, wodurch das, was Menschen als Ungenügen empfinden, zur Ruhe gebracht und Stabilität ermöglicht werden soll:

> Der Herr wird für euch streiten, und ihr werdet stille sein.
> (Exodus 14,14)

> Werdet ihr nun meiner Stimme gehorchen und meinen Bund halten, so sollt ihr mein Eigentum sein vor allen Völkern.
> (Exodus 19,5)

Diese Hoffnung erschöpft sich nicht in innerweltlichen Verbesserungen der Lebenssituation, sie ist vielmehr verbunden mit der Schau Gottes. Die Herrlichkeit (*kabod*) Gottes selbst darf Mose

23 Vgl. Hans Jonas, Das Prinzip Verantwortung. Versuch einer Ethik für die technologische Zivilisation, Frankfurt a. M.: Suhrkamp 1979.

jedoch nicht sehen, und Gottes Angesicht ohnehin nicht. (Ex 33, 20) Die Schranke zur Ewigkeit bleibt also bestehen. Wohl aber kann der Mensch, der innerlich dazu bereit ist, die Wirkungen Gottes, sein Erbarmen (Ex 33,19) spüren. Dabei spielt der Engel die Rolle, Gottes konkrete schützende Gegenwart zu verbürgen und die innere Bestimmung Israels auch politisch zum Ausdruck zu bringen, und zwar auch im militärischen Sinn als Beistand gegen die Feinde Israels:

> Siehe ich sende einen Engel vor dir her, der dich behüte auf dem Wege und dich bringe an den Ort, den ich bestimmt habe. Hüte dich vor ihm und gehorche seiner Stimme und sei nicht widerspenstig gegen ihn; denn er wird euer Übertreten nicht vergeben, weil mein Name in ihm ist. Wirst du aber auf seine Stimme hören und alles tun, was ich dir sage, so will ich deiner Feinde Feind und deiner Widersacher Widersacher sein. Ja, mein Engel wird vor dir hergehen und dich bringen zu den Amoritern, Hethitern, Perisitern, Kanaanitern, Hewitern und Jebusitern, und ich will sie vertilgen. (Exodus 23,20–23)

Hier bildet sich die Tragik des Menschen in der Ambivalenz seines Verhältnisses zu Gott ab: Vertrauen zu Gott und – genau darin bestärkt – der Haß auf den politischen Gegner, der anders ist und darum als fremd und bedrohend empfunden wird. Diese ganz archaischen psychischen Muster der Ausgrenzung des Anderen, durch die Stabilität und Identität im Eigenen erreicht werden sollen, finden sich freilich in vielen Religionen. Wenn individuelle oder kollektive Selbstvergewisserung aber durch starre Ausgrenzung alles Anderen erzielt werden, sind Mord und Totschlag, aber auch Verkümmerung der eigenen Möglichkeiten, die Folge, und zwar auf individueller Ebene ebenso wie in der Psychologie der Völker. Die Religionen haben viel von diesem Geist in sich, auch die späteren weltweit wirkenden Religionen wie Christentum und Islam –, und auch der Buddhismus ist in seiner Geschichte nicht frei davon gewesen. Hier im historischen Kontext Israels wurde diese Haltung als Kompensation für die tatsächliche politische Schwäche Israels kultiviert, und in diesem Rahmen entwickelte sich die Erwartung des Messias, des «Gesalbten», der als machtvoller, gerechter König herrschen würde, um Israel und die Welt zu erlösen. Einer bedrückenden Unheilszeit sollte ein Reich des Friedens folgen. Denn Gott hat die Welt nach einer guten Ordnung geschaffen, und darum kann die Welt kein Chaos sein. Diese Ordnung einer vollendeten Welt, der vollkommenen Gottesherrschaft, ist die Erfüllung der Hoffnung des Judentums. Denn dann wird Friede (*schalom*) sein, weil Gott selbst König ist:

> Der Herr wird König sein über die ganze Erde; an jenem Tag wird der Herr einzig sein und sein Name einzig. (Sacharja 14,9)

In jener erhofften zukünftigen Welt, die aber nicht einfach «jenseitig» ist, sondern mit einer weltlichen politischen Ordnung verbunden wird, sind die leidvollen Widersprüche aufgehoben. Zur ersehnten messianischen Heilszeit gehört in der nachexilischen Frömmigkeit (besonders seit der Literatur der Apokalyptik) die Auferstehung der Toten, eine Auferstehung, die zunächst für Israel gilt und später auf die ganze Welt bezogen wurde. Die alten Texte wurden nun neu interpretiert im Lichte universaler Erlösung, besonders dann im Christentum, das ja als kleine jüdische Gruppierung in Palästina begann:

> Fürchte dich nicht, ich bin mit dir, weiche nicht, denn ich bin dein Gott. Ich stärke dich, ich helfe dir auch, ich halte dich durch die rechte Hand meiner Gerechtigkeit. (Jesaja 41,10)

Oder ein Text, der zunächst die Hoffnung der Heimkehr aus dem babylonischen Exil nach Jerusalem (Zion) anspricht. Später – im Judentum wie im Christentum – wurde diese Hoffnung aber auf die Heimkehr in die himmlische Heimat nach dem Tod des individuellen Menschen umgedeutet, so z. B. bei Johannes Brahms in seinem «Deutschen Requiem»:

> Die Erlösten des Herrn werden wiederkommen und gen Zion kommen mit Jauchzen; ewige Freude wird über ihrem Haupte sein; Freude und Wonne werden sie ergreifen, und Schmerz und Seufzen wird entfliehen. (Jesaja 35,10)

Die Hoffnung richtet sich nicht mehr allein darauf, daß die Lebensverhältnisse Israels neu werden, vielmehr wird Gott die Welt neu schaffen und damit auch dem Tod sein letztes Wort nehmen. Nicht nur das Volk, sondern auch jeder individuelle Mensch wird in der Liebe Gottes neu geschaffen werden, d. h. auferstehen, und so ist die Hoffnung auf eine Welt ohne Leiden gerichtet. Diese Erweiterung der Hoffnung findet sich in jüdischen wie auch in christlichen Texten:

> Gott wird abwischen alle Tränen von ihren Augen, und der Tod wird nicht mehr sein, noch Leid, noch Geschrei, noch Schmerz wird mehr sein; denn das Erste ist vergangen. Und der auf dem Thron saß, sprach: Siehe, ich mache alles neu!
>
> (Offenbarung des Johannes 21,4 f.)

Im Judentum war die Hoffnung über den Tod hinaus zunächst auf die Versammlung der Gebeine «zu den Vätern» konzentriert. Deshalb waren Familiengräber auf jüdischem Siedlungsgebiet, später besonders auf dem Ölberg gegenüber dem Tempel, derartig wichtig, so man die Auferstehung erwartete. Die Vorstellungen blieben aber eher vage, und sie sind vermutlich mit Bedacht nicht präzisiert worden, weil der Mensch dieses letzte Geheimnis Gottes nicht wissen kann und auch nicht ergründen soll.

Freilich vermischten sich in hellenistischer Zeit der griechisch- platonische Gedanke des Dualismus von Leib und Seele, d. h. die Vorstellung einer Unsterblichkeit der Seele, die im Tod vom sterblichen Leib getrennt würde, mit der jüdischen Vorstellung einer Neuschöpfung des *ganzen* Menschen und der *ganzen* Welt durch Gott. Besonders auf dem Hintergrund der Erfahrung des Martyriums im jüdischen politischen Widerstand der Makkabäer erhielt die Vorstellung Kraft: Wer sein Leben in Treue für Gott gibt, wird es neu geschenkt bekommen. Darin wurde die ausgleichende Gerechtigkeit bzw. das Gericht Gottes gesehen. (2. Makkabäer 7) Dabei ist oft der Gedanke wichtig, daß der Leib wiederhergestellt wird, wie er war – bis hin zur Identität der Kleidung –, um dann mit der Seele erneut verbunden zu werden. Später wandelten sich solche Vorstellungen zu einem rein geistigen Weiterleben. Erst im Mittelalter, in der Kabbala, vermochte hier und dort auch die Seelenwanderungslehre Einzug ins Judentum zu halten.

Die jüdische Hoffnung ist nie begrenzt gewesen auf die Vollendung des einzelnen Menschen über den Tod hinaus, sondern sie ist eine Hoffnung für das Volk Israel als Ganzes, ja für die ganze Welt. So gilt seit den Worten der Propheten für alle Völker und Menschen, die gottesfürchtig sind, also für die Gerechten unter den Völkern, daß sie in einer großen endgeschichtlichen Wallfahrt zum Zionsberg kommen werden und der menschlichen Geschichte der Gewalt ein Ende gesetzt wird:

> Da werden sie ihre Schwerter zu Pflugscharen und ihre Spieße zu Sicheln machen. Denn es wird kein Volk wider das andere das Schwert erheben, und sie werden hinfort nicht mehr lernen, Krieg zu führen. (Jesaja 2,4, auch 45,22 ff., 49,6; Micha 4,1–4)

Individuelle Hoffnung und gesellschaftliche Umkehr sind im jüdischen Denken über die Jahrtausende hinweg untrennbar verbunden geblieben, denn die ersehnte Gegenwart Gottes ist an die Umkehr der Menschen, an die «Beschneidung des Herzens» gebunden, wie es bei Jeremia heißt (4,4). Diese Umkehr (hebr.: *schub*, griech.: *metanoia*) fordert die geistige und moralische Entscheidung jedes Menschen, ganz besonders aber der Mächtigen und Herrschenden.

> Bessert euer Leben und euer Tun, so will ich bei euch wohnen an diesem Ort. (Jeremia 7,3)

Die von Jeremia angesagte erneuerte Gemeinschaft zwischen Gott und Mensch ist anders als die alte. Nicht auf Tafeln geschriebene Gebote allein sollen hinfort das Zusammenleben der Menschen erträglich machen, sondern die innere Veränderung des Herzens:

> Ich will mein Gesetz in ihr Herz geben und in ihren Sinn schreiben, und sie sollen mein Volk sein, und ich will ihr Gott sein … sie sollen mich alle erkennen. (Jeremia 31,31 ff.)

Das sagt der Gott, der Sonne und Mond regiert, der die Ordnung der Welt und so auch diese neue Ordnung geschaffen hat. Das neue Herz des Menschen, die geistige Transformation, hat spirituelle Tiefe. Der Mensch lebt nicht mehr aus

Selbstbehauptung gegen die anderen, sondern aus humorvoller Freude, die es erlaubt, sich selbst zurückzunehmen. Hoffnung kommt aus der *Freude*, diese wiederum ist Inbegriff der Nähe Gottes, die den Menschen *schalom,* Frieden und Gemeinschaft, gewährt. Dies ist zum Inbegriff der Spiritualität des Judentums geworden, und aus dieser Erwartung hat sich besonders die geistige Haltung der Chassidim entwickelt, die eine verinnerlichte Gottesbeziehung suchten und damit zu einer von Freude getragenen, humorvollen Gelassenheit mitten im Leiden der Juden in Osteuropa fanden. Doch diese Geisteshaltung finden wir bereits im Talmud:

> Rabbi Barucha von Huza pflegte des öfteren den Markt in Lapet zu besuchen. Eines Tages erschien ihm dort der Prophet Elia, und Rabbi Barucha fragte ihn: «Gibt es jemanden unter den Leuten hier, die in die zukünftige Welt eingehen werden?» «Es gibt keinen», antwortete Elia. Später erschienen zwei Männer auf dem Markt, und Elia sagte zu dem Rabbi: «Diese beiden werden in die zukünftige Welt eingehen.» Rabbi Barucha fragte die Neuankömmlinge: «Was ist euer Beruf?» Sie antworteten: «Wir sind Clowns. Wenn wir einen Traurigen sehen, bringen wir ihn zum Lachen. Wenn wir Streitende sehen, versuchen wir Frieden zwischen ihnen zu stiften.» (Talmud, Taanit 22 a)

Christentum

Der christliche Glaube wurzelt in der Überzeugung, daß die Erfüllung dieses Neuen Bundes im Leben und Tod Jesu von Nazareth angebrochen ist und mit seinem Wiederkommen vollendet wird. Denn das Leben Jesu erscheint in besonderer, für viele Christen einzigartiger Weise als ein Leben vollkommener Liebe und Hingabe an Gott und die Menschen, einer Hingabe, die jedes Leiden und den Tod für andere auf sich genommen hat. Christliche Hoffnung begründet sich auf die Auferweckung Christi von den Toten durch Gott. Das, was im Christentum als Auferweckung bezeichnet wird, ist das neue Leben jenseits des Todes des alten, in sich selbst verstrickten und egozentrischen Menschen. Denn in der Kraft der Auferweckung wohnt Gott bei und in den Menschen so, wie er in

Jesus gegenwärtig war. Dabei ist mit Auferweckung weder das bloße Fortleben der Seele nach dem Tode noch eine Rückkehr des Toten in das gewöhnliche Leben gemeint, sondern eine völlige Verwandlung, ein «Erwecktwerden» von Körper und Geist zu einer neuen, transzendenten Existenz. Diese Vorstellung ist nicht auf das Individuum beschränkt, sondern gipfelt in der Idee einer neuen Gemeinschaft aller, in der apokalyptischen Vollendung des Himmlischen Jerusalem:

> Und ich sah keinen Tempel darin; denn der Herr, der allmächtige Gott, ist ihr Tempel, er und das Lamm. Und die Stadt bedarf keiner Sonne noch des Mondes, daß sie ihr scheinen; denn die Herrlichkeit Gottes erleuchtet sie. (Offenbarung des Johannes 21,21–22)

Die Hoffnung der Christen auf das Wiederkommen Christi ist verbunden mit einem Weltgericht, in dem Gutes und Böses klar unterschieden wird. Damit knüpft die christliche Tradition an das Weltmodell einer dualistischen Unterscheidung von göttlichen lebensfördernden und satanischen lebensverneinenden Kräften an. Gleichzeitig ist aber auch die Rede davon, daß Gott alle Wesen und Erscheinungen, auch das Widergöttliche, zu sich zurückholt (*apokatastasis panton*) und mit sich selbst versöhnt, weil er *bedingungslose* Liebe ist. So schreibt Paulus in 1. Korinther 15,20–28, daß Gott alles Widergöttliche und als letzten Gegner auch den Tod besiegen wird, um dann auch den Sohn in sich hineinzunehmen, so daß die Welt völlig gotterfüllt ist:

> Wenn aber alles ihm untertan sein wird, alsdann wird auch der Sohn selbst untertan sein dem, der ihm alles untergetan hat, auf daß Gott sei alles in allem. (1. Korinther 15,28)

Hier gelangt der gesamte Kosmos, also die Wirklichkeit überhaupt, zu einer allumfassenden Einheit in Gott, und diese Einheit ist nichts als Liebe:

> Nun aber bleibt Glaube, Hoffnung und Liebe, diese drei; aber die Liebe ist die größte unter ihnen. (1. Korinther 13,13)

Hoffnung im Christentum also ist begründet im Glauben an das sinnstiftende Handeln Gottes, das alle Sinnlosigkeit überwindet und den Tod besiegt. Diese Hoffnung ist es, die als Auferweckung oder Auferstehung von den Toten bezeichnet und letztlich zurückgeführt wird auf die allumfassende Liebe Gottes, denn «Liebe hofft alles» (1 Korinther 13,7), d.h., sie sieht das Gute in und hinter allem, auch im Widerständigen und Widerwärtigen. Sie kann darum zwar nicht das Böse, wohl aber den, der böse handelt, ohne jede Vorbedingung akzeptieren als den Menschen, der er/sie sein wird und durch Gottes Liebe verborgen schon jetzt ist, auch wenn das den Betreffenden oft selbst gar nicht bewußt ist. Dies bleibt dem aufrechnenden Verstand, der nach Ursachen und Wirkungen fragt, unverständlich. Denn Gottes Liebe als letzte Ursache allen Geschehens stellt die vorläufigen innerweltlichen Ursachen und ihre Wirkungen in das umgreifende Licht der Heilung und Versöhnung, das den Verstand verwirrt, das Herz berührt und damit zum Handeln befreit:

> Jesus, der Lebendige, sagte: Nicht zögern wird der reife Mensch,
> ein kleines Kind zu fragen nach dem Ort des Lebens.
> Wer sucht, soll nicht aufhören zu suchen, bis er findet,
> und wenn er findet, wird er verwirrt sein,
> und verwirrt geworden, wird er vom Wunder ergriffen sein und das Universum meistern.
>
> (Thomasevangelium, Logion 4 und 2)

Aus diesem Grunde ruht die Hoffnung im Christentum gerade auch auf dem Unscheinbaren, auf dem, was nach menschlichen Maßstäben schwach und noch nicht voll ans Tageslicht getreten ist.

> Brich an, o schönes Morgenlicht, und laß den Himmel tagen!
> Du Hirtenvolk, erschrecke nicht, weil dir die Engel sagen,
> daß dieses schwache Knäbelein soll unser Trost und Freude sein,
> dazu den Satan zwingen und letztlich Frieden bringen.
>
> (EKG 24, J. S. Bach, Weihnachtsoratorium, Choral Nr. 12)

Dieses «letztlich» bringt die alte Hoffnung auf die Wiederkunft Christi zum Ausdruck, auf die Vollendung der Welt. In frühchristlicher Zeit erwartete man, daß dieses Ende und Neuwerden der Welt sehr bald eintreten würde, noch erlebbar für die damals Lebenden oder zumindest in der nächsten Generation.

Zweifellos trug die Hoffnung auf die kommende Vollendung dazu bei, daß die Gegenwart erträglicher wurde, die von Leid, Martyrium und Tod geprägt war in den Zeiten der Christenverfolgungen. So lernten die Christen, den Schmerz als Reinigung der Seele zu akzeptieren. Als sich diese Hoffnung nicht erfüllte und das endgültige Heil noch auf sich warten ließ, wurde die Gegenwart des Heils in den Sakramenten konkret erlebbar gemacht. Die Vertagung der Wiederkunft Christi hatte zur Folge, daß sich das Zentrum des Glaubens verlagerte von der Hoffnung auf die Neuschöpfung der Welt zum Glauben an die Gemeinschaft in der Kirche als Hüterin der Sakramente.

4. Was dürfen wir hoffen?

Glück liegt nur in dem Bewußtsein, das wir von ihm haben, und keineswegs darin, wie die Zukunft ihr Versprechen hält. (George Sand)

Seit der europäischen Aufklärung im 18. Jahrhundert und besonders im 19. Jahrhundert, das durchdrungen war von dem Glauben an die Evolution und den Fortschritt in Naturwissenschaft und Geschichte, lag die Hoffnung in der geschichtlichen Zukunft. Von Jean-Jacques Rousseau bis Georg Wilhelm Friedrich Hegel und Karl Marx war das menschliche Selbstbewußtsein davon geprägt, an der Spitze der Evolution zu stehen und allein durch Erkenntnis dieses Tatbestandes oder durch die aktive revolutionäre Tat eine endgültige vollkommene Gesellschaft herbeiführen zu können, in der es sich besser leben ließ als bisher, in der sich der einzelne Mensch dann, seiner Bestimmung entsprechend, endlich frei verwirklichen könne, und zwar in Übereinstimmung, nicht im Gegensatz und Widerspruch, zur Entfaltung aller anderen Menschen. Die Fähigkeiten und Potentiale des Menschen würden dann nicht mehr unterdrückt, verdinglicht und entfremdet werden müssen. Schon die Denker und Dichter der Aufklärung (Immanuel Kant, Gotthold Ephraim Lessing) hielten eine politisch-soziale und moralische Verbesserung der Menschheit durch Verstehen und Einsicht für möglich. Jetzt, im 19. Jahrhundert, schien der Beweis dafür auch durch die Wissenschaften erbracht zu sein, daß sich nämlich die Evolution «objektiv» auf ein gutes Ziel zubewegen müsse. Ob der Mensch dabei beschaulich zuschauen könne oder selbst aktiv zur Geschichte beizutragen habe, wurde unterschiedlich beurteilt.

Immanuel Kant begründete die Erfüllung der Hoffnung des Menschen auf Glück in drei grundlegenden Hypothesen, die nicht streng rational bewiesen werden könnten, von der menschlichen Vernunft aber praktisch angenommen oder gefordert («postuliert») werden müßten, damit der Mensch ein würdiges Leben führen könne, nämlich die Hypothesen

– der Existenz Gottes,
– der Unsterblichkeit der Seele und
– der Freiheit des menschlichen Willens.

Um diese drei Sätze hat das 19. Jahrhundert erbittert gestritten, wobei die ersten beiden Hypothesen allmählich zurückgedrängt und die dritte erst durch die tiefenpsychologische Theorie Sigmund Freuds in Frage gestellt wurde. Das 20. Jahrhundert hat dann allerdings dem Glauben an die Verbesserungsfähigkeit des Menschen und den zwangsläufigen Fortschritt den Garaus gemacht. Zu unfaßbar waren die menschlichen Katastrophen und Verbrechen. Zumindest ist dies das Fazit der unterschiedlichen kritischen Theorien. Demgegenüber scheint der naive Glaube an die unbegrenzte Macht der Wissenschaft und den Zauberlehrling des technologisch Machbaren ungebrochen, zumindest solange er eine Industriemaschine antreibt, deren quantitative Expansion immer noch gigantische Rendite abwirft. Die medial-industriell inszenierte gentechnologische Selbstmanipulation des Menschen ist ein utopisches Bild, das sich anschickt, die religiösen Hoffnungen zu ersetzen, und auf Heilsversprechen beruht, die eine kritische Wissenschaft gar nicht abzugeben vermag. Was ist Hoffnung in einer Situation, da der Mensch sich bemüht, zum Subjekt nicht nur seiner kulturellen, sondern seiner genetischen Selbstveränderung zu werden? Was wird in diesem Kontext aus der Freiheit des Menschen, die, wie wir sahen, an die Leidensfähigkeit des

Menschen gebunden und Voraussetzung sowie auch Inbegriff der Hoffnung ist?

Zunächst müssen wir eine Unterscheidung treffen, die noch nicht hinreichend in den Blick gekommen ist. Die Frage nach der Hoffnung hat nämlich zwei Seiten, eine aktivische und eine passivische. Im Aktiv ausgedrückt heißt sie: «Wie wandle ich mich?» Im Passiv ausgedrückt heißt sie: «Was widerfährt mir?» Wie aber hängen diese beiden Aspekte zusammen? Sind sie möglicherweise zwei Dimensionen ein und desselben Geschehens? Ist das, was mir widerfährt, von mir selbst (mit)verursacht? Und wenn ja, hat dies genetisch-biologische oder biographisch-historische Gründe? Wir wissen es nicht. Aber es gibt ein Erfahrungswissen davon, daß die beiden Dimensionen zumindest nicht völlig unvermittelt nebeneinander stehen, sondern parallel, gar ineinander verwoben oder voneinander abhängig zu sein scheinen. So heißt es im deutschen Sprichwort: «Wie es in den Wald hineinruft, so schallt es heraus.» Und ein indischer Weisheitsspruch lautet: «Dir kann nur widerfahren, was du selbst bist.»

Warum? Weil das, was widerfährt, durch das Bewußtsein geprägt ist. Es ist das, was es ist, durch meine Wahrnehmung, durch mein Denken. Was mir widerfährt, hängt von meiner Betrachtung ab. («Das Glas ist halb voll oder halb leer.») Mithin ist Hoffnung wesentlich *aktiv: Wie wandle ich mich?* Allerdings darf dieses Argument nicht individualistisch mißverstanden werden und schon gleich gar nicht im Umkehrschluß so interpretiert werden, daß jedes Zerbrechen von Hoffnung und Mißgeschick selbstverantwortet wäre. Denn die Wahrnehmung des Einzelnen hängt an Wahrnehmungsstrukturen ganzer Gesellschaften, der Mensch ist auch hier eingebunden in soziale Netze, und die Freiheit ist bedingt.

Eine weitere Überlegung präzisiert den Zusammenhang von aktiven und passiven Elementen der Hoffnung: Wohl kann sich der Mensch für die Hoffnung öffnen bzw. sich ihr verschließen, sie ist aber nicht «machbar», sondern Geschenk und Gnade, wie es Gabriel Marcel, Otto F. Bollnow u. a. beschrieben haben, weil der eigene Zustand des Bewußtseins nicht erzwungen werden kann, sondern in ausgeglichenem Ausbalancieren von aktiver Übung und passivem Geschehenlassen (meditativer Loslösung) im Gleichgewicht gehalten werden muß, damit das Bewußtsein tiefere *Zusammenhänge* wahrnehmen und erkennen kann. Leben erweist sich dabei als Kraft im Übergang, als ein sich selbst Gestaltendes. Dabei zeigt sich immer wieder die kreative Möglichkeit des Anderen, der neuen Entwicklung, vielleicht auch des Besseren, wie Ernst Bloch in seinem «Prinzip Hoffnung» annimmt. Allein schon die Erkenntnis, daß es anders sein könnte, als es ist, bezeichnet einen «Hoffnungsschimmer». Leben ist *Gestaltung aus Hoffnung*. Das heißt, Leben ist eine Kunst, und die Ästhetik wird damit zum Schlüssel bewußter Lebensgestaltung. Eine neue religiöse Bewegung in Japan, die das Erfahrungswissen verschiedener Religionen, psychotherapeutischer und sozialwissenschaftlicher Erkenntnisse und traditioneller japanischer Ästhetik zu kombinieren versucht, verkündet:

> Leben ist Kunst.
> Das ganze Leben des Menschen ist Selbstausdruck.
> Das Individuum ist ein Selbstausdruck Gottes.
> Wir leiden, wenn wir uns nicht selbst ausdrücken.
> (Perfect Liberty-Kyodan, Precepts 1–4)

Hoffnung ist aber mehr als psychische Selbststimulation oder sogenanntes «positives Denken», denn sonst bliebe sie im Zirkel unserer Bedürftigkeiten und Projektionen stecken und wäre schnell als Selbsttäuschung entlarvt und damit unwirksam. Hoffnung ist vielmehr ein Sich-Öffnen für die heilenden und positiv gestalterischen Kräfte, die auf uns zukommen und überall gegenwärtig sind. Diese Kräfte werden in zahlreichen Mythen der Religionen im Bild des *Engels* symbolisiert:

Der Schutzengel z. B. ist Bote der Hoffnung. Er ist eine vieldimensionale Kraft, die Menschen dazu drängt, der inneren Bestimmung, der Spur des je eigenen Lebens zu folgen. In der Sprache der Mystiker heißt dies: sich ausstrecken, sich selbst in Gott loslassen oder fallenlassen. Wie? In Gebet und Meditation. Gebet und Meditation sind Inbegriff der *wachgehaltenen Sehnsucht* im Menschen, die vermutlich jeden Menschen bewegt, wenngleich sie zugeschüttet und verdrängt werden kann. Diese Sehnsucht äußert sich in dreifacher Weise, nämlich:

- als Sehnsucht nach einer Erfahrung von Trost und Geborgenheit,
- als Sehnsucht nach einem erfüllten guten Leben,
- als Sehnsucht nach einer Verwandlung.

Besonders in der Kunst der Menschheit findet diese dreifache Sehnsucht unendlich vielfältigen Ausdruck. Dies sei an drei Beispielen verdeutlicht: am «Deutschen Requiem» von Johannes Brahms, an einem Text Friedrich Nietzsches aus «Also sprach Zarathustra» und an einigen wenigen Versen von Rainer Maria Rilke.

Johannes Brahms hat dieser Sehnsucht in seinem «Deutschen Requiem» Ausdruck verliehen und sie in ergreifende Musik gesetzt. Fast überirdisch entrückt klingt die Sopranstimme der Solistin:

> Ihr habt nun Traurigkeit; aber ich will euch wieder sehen, und euer Herz soll sich freuen, und eure Freude soll niemand von euch nehmen. (Johannes 16,22)

> Ich will euch trösten, wie einen seine Mutter tröstet. (Jesaja 66,13)

Im Rhythmus des Wanderschritts, der unablässigen Bewegung, antwortet der Chor der pilgernden Menschen, die ihr Lebensziel suchen:

> Denn wir haben hier keine bleibende Statt, sondern die zukünftige suchen wir. (Hebräer 13,14)

Sodann singt, zunächst in der Ahnung der triumphalen Herrlichkeit, der Bariton, dann der jubelnde Chor der Erlösten:

> Siehe, ich sage euch ein Geheimnis. Wir werden nicht alle entschlafen, wir werden aber alle verwandelt werden ... die Toten werden auferstehen unverweslich, und wir werden verwandelt werden ..., (1. Korinther 15,51 ff.)

Im emotionalen Gestus der musikalischen Bewegung erlebt Brahms und wohl jeder seiner Hörer Trost und Verwandlung, eine Erhabenheit, die sich dann im letzten Satz «Selig sind die

Toten» in stillen Frieden zurücknimmt, ein hoffendes Einverständnis mit dem Rhythmus des Lebens, der in Gott gründet und Geborgenheit gewährt. Dies darf als vollendeter Ausdruck christlicher Hoffnung gelten, geht aber weit darüber hinaus: Brahms läßt den Chor der Menschheit zu einem Einvernehmen gelangen, das die Grenzen formulierbarer Religiosität übersteigt.

Ein zweites Beispiel ist *Friedrich Nietzsche*, der sehende Künstler, der hinter dem verzweifelten Denker sichtbar wird. Er ist von der Sehnsucht nach Ewigkeit geradezu trunken:

> O Mensch! Gib acht!
> Was spricht die tiefe Mitternacht?
> «Ich schlief, ich schlief –,
> aus tiefem Traum bin ich erwacht: –
> die Welt ist tief,
> Und tiefer als der Tag gedacht.
> Tief ist ihr Weh –,
> Lust tiefer noch als Herzeleid:
> Weh spricht: Vergeh!
> Doch alle Lust will Ewigkeit –
> – will tiefe, tiefe Ewigkeit!»
> (Nietzsche, Also sprach Zarathustra, Das trunkene Lied 12)

Mitternacht ist es, wenn aus dem Dunkel das Licht allmählich aufdämmert. Dunkel, unheimlich, ja grauenvoll, mitten im Zweifel des Menschen beginnt das Neue. Unscheinbar zunächst, wie die Gottesgeburt im Kinde, wie das «aus sich rollende Rad» in der Vorrede des «Zarathustra», wo Nietzsche mit diesem Bild der dritten Verwandlung des Geistes ja eine Neuschöpfung ankündigt, vergleichbar der «neuen Unschuld» des Kindes, das sowohl die Fremdbestimmung (der tragsame Geist im Bilde des Kamels [erste Verwandlung]) als auch das aufbegehrende Nein (der brüllende Löwe [zweite Verwandlung]) gegen den Zwang überwunden hat. Hoffnung und Verantwortung, eine ermöglicht die andere. Beide ermöglichen Freiheit. Wovon und wozu? Freiheit *vom* Haben, vom Haben auch des Guten und seinen eingebildeten Ansprüchen. Freiheit *zum* Sein, zur Gelöstheit, zur Heiterkeit und vor allem zur Anmut des Tuns, die nicht nur Nietzsche in der Kunst der griechischen Antike zu finden glaubte. Nicht die Bürde des Tuns, das Sollen und Müssen, der Imperativ also, ermöglichen ein gutes Leben, sondern Erfüllung stellt sich ein in der Anmut des «aus sich rollenden Rades», aus der Bewegung und selbstlaufenden Entfaltung der inneren Natur, der der Mensch keine Hindernisse mehr entgegensetzen muß, weil sie in sich selbst Vollkommenheit trägt. (Ähnliches hat Heinrich von Kleist in seiner Erzählung über das Marionettentheater beschrieben, und in den chinesisch-japanischen Kampfkünsten wie in der Schwertkunst oder dem Bogenschießen wird diese Wirklichkeit systematisch zur Gestalt gebracht.)

Mitternacht ist es bei Nietzsche, der dunkle Raum, nicht der «tölpische dumpfe Tag» des scheinbar Fertigen, Klaren, Definierten und langweilig Bekannten. Die Mitternacht enthält die «Vernunft des verachteten Leibes». Sie umschließt auch das Herzeleid, ein «trunkenes Mitternachts-Sterbeglück». Hier stellt sich einer dem Schmerz, und die brüchigen Verdrängungen durch materiellen Konsum, billige Vertröstungen der Religion und moralisierende Weisheiten der Erzieher hören auf. So wie im Zen-Buddhismus der Mensch, der zur Wahrheit erwachen will, zuerst «den Großen Tod sterben» muß, d. h. alle selbstgemachten Masken zu durchschauen und abzulegen hat, so muß bei Nietzsche der Tag durch die Erfahrung der Mitternacht hindurch oder, wie es wiederum in der Mystik heißt, durch die «dunkle Nacht der Seele» (Johannes vom Kreuz). Sonst ist Hoffnung religiöser Kitsch. «Tief ist das Weh» der Welt, nämlich die Erkenntnis, daß ich nicht das bin, als was ich gemeint bin und sein könnte. Bei Nietzsche heißt das: Ich bin kein Gott – noch nicht. Aber «Gottes Weh ist tiefer, du wunderliche Welt!» Die ganze Welt, auch Gott, ist noch nicht, was er sein soll. So werden in der Sehnsucht Weh und Hoffnung eins:

> Ach, wie sie seufzt! Wie sie lacht, wie sie röchelt und keucht, die Mitternacht!
> Wie sie eben nüchtern spricht, diese trunkene Dichterin! Sie übertrank wohl ihre Trunkenheit? Sie wurde überwach? Sie käut zurück? – ihr Weh käut sie zurück, im Traume, die alte tiefe Mitternacht,

und mehr noch ihre Lust. Lust nämlich, wenn schon Weh tief ist:
Lust ist tiefer noch als Herzeleid.
(Nietzsche, Also sprach Zarathustra, Das trunkene Lied 8)

Im Traum des sehenden Künstlers ist die Hoffnung schon erfüllt, weil in ihm die implizite Ordnung, das tiefere Netz der Einheit jenseits der Dualität, der Widersprüche und der Paradoxe («trunkene Nüchternheit»), schon Ausdruck findet. So wie in *Rainer Maria Rilkes* Gedicht:

Was ist Rom?
Es zerfällt.
Was ist die Welt?
Sie wird zerschlagen
eh deine Türme Kuppeln tragen,
eh aus Meilen von Mosaik
deine strahlende Stirne stieg.

Aber manchmal im Traum
kann ich deinen Raum
überschaun,
tief vom Beginne
bis zu des Daches goldenem Grate.

Und ich seh: meine Sinne
bilden und baun
die letzten Zierate.
(Rilke, Das Stunden-Buch, Vom mönchischen Leben)

Das ist auch Nietzsches Hoffnung. Hinter der Furcht (die Hoffnung zunichte macht) ist eine Unruhe. Wenn wir sie beruhigen, erscheint eine große Traurigkeit und Sehnsucht, die eine Wachheit des Herzens erlaubt, aus der sich unser «Ausgestrecktsein» nährt. Daraus entstehen Gewißheit, Furchtlosigkeit, zarte Empfänglichkeit für die Welt: sanftes Weh, das zur glühenden Leidenschaft wächst – zur Lust nach Ewigkeit. Ewigkeit ist nicht das fortgesetzte Auf und Ab der Zeit, sondern der erfüllte Augenblick (*kairos*), nicht Dauer, sondern die schöpferische Ganzheit der Gegenwart, in der die Zeit aufgehoben ist.

Diese Hoffnung will nicht das Andere aus Mangel, weil die jetzige Erfahrung so trist ist. Sie weicht auch nicht aus ins

Altruistische, sondern sie sucht sich selbst, das Wahre Selbst, die Einheit-in-allem. Das *brahman* oder *nirvana,* wie es im Hinduismus und Buddhismus heißt. Die Einheit des Sohnes mit dem Vater, in der das Christentum wurzelt:

> Aber alles, was leidet, will leben, daß es reif werde und lustig und sehnsüchtig,
> – sehnsüchtig nach Fernerem, Höherem, Hellerem.
> «Ich will Erben, so spricht alles, was leidet, ich will Kinder, ich will nicht mich» ...
> Lust aber will nicht Erben, nicht Kinder, – Lust will sich selber, will Ewigkeit, will Wiederkunft, will Alles-sich-ewig-gleich.
> (Nietzsche, Also sprach Zarathustra, Das Trunkene Lied 9)

Wir brauchen das Unfertige, das Unscheinbare und das Unerreichte, das, was wir nicht beherrschen, denn es ist die Quelle des Großen, das mehr ist, als in unseren kleinlichen Rechnungen und ängstlichen Berechnungen erscheint. Deshalb sind es die Künstler, die am Schluß dieses Kapitels zu Wort kommen, denn ihnen kommt es zu, unterschwellig Wirkendes auszudrükken, den Schmerz nicht zu verdrängen, sondern zu verdichten, die Hoffnung nicht zu belächeln, sondern ihr kreativen Ausdruck zu verleihen, Verdichtungen von Zeit also zuzulassen, die im Augenblick des künstlerischen Schaffens einen gestalteten Ausdruck von dem darstellen, was wir oben die schöpferische Gegenwart der Ewigkeit genannt haben. So und nur so gilt:

> Man muß noch Chaos in sich haben, um einen tanzenden Stern gebären zu können.
> (Nietzsche, Also sprach Zarathustra, Vorrede)

Dieses Chaos ist die kreative Inkubation, das Noch-nicht, aus dem sich die Hoffnung nährt, die Gegensätze zu vereinen vermag:

> Eben ward meine Welt vollkommen, Mitternacht ist auch Mittag, – Schmerz ist auch eine Lust, Fluch ist auch ein Segen, Nacht ist auch eine Sonne ... ein Weiser ist auch ein Narr.
> (Nietzsche, Also sprach Zarathustra, Das Trunkene Lied 10)

Nietzsches Ja zur Lust ist auch Ja zu allem Weh. Ich füge hinzu: *Hoffnung ist die bleibende Sehnsucht, das wehfreudige Unerfülltsein.*

Hoffnung ergibt sich aber nicht aus dem Rückblick auf das Nicht-Wahrgewordene, denn das Festhalten an dem, was versagt blieb, wird zur projektiven Illusion:

Nichts ist ernüchternder als eine erfüllte Hoffnung,
und nichts ist trügerischer als eine versagte.
(Paul Watzlawick)

Hoffnung ist vielmehr die Offenheit des Weges – sie kann nie erfüllt oder versagt sein, sondern bleibt in der Schwebe des Möglichen, das im eigenen Bewußtsein stets neu gestaltet wird –, und so gestaltet sich die Welt durch den Menschen, durch menschliches Bewußtsein, durch mentale und emotionale Reifung, durch hoffende Sehnsucht, die Gebundenheit im Schmerz des Vergangenen überwindet.

Ich möchte diese Betrachtungen schließen mit einem Gedicht Rilkes,[24] in dem das Leben selbst die Sehnsucht des Seins oder des Gottes ist, das Leben, das sich aus der Ewigkeit herlebt und in die Ewigkeit hineinschweigt:

Das ist die Sehnsucht: wohnen im Gewoge
und keine Heimat haben in der Zeit.
Und das sind Wünsche: leise Dialoge
täglicher Stunden mit der Ewigkeit.

Und das ist Leben. Bis aus einem Gestern
die einsamste von allen Stunden steigt,
die, anders lächelnd als die andern Schwestern,
dem Ewigen entgegenschweigt.

5. *Utopien*

Utopien kennen wir aus allen Religionen, wo oft und in verschiedener Weise selige Zustände der Urzeit oder des Anfangs der Geschichte erinnert werden und die Hoffnung wachgehalten wird, daß sie – unter welchen Umständen und von wem auch immer bewirkt – wiederkehren sollen. Oder wo eine ganz neue Welt erwartet wird, deren zukünftiger Glanz schon jetzt

24 Rainer Maria Rilke, Lieben heißt allein sein (hrsg. v. F.-H. Hackel), Frankfurt a. M.: Insel 1996, 14

in die Gegenwart strahlt. Das Goldene Zeitalter, die Herrlichkeit Jerusalems, der ideale Staat als Insel des Glücks oder das mythische Königreich Shambhala – spätestens seit Thomas Morus' «Utopia» wurden entsprechende Gesellschaftsutopien bis hin zur Marxschen klassenlosen Gesellschaft zu «subversiven Erinnerungen» (Ernst Bloch) und sozialen Sprengsätzen, die sich auch in politischen Revolutionen entluden. Doch das ist nicht unser Thema.

Was aber sind Utopien? Bereits bei Thomas Morus ist die Utopie keine Flucht in einen unrealisierbaren Traum, sondern Anklage gegen die unerträglichen politischen Zustände.[25] Utopie setzt ein qualitatives Maß, das der Maßlosigkeit der Verhältnisse entgegengehalten wird. Das utopische Gegenmodell will die Möglichkeit zum verändernden Handeln provozieren, nicht aber ein fixiertes Ideal mit Gewalt durchsetzen. Karl Mannheim hat dazu in seiner bahnbrechenden Studie «Ideologie und Utopie» von 1919 die wichtige Unterscheidung von Utopien und Ideologien gemacht. Beide sind, wie er sagt, «seinstranszendent», d. h., sie beschreiben nicht den Ist-Zustand einer Gesellschaft, sondern wollen Orientierung zum Handeln geben, um genau diesen Zustand zu überwinden. Ideologien allerdings sind solche Vorstellungen, «die de facto niemals zur Verwirklichung des in ihnen vorgestellten Gehaltes gelangen»[26], obwohl sie ihre Suggestionskraft politisch ausnutzen, um Schlagkraft im bestehenden Machtkampf zu gewinnen. Ideologien rechtfertigen damit das Bestehende, Utopien hingegen sprengen die gegenwärtigen, als ungenügend empfundenen Gesellschaftsordnungen prinzipiell. Das ist, kurz gesagt, die These Karl Mannheims. Hinsichtlich der Ideologien mag in bezug auf das subjektive Handeln der einzelne Mensch glauben, daß er seine individuelle und soziale Verantwortung wahrnimmt, wenn er sich der Ideologie mental unterordnet und ihren Inhalt zur Motivation seines Handelns

25 G. Picht, Utopie und Hoffnung, in: ders., Das richtige Maß finden. Der Weg des Menschen ins 21. Jahrhundert, Freiburg: Herder 2001, 100 ff.
26 K. Mannheim, Ideologie und Utopie, Frankfurt a. M.: Schulte ^{4}1965, 171

macht, doch dabei wird ihr Sinngehalt im Handlungsvollzug umgebogen, weil die ideologischen Ansprüche angesichts der herrschenden sozialen und politischen Strukturen gar nicht verwirklicht werden *können*. Mannheim rechnet dazu beispielsweise auch die Vorstellung von der christlichen Menschenliebe in einer feudalen und auf Leibeigenschaft basierenden menschlichen Gesellschaft. «Konsequent im Sinne dieser christlichen Menschenliebe in einer Gesellschaft zu leben, die nicht auf demselben Prinzip aufgebaut ist, ist unmöglich, und der einzelne ist in seinem Handeln gezwungen – sofern er nicht gesonnen ist, diese Gesellschaftsstruktur zu sprengen –, stets von seinen edleren Motiven abzufallen.»[27] Da er aber seiner Motivation nicht untreu werden will, greift er dann oft zur Gewalt, und dies um so eher, wenn die betreffende Ideologie eine Massenbewegung mit abgrenzenden Freund- und Feindbildern ausstattet und soziale Kämpfe munitioniert. Dann führt die Ideologie unweigerlich zu autoritären Denkmustern und, aus Mangel an Bereitschaft, das Anderssein anderer Anschauungen, Lebensweisen und Lösungsversuche gelten zu lassen, zu totalitären Gesellschaftsstrukturen.

Utopien hingegen wirken der bestehenden gesellschaftlichen Wirklichkeit entgegen und transformieren sie in Richtung auf die utopische Vorstellung hin, sie sind somit ein gesellschaftlicher Sprengsatz.[28] Daß Utopien zu Ideologien werden können und umgekehrt, ist wohl wahr. Aber es kommt auf die Unterscheidung an, denn in ihr wird die unvermeidliche Frage angesprochen: Dienen utopische Vorstellungen nur der Verschleierung des status quo und also dem Machterhalt bestimmter Eliten und ihrer Lebensweisen, oder wird ernsthaft versucht, die gesellschaftliche Realität durch einen grundlegenden Wandel der Paradigmen, der Werte, der Lebensverhältnisse zu ändern? Das war letztlich die *crux* mit der kommunistischen Ideologie: Sie konnte und wollte die Machtverhältnisse, nicht aber die Seinsverhältnisse ändern. Die

27 Mannheim, ebd.
28 Mannheim, ebd., 172

Grundwerte waren (oder wurden wieder) die alten: Profit, Materialismus, Unterdrückung der Anderen, Ausbeutung von Mensch und Natur, und deshalb war es eine Ideologie, die entlarvt und zu Grabe getragen wurde, als sie ihre Hohlheit offenbart hatte. Das heißt aber nicht, daß damit auch die zugrunde liegende *Utopie* einer gerechteren Gesellschaft verabschiedet wäre. Ganz im Gegenteil, denn angesichts der zunehmenden sozialen Ungerechtigkeit und der ökologischen Katastrophenszenarien erhält diese Utopie eine Dringlichkeit neuer Qualität, abgesehen davon, daß sie viel älter als die kommunistische Bewegung ist, älter auch als das Christentum, wie jeder weiß, der die prophetische Literatur der hebräischen Bibel kennt.

Daß diese prophetischen Hoffnungen prinzipiell irrealistisch wären, wird man nicht behaupten können. So haben sich Emanzipationsbewegungen in der Geschichte darauf berufen und die Verhältnisse verändert – man denke an das frühe Christentum, an die islamische Umma, die Französische Revolution. Die Utopie ist nie in Gänze realisiert worden – das wäre das Ende der Geschichte –, doch hat die utopische Idee als Sprengsatz Verhältnisse auch zum Besseren verändern können. Aus einem ganz anderen kulturellen Zusammenhang ließe sich als Beispiel die buddhistische Bewegung anführen, die das Kastensystem zu überwinden versuchte, unter Kaiser Ashoka (3. Jh. v. Chr.) in Indien einen Wohlfahrtsstaat etablierte sowie den Tierschutz propagierte. Marginalien vielleicht, aber mehr als die Tristesse der prinzipiellen Verweigerung!

Daß freilich die Beurteilung und Abgrenzung des Utopischen vom Ideologischen immer auch abhängig ist vom geschichtlichen Standort, also relativ und voreingenommen bleibt, müssen wir im Auge behalten. Wer die Lebensverhältnisse, in denen er lebt, für die einzig möglichen hält, wird jede Utopie als Ideologie denunzieren. Wer umgekehrt historische Realitäten und Zwänge verkennt, wird schnell jede Ideologie als Utopie ausgeben und letztlich Frustration ernten, die wiederum Hoffnungslosigkeit gebiert. Wer aber von der Veränderlichkeit aller Erscheinungen und Verhältnisse ausgeht, wer die

Bedingungen und die Gebundenheit menschlichen Handelns ebenso wie auch den Impuls zur Freiheit durch inspirierte Schau und Handlungsbereitschaft ausbalanciert wahrnimmt, wird Utopien als Mythisierung menschlicher Hoffnungen und Potentiale begreifen. Diese können in einzelnen, in gesellschaftlichen Gruppen und sodann auch in ganzen Gesellschaften eine notwendige Veränderung der Werte und Lebensnormen bewirken, die wiederum gesellschaftliche Verhältnisse politisch verändern.

Wie aber sind Utopien beschaffen, was ist das Material, aus dem sie bestehen? Wenn wir in die Geschichte der Religionen blicken, finden wir eine beinahe verwirrende Vielfalt von Mythen, die Grundstrukturen des Menschlichen bildlich ausdrücken und die Hoffnung des Menschen thematisieren. Eine wichtige mythische Grundaussage ist, durch verantwortliches Handeln, das bedeutet Gott-antwortendes-Handeln, die Welt im Bilde der Möglichkeit ihres Ursprungs wahrzunehmen und auf das ur-sprunghafte Ideal hin mitzugestalten. Ich möchte drei prinzipielle Formen des utopischen Denkens unterscheiden, die uns in der Welt der Religionen begegnen:

- die zeitliche Utopie,
- die räumliche Utopie,
- die das Bewußtsein transformierende Utopie.

In den utopischen Mythen und Bildern überschneiden die drei Formen meist einander, aber sie können dennoch als verschiedene Typen begriffen werden. Ich möchte für jede dieser Utopien ein Beispiel anführen:

Die zeitliche Utopie

In diese Kategorie fallen die Utopien von einem neuen Zeitalter (New Age), die wir in astrologischen Spekulationen (Wassermannzeitalter) ebenso wiederfinden wie in den von Indien beeinflußten Vorstellungen einer neuen Weltperiode nach der jetzigen Katastrophenzeit (Kaliyuga), die Hoffnung auf eine zukünftige ideale Gesellschaft (Kommunismus), ein irdisches Paradies, ein himmlisches Jerusalem (Apokalypse des Johannes), ein Reich des Geistes, ein Reich der Freiheit oder wie auch immer. Zeitliche Utopien sind auch die großen utopischen Visionen der hebräischen Bibel, wenngleich diese mit dem dritten Typ, der Bewußtseins-Utopie, kombiniert auftreten.

In den Utopien der hebräischen Propheten wird ein Zustand für die Zukunft erwartet, der nicht nur aus menschlichen Träumen fabriziert ist, sondern als Verwirklichung des Willens Gottes gilt:

> Das ist's, was Jesaja, der Sohn des Amos, geschaut hat über Juda und Jerusalem:
> Es wird zur letzten Zeit der Berg, da des Herrn Haus ist, fest stehen, höher als alle Berge und über alle Hügel erhaben, und alle Heiden werden herzulaufen, und viele Völker werden hingehen und sagen: Kommt, laßt uns auf den Berg des Herrn gehen, zum Hause des Gottes Jakobs, daß er uns lehre seine Wege und wir wandeln auf seinen Steigen. Denn von Zion wird Weisung ausgehen und des Herrn Wort von Jerusalem. Und er wird richten unter den Heiden und zurechtweisen alle Völker. Da werden sie ihre Schwerter zu Pflugscharen und ihre Spieße zu Sicheln machen. Denn es wird kein Volk wider das andere das Schwert erheben, und sie werden hinfort nicht mehr lernen, Krieg zu führen. (Jesaja 2,1–4)

Solche Worte tönen durch die Jahrtausende und hinterlassen eine tiefe emotionale Spur in den Kulturen, die von ihnen durchdrungen sind. Der Prophet schaut visionär die letzte Zeit, in der die Menschheit vereint ist, Gottes Wege lernt und diese völlig neue Lebenshaltung politisch verwirklicht: Es wird weder Krieg noch Kriegserziehung geben. Die Vision ist keine Utopie der Zukunft, die von selbst eintreten werde – und das ist typisch für die Prophetie in der hebräischen Bibel –, sondern eine Utopie für den handelnden Menschen: Der Mensch sei lernfähig, außerdem friedensfähig, und er verwirkliche so die Gemeinschaft mit Gott, nicht individuell, sondern in universaler Menschheitsgemeinschaft, die auch die Feindschaft der Religionen und Kulturen überwindet. Natürlich ist das eine Rückschau auf den Paradieseszustand: *die Gegenwart des Ursprungs in der Vision der Zukunft.* Voraussetzung ist aber, daß Gott seine Wege lehrt und der Mensch danach lebt, was bereits den dritten Typ der Utopien, die Bewußtseinstransformation, anspricht. Das findet ein Echo auch im Psalm 86,11, der auf dem Hintergrund der prophetischen Inspirationen durchaus im Sinne der Utopie gelesen werden kann:

> Weise mir, Herr, deinen Weg, daß ich wandle in deiner Wahrheit; erhalte mein Herz bei dem einen, daß ich deinen Namen fürchte.

Hier ist vom Bewußtseinswandel, der *metanoia*, als Gebetsbitte des Individuums die Rede. Zur Utopie wird diese Vision, indem sie nicht nur individuell, sondern kollektiv als Zukunftsgemälde vor das innere Auge gestellt wird. Der Bewußtseinswandel besteht nicht nur im Einhalten bestimmter Gebote, sondern in der «Einung des Herzens», wie man noch prägnanter übersetzen könnte, was bedeutet, daß alle Bewußtseinskräfte in Harmonie sind, Wissen und Wollen einander nicht widerstreben und das Bewußtsein in sich ruht, gebündelt in der Einheit des Geistes, der auf Gott allein ruht und in ihm die Einheit der Wirklichkeit wahrnimmt. Dies ist eine mystische Bewußtseinstransformation, gewiß. Aber diese Utopie des Menschen wird von den Propheten und dem Psalmisten für sinnvoll gehalten, weil der Mensch als Utopie von Gott so gewollt und offenbar im Prinzip entsprechend befähigt sei. Freilich nicht durch quantitative Steigerung seiner vom Ego ausgehenden Potenzen, sondern durch die qualitative Veränderung der Bewußtseinsmitte. Trefflich drückt dies der Prophet Jeremia aus:

> Siehe, es kommt die Zeit, spricht der Herr, da will ich mit dem Hause Israel und mit dem Hause Juda einen neuen Bund schließen … Ich will mein Gesetz in ihr Herz geben und in ihren Sinn schreiben, und sie sollen mein Volk sein, und ich will ihr Gott sein.
> (Jeremia 31,31 und 33)

Nach diesem Jeremia-Text war der alte Bund heteronom, d. h., das Volk hat die Gebote, die ihm von Gott (von außen) gegeben worden waren, nicht gehalten und wohl auch kaum halten können. Der neue Bund hingegen ist die Einheit von

Theonomie und Autonomie, von Gottesgesetz und menschlichem Antrieb, denn Gottes Präsenz selbst wird zur Mitte des Bewußtseins. In dieser Präsenz, der vollkommenen Gegenwart Gottes, ist die Zukunft realisiert: *Die Utopie wird Gegenwart.* Bei Jeremia freilich gilt dies zunächst nur für Israel und Juda, während Jesaja bereits die gesamte Menschheit in universaler Einheit sehen konnte. Der Unterschied hängt mit der historischen Situation zusammen, in der beide Propheten schreiben, was hier nicht weiter analysiert werden kann. In der hebräischen Bibel jedenfalls zeigt sich bis hin zur apokalyptischen Literatur eine Tendenz zur Universalisierung. In der Johannes-Offenbarung der griechischen Bibel (Neues Testament) wird die Vision Jesajas weitergewoben, wo Gott selbst unter den Menschen wohnt, so daß es keines Tempels mehr bedarf: Gott macht alles neu (Offenbarung des Johannes 21, 5), und die heilige Stadt Jerusalem, die vom Himmel herabschwebt, ist die utopische neue eine Welt. Wie schon bei Jesajas Vision der Wallfahrt der Völker zum Zion werden auch hier die nationalen und religiösen Spaltungen überwunden. (Offenbarung des Johannes 21,24) Selbst die Spannung oder der Gegensatz von Materialität und Geistigkeit hört auf, d. h., diese neue Welt ist spirituell vollkommen transformiert, was auch darin zum Ausdruck kommt, daß sie keiner materiell-physikalischen Energiequelle mehr bedarf, denn Gott selbst *ist* die Sonne. (Offenbarung des Johannes 21,23)

Die hier beschriebenen Utopien beschränken sich aber nicht etwa auf die Sphäre der menschlichen Gesellschaft, sondern sie beziehen schon bei Jesaja auch die anderen Lebewesen mit ein. Denn das Friedensreich des Messias befriedet den Macht- und Überlebenskampf in der Tierwelt und zwischen Mensch und Tier; ein Zustand kosmisch-ökologischer Harmonie wird prophezeit:

> Gerechtigkeit wird der Gurt seiner Lenden sein und die Treue der Gurt seiner Hüften. Da werden die Wölfe bei den Lämmern wohnen und die Panther bei den Böcken lagern. Ein kleiner Knabe wird Kälber und junge Löwen und Mastvieh miteinander treiben. Kühe und Bären werden zusammen weiden, daß ihre Jungen bei-

einander liegen, und Löwen werden Stroh fressen wie die Rinder. Und ein Säugling wird spielen am Loch der Otter, und ein entwöhntes Kind wird seine Hand stecken in die Höhle der Natter.

(Jesaja 11,5–8)

Die letzten Sätze deuten an, daß die mit der Austreibung aus dem Paradies verbundene Feindschaft zwischen Menschen und Schlangen, die seit dem Sündenfall besteht, aufgehoben ist, daß also das paradiesische Goldene Zeitalter erneut anbrechen soll: *Wie am Ursprung, so am Ende der Zeit – wie im Himmel so auf Erden.*

Ein Problem bleibt: Das Reich des Messias ist bisher ausgeblieben, und es ist auch nicht in Sicht. Wieder und wieder wurde es angekündigt, immer wieder wurden alle Hoffnungen enttäuscht. Die frühen Christen erwarteten die Wiederkunft Christi und damit die Erfüllung der in der Apokalypse des Johannes gezeichneten Utopien noch in ihrer Generation oder in der nächsten. Christliche Charismatiker kündigten über die Jahrhunderte hinweg die Wiederkunft Christi immer wieder an, eifrige Sektenprediger zogen daraus bis in die Gegenwart Gewinn – nicht nur in Amerika. Aber allmählich stumpften die Erwartungen ab oder wurden zu Gesellschaftsutopien, die durch eine soziale Revolution auf politischem Wege verwirklicht werden sollten: «Wir wollen hier auf Erden schon das Himmelreich errichten.» Doch kaum ein Jahrhundert hat so viel Gewalt, Blut, Disharmonie und Zerstörung erlebt wie das 19. und 20. Die zeitlichen Utopien, das für die Zukunft erwartete glückliche Zeitalter, alle tausendjährigen Reiche jedweder Couleur, sie sind gründlich diskreditiert.

Die räumliche Utopie

In diese Kategorie fallen die Mythen der Inseln der Seligen, die Atlantis-Sage, der Mythos des reinen Landes Shambhala irgendwo in Zentralasien, die Erzählungen um El Dorado und Länder, wo Milch und Honig fließen. Ich möchte hier nur ein Beispiel geben und auf den Mythos von Shambhala eingehen, der besonders die tibetische Kultur seit Jahrhunderten mit einer wirkmächtigen Utopie ausstattet.[29]

Wehe dem, der sich unberufen und unreinen Geistes diesem Land nähert. Er muß auf der Stelle sterben. Man muß vielmehr warten, bis einen die Boten des barmherzigen allweisen Königs dieses Landes abholen. Hier residiert auch der zukünftige Buddha Maitreya, der im Tushita-Himmel («Zufriedenheit») oder in Shambhala wartet, bis der *dharma* auf der Erde verbraucht ist, die Unordnung unerträglich und eine neue Verkündung der Buddha-Lehre unumgänglich wird. Aus Shambhala kommt die Rettung der Menschheit, wenn Krieg und Zerstörung die Welt in den Untergang treiben. Immer wieder wurden im Laufe der Geschichte Wegbeschreibungen zu diesem Reich versucht (die berühmteste stammt vom Dritten Panchen Lama), versehen mit genauen geographischen Angaben usw., doch immer wieder ist dieser Weg auch esoterisch als Weg der inneren Reifung beschrieben worden.

Shambhalas mächtiger König Rigden-jyepo sendet seine heilenden Strahlen in die ganze Welt. Eine Beschreibung lautet so:[30]

> Gleich einem Diamanten glüht das Licht auf dem Turm von Shambhala. Er ist da – Rigden-jyepo, unermüdlich, immer wachsam um der Menschheit willen. Seine Augen schließen sich niemals. In seinem Zauberspiegel sieht er alles, was auf Erden geschieht. Und die Macht seiner Gedanken dringt zu den fernen Landen. Entfernung existiert für ihn nicht; den Würdigen kann er augenblicklich Hilfe bringen. Sein mächtiges Licht kann alle Dunkelheit vernichten. Seine unermeßlichen Reichtümer liegen bereit, allen Bedürf-

29 E. Bernbaum, The Way to Shambhala: A Search for the Mythical Kingdom beyond the Himalayas, New York 1980 (deutsch: Hamburg 1982); J. Newman, The Outer Wheel of Time: Vajrayana Buddhist Cosmology in the Kalacakra Tantra, Madison: Univ. of Wisconsin (Ph. D. thesis) 1987; N. Roerich, Shambhala. Das geheime Weltzentrum im Herzen Asiens, Freiburg: Aurum 1988; G. Mullin, The Practice of Kalacakra, Ithaca, NY: Snow Lion Publ. 1991; Itineraries to Shambhala, in: J. Cabezon/R. Jackson (Ed.), Tibetan Literature, Ithaca, NY: Snow Lion Publ. 1996; M. v. Brück, Religion und Politik im Tibetischen Buddhismus, München: Kösel 1999, 154 ff.

30 Roerich, aaO, 11 f.

tigen zu helfen, die sich erbieten, der Sache der Rechtschaffenheit zu dienen. Er vermag sogar das Karma von Menschenwesen zu ändern ... Unzählbar sind die Einwohner von Shambhala. Zahlreich sind die neuen Kräfte und Errungenschaften, die dort für die Menschheit vorbereitet werden.

Wenn die Zeit reif ist, werden die Krieger aus Shambhala eine neue Weltordnung aufrichten. Auch mit Gewalt. Die Bösen kommen entweder durch ihre eigene Torheit oder durch die mächtigen Armeen aus Shambhala um. Doch auch jetzt schon schwärmen die Bewohner von Shambhala gelegentlich in unsere gewöhnliche Welt aus:[31]

Sie treffen die irdischen Mitarbeiter Shambhalas. Um der Menschen willen senden sie kostbare Gaben hinaus, bemerkenswerte Relikte ... Eine große Epoche nähert sich. Der Herrscher der Welt ist bereit zu kämpfen. Viele Dinge werden offenbart. Das kosmische Feuer nähert sich wieder einmal der Erde. Die Planeten verkünden das neue Zeitalter. Aber viele verheerende Umwälzungen werden sich vor der neuen Blütezeit ereignen.

Hier wird also der Endkampf beschrieben, in dem die Mächte des Guten über das Böse siegen werden, und dies ist ein alter Mythos, der von Persien aus einerseits im Westen seinen Weg in die Apokalyptik des Judentums und des Christentums gefunden, aber auch im Osten den tibetischen und chinesischen Buddhismus beeinflußt hat. Der Mythos vom fernen Land Shambhala, die räumliche Utopie, verbindet sich mit dem apokalyptischen Kommen dieses Reiches, der zeitlichen Utopie. Offenbar ist es unmöglich, ein Land der Seligen in der Ferne zu wissen ohne die Hoffnung, wenigstens zukünftig daran Anteil zu haben. Das Neue Zeitalter, ein New Age, wird hier angesagt. Und auch in der europäischen Geschichte geht die Erwartung eines solchen Neuen Zeitalters bis in die Antike zurück und zieht sich als Hoffnung auf ein Reich des Geistes (das bei dem Franziskaner Joachim von Fiore das Reich des Vaters und des Sohnes – das mit der Kirche identifiziert wurde – ablösen würde), durch das 13. Jahrhundert und über esote-

31 Roerich, aaO, 17f.

rische spiritualistische Bewegungen als «Rückseite der Aufklärung» über die Theosophie bis in unsere Zeit.[32]

Shambhala jedenfalls liegt verborgen zwischen hohen Bergen, und inmitten von Hochwüsten besteht es aus fruchtbaren Tälern. Es ist der Ursprung des Kalachakra-Tantra, das durch initiierte Lamas, besonders den Dalai Lama, weitergegeben wird. Die häufigen Kalachakra-Initiationen sollen dazu beitragen, Frieden in der Welt zu stiften, denn sie vermehren die entsprechende geistige Strahlung.

Hier zeigt sich aber schon die andere Deutung von Shambhala als *innerer geistiger Bereich.* Besonders seit es kaum noch weiße Flecken auf der Landkarte gibt, haben es die räumlichen Utopien schwer; sie sind heimatlos geworden. Der Buddhismus freilich hat schon früh erkannt, daß auch jeder *u-topos* nur wieder ein *topos* ist, ein anderer Ort, an den sich das unerleuchtete Bewußtsein versetzt und dabei alle seine Probleme mitnimmt. Transformation der Welt kann es danach nur geben, wenn sich das unerleuchtete Bewußtsein in Erleuchtung verwandelt, d. h., wo der *Ort der Seligen* ein *Geisteszustand* ist. Und das ist die dritte Form der Utopie.

Die Bewußtseins-Utopie

Hierbei handelt es sich um eine Transformation der Welt von innen, die aber sehr wohl nach außen wirkt. Die Utopie ist weder räumlich noch zeitlich bestimmt, sondern sie verwirklicht sich im Hier und Jetzt infolge des Durchbruchs zu einem neuen Bewußtsein, der in den Religionen in verschiedenen Bildern und Metaphern beschrieben wird. Gelegentlich wird diese Utopie als *mystisches Bewußtsein* bezeichnet. Es ist ein Bewußtseinszustand, in dem die Getrenntheit und Widersprüchlichkeit der Welt aufgelöst ist in eine beglückend erfahrene *coincidentia oppositorum* (Zusammenfall der Gegensätze,

32 Chr. Bochinger, «New Age» und moderne Religion. Religionswissenschaftliche Analysen, Gütersloh: Chr. Kaiser/Gütersloher Verlagshaus 1994

Nikolaus von Kues). Dieser Zustand kann spontan oder nach langer Übung eintreten. Die entsprechenden Erfahrungen sind in den Religionen verschieden und auch in unterschiedlichen Bildern greifbar, die wiederum durch die je spezifische Religionsgeschichte vermittelt sind: Intensive Gebetserfahrungen, das innere Gespür von Führung, die unerschütterliche Freiheit von Angst, beseligendes Verschmelzen, die strahlende Einheit von Herz und Verstand, die zen-gemäße Erscheinung der Fülle des Universums in einem Staubkorn, die Harmonie des Spiels von Farben und Tönen – all dies sind Aspekte des sich-öffnenden Bewußtseins. Gewiß, ob sich ein christlicher Mystiker oder eine christliche Mystikerin in der Glut des personal erfahrenen und liebenden Gottes verzehrt, ist etwas anderes, als wenn ein Buddhist in das kühle, alle Bewußtseinsbewegungen beruhigende *nirvana* eingeht. Die entsprechenden Erwartungen prägen die Erfahrung, d. h., auch diese Gestalt der Utopie ist traditionsvermittelt und historisch bedingt.[33]

Gemeinsam allerdings ist diesen veränderten Bewußtseinshorizonten, daß der Mensch über sich selbst hinauswächst, daß er zum realisierten Inhalt der Utopie geworden ist, indem das begrenzte und abgrenzende Ich verschwindet. Der Mensch ist mehr, als er ist. In dem Maße, in dem das perspektivische Ich, das die Welt von sich aus konstruiert, verschwindet, hört das Anhaften und Haben-Wollen der Welt auf. Klassisch christlich ausgedrückt: Die Konkupiszenz (Begehren) weicht der Liebe. Die Spaltung in ein greifendes Subjekt und ein begriffenes Objekt verschwindet, und alle Wahrnehmung ist ein Fließen göttlicher Kraft, das durch das wahrnehmende Bewußtsein hindurchgeht, eine universale Harmonie.

Die Sprache für diese Utopie ist selbst die Gebärde des Utopischen, sie ist, wie alle Utopie, nicht deskriptiv, sondern evokativ. Sie will nicht einen Ist-Zustand adäquat beschreiben, sondern im poetischen Fluge des Paradoxes das Bewußtsein der

33 M. v. Brück, Mystische Erfahrung, religiöse Tradition und die Wahrheitsfrage, in: R. Bernhardt (Hg.), Horizontüberschreitung, Gütersloh: Gütersloher Verlagshaus 1991, 81–103

Menschen aus ihren selbstgewobenen Fesseln lösen, damit der Mensch am eigenen Leibe erfährt, daß er mehr kann als nur erlernte Verhaltensmuster zu wiederholen.

Das Ausbrechen in eine utopische Zukunft, von der wir die Lösung des menschlichen Dilemmas erwarten könnten, ist nicht möglich, wenngleich der Mythos von Zeitmaschinen, die uns in ein Goldenes Zeitalter versetzen, in den Träumen heutiger Menschen durchaus lebendig ist. Auch die Hoffnung auf ein fernes Elysium in noch unbekannten Sphären ist zu einem kindlichen Traum geworden, der allerdings immer noch die Phantasie beschäftigt – der Auszug aus der modernen konkurrenzgeplagten Industriegesellschaft durch das dunkle Meer des Weltraumes ins gelobte Land einer anderen, besseren planetarischen Zivilisation ist beredter Ausdruck davon.

Nur der Raum des Bewußtseins, diese *terra incognita*, ist noch offen für die Transformation des Menschen und der Welt. Hier liegt das ferne Reich, das ganz nahe ist, das nicht durch Eroberung, sondern durch Öffnung von Herz und Geist gewonnen werden kann. Es ist die Utopie für das neu angebrochene Jahrtausend. Die Arbeit an dieser Bewußtseins-Utopie ist fundamentaler als die zeitlichen und räumlichen Utopien, denn diese sind ja immer von einem alten Bewußtsein konstruiert, das darin seine eigenen Potentiale, Sehnsüchte und Enttäuschungen nach außen projiziert. Genau mit diesen utopischen Projektionen aber stimuliert sich ja das Bewußtsein aus seinen eigenen Kräften und legt handlungsorientierte Zielsetzungen frei. Wenn wir die Utopie eines integrierten Bewußtseins, das seine widerstrebenden Kräfte bündelt, Herz und Geist, Yin und Yang, Göttliches und Menschliches, Gerechtigkeit und Liebe in einer coincidentia oppositorum vereint, wenn wir diese Utopie als Leitstern gezielter Schulung des individuellen wie kollektiven Bewußtseins pflegen und durch unermüdliche Übung und Arbeit, jeder in seinem und jede in ihrem Bereich, umsetzen, dann sind die Träume der Dichter und die Visionen der Mystiker nicht vergeblich gewesen. Die christliche Tradition erwartete nicht, wie Paulus überliefert, das schreckliche Ende der Welt, sondern die Neue Schöpfung, eben die Transformation, in der nichts vernichtet wird, sondern alles verwandelt werden soll. Dabei gilt Gott selbst als der Urheber dieser Vollendung, nicht der geschichtlich handelnde Mensch, der aus sich heraus tausendjährige Reiche aller Art herbeizwingen wollte und damit schrecklich gescheitert ist und scheitern wird. Die Bewußtseins-Utopie hingegen hebt dieses Entweder-Oder auf: Weder ein ferner und dem Menschen transzendenter Gott noch ein auf sich selbst gestellter Mensch ist Urheber des verwandelten neuen Bewußtseins, sondern die göttliche Kraft im Menschen, der Gottesgeist, Gott, der Mensch geworden ist. Damit erfüllt sich die göttlich-menschliche Einheit durch eine Transformation, in der das Gottesbewußtsein vollkommene Erfüllung des menschlichen Bewußtseins geworden ist. Die christliche Tradition hat dafür das Sprachbild des Gott-Menschen geprägt. Im Buddhismus würde man analog dazu sagen: Es geht um den Menschen, der seine wahre Natur, seine Buddhanatur, vollkommen erkannt hat. Aber diese ist eben etwas ganz anderes als das in sich selbst verstrickte Bewußtsein, das wir nur zu gut kennen.

Es kommt heute in erster Linie *nicht* auf neue *Imperative* an. Sie mögen nötig sein: Wir *müssen* unseren Lebensstil, also damit zugleich unser Denken, ändern. Aber Imperative können erschlagen und lähmen oder in die Resignation führen, weil zu viele Aspekte gleichzeitig zu verändern sind und das Netz von Verstrickung undurchdringlich erscheint. Nur ein *Indikativ*, d. h. die *erlebte* Utopie des nach Ganzheit strebenden Menschen, kann den Mut zur Praxis wecken. Die Bewußtseinstransformation verändert die Hierarchie der Werte. Veränderte Wertemuster bedingen eine neue Pädagogik. Eine andere Pädagogik vermittelt sich in anderen Sozialbeziehungen. Andere Sozialbeziehungen ermöglichen eine Identitätsbildung, die weniger durch den Konsum von Gütern vermittelt ist. Eine nicht am Prestige orientierte Konsumhaltung ist Voraussetzung für maßvollen Umgang mit den natürlichen Ressourcen. Eine Kausalkette, ein langer Weg, gewiß. Aber so, wie ein Kartenhaus zusammenstürzen kann, wenn man wagt, es anzustoßen, so stürzt das egozentrische Netz von besitzorientierten Außen- und Innenbeziehungen des Bewußtseins, die ganze Misere des isolierten Individuums, die durch Aggression aller Art kompensiert wird, in sich zusammen, wenn das Bewußtsein zu seinem Grund auf- und durchgebrochen ist.

Was kann diese Utopie leisten? Sie vermittelt die Bilder und Motivationen, durch die jene Kraft zur Transformation geweckt wird, die notwendig ist. Sie ist wie der Magnet, der ein Feld aufbaut, in dem der menschliche Geist aus konfuser Zersplitterung auf ein Ziel hin ausgerichtet wird, und zwar auf der individuellen wie der sozialen Ebene. Die Bilder eines Jesaja, eines Jeremia, die Mythen vom Goldenen Zeitalter und dem Reich Shambhala sind Bewußtseinsräume, die nicht wir schaffen und herbeizwingen, sondern für die wir uns öffnen können. Wie können wir leben? In der Bereitschaft für diese Offenheit, deren Konkretisierung in einzelnen Schritten des Lebensvollzugs erfolgt und, wie wir sehen werden, nie ausgeschöpft sein kann.

Dabei ist allerdings keineswegs ausgeschlossen, daß die menschliche Zukunft tragisch verläuft.

Der Blick in die Vergangenheit und in die psychosozialen Handlungsmuster der Gegenwart erzwingt Distanz zu jedem flachen und vereinfachten Optimismus. Zu komplex sind die Faktoren und zu unbestimmbar die möglichen Konstellationen, als daß Prognosen, die entweder das Gelingen einer fundamentalen Veränderung der menschlichen Lebensgestaltung oder aber das Scheitern der menschlichen Entwicklung in der nächsten oder ferneren Zukunft ausschließen, von vornherein als unsinnig abgetan werden könnten. Und doch: Die Potentiale der Hoffnung bieten Handlungsmöglichkeiten an.

Der *erste Schritt* besteht darin, die Resignation angesichts der unüberschaubaren Herausforderungen anzunehmen und ihr ins Auge zu schauen. Die mittelalterliche christliche Mystik nannte dies die *resignatio ad infernum*, die Akzeptanz des Urteiles Gottes, daß wir so, wie wir aus uns selbst sind, in die

Hölle fahren. In der individuellen Seelenführung entsprach dem die *contritio mentis et cordis,* die Zerknirschung angesichts der erbärmlichen Unfähigkeit unseres aufgeblähten Ich, sich am eigenen Schopf aus dem Sumpf seiner Egozentrik emporzuziehen. Heutige Menschen ahnen vielleicht, daß diese Aussicht der Höllenfahrt nicht ein fromm gedrechselter Popanz ist, sondern die reale politische und ökologische Entwicklung sein könnte. Es braucht Mut, dieser Prognose nicht auszuweichen. Woher kommt der Mut? Aus dem Reservoir der Kreativität des Bewußtseins, das Utopien denken kann, wenn es ahnt, daß es mehr ist, als es zu sein scheint.

Der *zweite Schritt* besteht darin, das Bewußtsein mit all seinen an der Alltagserfahrung gebildeten Zukunftsängsten loszulassen und die Utopie der tieferen Wirklichkeit zuzulassen – sei es im Bild des Gottmenschen, des Erleuchteten, der Einheit von Lamm und Löwe oder in anderen Bildern. Vielleicht mündet die Resignation auch in ein Lachen über sich selbst, das einer stillen Freude weichen kann, wenn wir wissen, daß wir mehr sind, als wir zu sein scheinen. Dieses «mehr» ist der Raum des Utopischen, kein *horror vacui,* sondern ausgefüllt mit den Bildern der Religionen, die Leitsterne in der «dunklen Nacht der Seele» sein wollen. Jeder muß das Bild suchen und finden, das *sein* Bewußtsein zur Resonanz anregt, und sich auf den Weg machen. Nachfolge nennt das die christliche Tradition, Übungspraxis die buddhistische. Diese Bilder sind nicht unsere Konstrukte, sondern durch sie haben wir Teil an tieferen Schichten des Geistes. Die aus ihnen gezeichneten Utopien verkünden nicht Dogmen, sondern sind praktische Landkarten im Reich des Geistes, die auf dem Weg selbst überprüft werden müssen. Insofern eignet den Bewußtseins-Utopien eine eigentümliche Nüchternheit. Erweisen sie sich als untauglich, sollten wir sie im Museum der Geistesgeschichte ablegen.

Ich möchte an dieser Stelle einige Aspekte benennen, die für eine heutige Utopie unverzichtbar sind, wo der Mensch selbst als der Raum der Utopie begriffen wird, als sich formendes Kraftfeld zwischen «krummem Holz» und «aufrechtem Gang» (H. Gollwitzer).[34] Im dritten Teil dieses Buches soll dann bedacht werden, was das heißen könnte. Eine Utopie des Menschen, die den Menschen *selbst* als «Utopie» erfaßt, veranschaulicht die unerfüllten *Potentiale* des Menschen in bezug auf sich selbst. Das Ich, das sich selbst wahrnimmt, erscheint dabei nicht als fixierte Größe, sondern als Dimension, die sich in der Übung des Menschseins entwickelt. Am Beispiel des Buddhismus läßt sich dies am deutlichsten zeigen, durchaus aber auch in Bildern der christlichen Tradition, wenn etwa Paulus davon spricht, der Mensch sei Tempel des Heiligen Geistes (1 Korinther 6,19), oder wenn ein Christ «den neuen Menschen anzieht» (Epheser 4,24), d. h. die Wirklichkeit Christi den Menschen durch- und überformt. Auf ähnliche Weise spricht der (Mahayana-)Buddhismus von der Buddhanatur des Menschen (*tathagatagarbha*), daß jeder Mensch im Wesen Buddha sei, und dennoch bedürfe es der Übung, der Bewußtseinsschulung, d. h. wesentlich der Überwindung des Anhaftens an Dingen, Konzepten, Projektionen, Selbstbildern, Gefühlen usw., um jene wahre Natur zu entdecken.

Diese Differenz von offenkundigem Schein und noch verborgenem Sein ist das Feld der Utopie. Die Griechen prägten den Imperativ: «Werde, der du bist.» Das Spannungsfeld ist nur oberflächlich ein zeitliches, als läge die Verheißung in der Zukunft. Sie liegt vielmehr in der Gegenwart, in der Öffnung für dieses immer anwesende Sein. Vielleicht könnte man die christliche Einsicht, daß das Heil ein für allemal gegeben ist, daß die Erlösung schon hinter uns liegt, in diesem Sinne verstehen: *Das in der Utopie Gemeinte ist gegenwärtig, und im Vertrauen auf diese Gegenwart, im Glauben also, vollzieht sich die Öffnung in den u-topos.*

34 Die erste Formulierung stammt von Immanuel Kant, die zweite von Ernst Bloch. Der Theologe Helmut Gollwitzer hat sie in seinem Buch über den Menschen als Spannungsbogen zusammengebracht, um die Dynamik des abendländischen Ich zu bestimmen. (H. Gollwitzer, Krummes Holz – aufrechter Gang. Zur Frage nach dem Sinn des Lebens, München: Chr. Kaiser 1970)

Annahme, Bejahung, Wissen, daß man sich auf diesen utopischen Menschen verlassen kann, der einerseits so verschieden von der täglichen Selbsterfahrung und andererseits der Inbegriff des Grundes eben dieser Erfahrung des Selbst ist – das ist diese Dimension der Utopie.

Eine Utopie des Menschen, die den *Menschen* als Utopie erfaßt, kann sich weder mit dem Ordnungsprinzip des Staates, heute noch im wesentlichen des Nationalstaates, noch mit dem atomisierenden Kampf der Individuen begnügen. Sie muß es vielmehr ermöglichen, menschliche Sozialisation nicht nur hierarchisch, sondern auch im Sinne organischer Wechselwirkungen einzuüben. Hierarchien sind unvermeidlich, aber sie selbst sind Teilfunktionen organischer Wechselwirkungen, und diese bewußt zu machen und in reziproken sozialen Strukturen zu realisieren, in denen die gegensätzliche Position auf die eigene bezogen und nicht bloß überwunden wird, ist die Aufgabe. Obgleich alle kulturellen und religiösen Bilder relativ sind, bedeutet dies nicht Beliebigkeit, sondern *relationale Pluralisierung* der Erwartungen, Hoffnungen, Lebensmodelle, die sich in ein nie endendes Gespräch begeben, das allerdings zweier Grundregeln bedarf:

– zunächst der *Toleranz* des Toleranten als Duldung dessen, was mir nicht gefällt,
– danach aber auch der Wertschätzung oder *Akzeptanz* des Anderen, das ich in seiner Differenz belassen kann, von dem ich mich bereichern lasse, ohne es mit meiner eigenen Anschauung oder Lebensform identifizieren zu müssen.

Die hier angesprochenen Strukturen des Gesprächs betreffen insbesondere zwei Bereiche: die Familie und das Gemeinwesen, vor allem aber den Staat. Jedwede autoritäre Gesetzlichkeit in bezug auf die betreffenden Grundwerte hat in einer pluralistischen offenen Gesellschaft wenig zu suchen. Die Utopie besteht vielmehr darin, in den unterschiedlichen Traditionen pädagogische Modelle zu entwickeln, die das Widerstrebende in einer Kontrastharmonie zum Ausdruck bringen, bei der die Differenz nicht totalitär aufgelöst wird. Was heißt das?

In bezug auf die *Familien* geht es besonders darum, die Pole von Abhängigkeit und Freiheit so zu überbrücken, daß Lebensmuster deutlich werden, die nicht an der gewaltsam ausgelebten Identitätssuche scheitern. Freiheit ist nur möglich, wo zuerst weitestgehende Freiheit von Projektionen erreicht ist. So ist die oben angesprochene Bewußtseinsschulung notwendige Voraussetzung für freie Partnerschaft zwischen Erwachsenen sowie Erwachsenen und Kindern. Die Integration der sinnlichen, sinnsuchenden und gemeinschaftsorientierten Aspekte des Menschlichen kann dann mit neuer Offenheit versucht werden: Ganzheitlichkeit ist hier das abgenutzte, mißbrauchte, aber ganz und gar aktuelle Stichwort. Daß andere Modelle und Vorbilder möglich sind als diejenigen, die während der letzten Jahrhunderte gewachsen und nun zerbrochen sind, ist die Utopie. Die religiösen Traditionen der Menschheit sollten hier interkulturell auf Vorbilder hin befragt werden.

In bezug auf den *Staat* bedarf es der Integration von Gruppeninteressen in eine Gemeinschaftsvision. Demokratie ist mehr als die Umverteilung von Reichtum nach dem Prinzip des Ausgleichs von Gruppeninteressen. Sie beruht auf dem Wert der Menschenwürde des Einzelnen und der Erkenntnis, daß diese Würde durch den Ausgleich der Pluralität von Meinungen und Interessen im redlichen rationalen Diskurs am besten zum Ausdruck kommt. Auch hier gilt es anzuerkennen, daß es unterschiedliche Identitäten gibt, in denen das Individuum gleichzeitig in verschiedenen Bezügen lebt. Um den notwendigen Diskurs in Gang zu bringen, bedarf es einer neuen Diskurskultur («runde Tische» auf allen Ebenen), die aber nur dann motivierend ist, wenn sie wirklich Mitsprache in politischen Gestaltungsprozessen eröffnet. Plebiszitäre Möglichkeiten sind Voraussetzung für die wirkliche Beteiligung größerer Zahlen von Bürgern am pluralistischen Diskurs, der soweit wie möglich auf Ausgrenzungen verzichtet. Wo Abgrenzungen (z. B. vom Intoleranten) nötig sind, wenn es um die Verteidigung der Verbindlichkeit von Grundwerten geht, sollte auch dies im breiten Diskurs geschehen.[35] Die modernen technologischen Kommunikationsmittel können wesentlich erweiterte Partizipation der Individuen an gesellschaftlichen Gestaltungsprozessen möglich machen.

All dies kann nur gelingen, wenn der Mensch neugierig weiter fragt, wer er ist. Ein diesbezügliches Grundvertrauen ermöglicht den Mut zur Utopie. Dies geschieht dann, wenn *Freiheit* von Angst, *Abrüstung* der Worte und Konzepte sowie *Mut* zur Hingabe an das jeweils größere Gemeinwohl Hand in Hand gehen. Die in den Religionen formulierten Utopien können, wenn sie als bewußtseinstransformierende Hier-und-Jetzt-Zustände begriffen werden, Möglichkeiten für die praktischen Vollzüge von Freiheit, Abrüstung und Mut in diesem Sinne anbieten. Hoffnung ist nicht Flucht in die Zukunft, sondern der Mut zur Gegenwart, der aus der Erkenntnis der überzeitlichen schöpferischen Potentiale der Wirklichkeit erwächst. «Die Hoffnung öffnet Herz und Geist für das Gute. Das Böse ist die Macht, die sich der Hoffnung widersetzt.»[36]

35 Rudolf Bahros Ruf (Logik der Rettung, Stuttgart/Wien: Weitbrecht 1987) nach dem charismatischen Fürsten, der auf Grund seines erleuchteten Bewußtseins die Massen motiviert, ist eine Einladung zur Diktatur, die, auch wenn sie als Öko-Diktatur das harmonische und gewaltminimierte Zusammenleben der Menschen und anderer Lebewesen zum Ziel hat, um die ökologische Katastrophe zu verhindern, nur Gegendruck erzeugt und damit eine Spirale von Gewalt auslöst, die genau das verhindert, was sie erreichen will. Die Bewußtseinsveränderung geschieht vielmehr im Wechselspiel von individueller geistiger Befreiung und gemeinschaftlicher demokratischer Willensbildung.

36 G. Picht, aaO, 160

Was sollen wir tun?

Was sollen wir tun? Den Aufbruch ins *Jetzt* wagen. Das heißt: vernunftgemäß leben. Aber was ist Vernunft, und was heißt leben? Wie *können* wir vernunftgemäß leben? Weiter: Was bedeutet das «sollen» in unserer Frage? Wer spricht diesen Imperativ? Das Gewissen in uns? Die Angst vor der Zukunft, die ungewiß ist? Oder eine andere Instanz (Gott), der wir Autorität zubilligen? Ist dieses «sollen» vielleicht nur ein Relikt der Überlieferung vergangener Zeiten, die zu wissen meinten, was dem Menschen aufgetragen ist? Wie wäre die Frage dann neu zu stellen? Vielleicht: Was *dürfen* wir tun? Oder: Was *können* wir tun? Das «dürfen» wäre als Teilhabe an der Verantwortung für die Schöpfung zu verstehen, aber nicht in der Drohgebärde des Müssens, sondern in der Freiheit des schöpferischen Gestaltens, der Entdeckung dessen, was dem Menschen möglich ist. Wie auch immer, um zu klären, was wir tun sollen oder dürfen, sollten die Bilder der Hoffnung aus den Religionen, die wir im vorigen Teil vorgestellt haben, in Leitbilder und Handlungsmuster übersetzt werden. Wie ich schon in der Einleitung sagte, wird dies nicht widerspruchsfrei möglich sein. Die Komplexität des handelnden Menschen verbietet jede Reduktion auf Strukturen des Handelns, die ein für allemal festgelegt wären. Denn die systemische Vernetzung aller Komponenten eines Systems – also auch des handelnden Menschen als Teil des Systems der Natur – regeneriert sich in Rückkopplungen, deren Verknüpfungsmöglichkeiten prinzipiell unendlich sind. Was z. B. eine religiöse Metapher (oder eine Metapher der Wissenschaftssprache) für Assoziationen freisetzt und damit an analytischen Möglichkeiten generiert, ist so vielfältig, daß eindeutige Vorhersagen unmöglich sind. Deshalb kann im Folgenden, und das nicht nur wegen der Grenzen des Wissens, sondern auch aus anderen prinzipiellen Gründen, nur eine Auswahl von Problemen in den Blick kommen, und ich werde versuchen, die Bedingungen aufzuzeigen, unter denen die betreffenden Fragen in dieser oder jener Weise lösbar sein könnten.

1. Vorüberlegungen

Die Frage «Was sollen wir tun?» ist unter den drei in diesem Essay behandelten Fragen am schwierigsten, denn sie fordert uns gleichzeitig in allen Aspekten des Bewußtseins, also vierfach:

- in der Wahrnehmung,
- im Gefühl,
- im Intellekt und
- im Willen zum Handeln.

Was wir wünschen oder gern möchten, ist zunächst oft ein unerfüllbar scheinender Traum, der, fällt er ganz unrealistisch aus, zur Flucht werden kann. Ignorieren wir aber die Traumbilder der Hoffnung, besteht die Gefahr des Abgleitens in Lethargie und Resignation. Denn der Traum manifestiert die kreativen Kräfte, die im Bewußtsein angelegt sind und die *wahrzunehmen* wir lernen können. Wenn wir lernen, etwas deutlich wahrzunehmen, wird auch unser *Gefühl*, das auf dieses «etwas» reagiert, deutlicher: Wir spüren unsere angenehme oder unangenehme Reaktion genauer, und damit wächst unser intuitives Wissen. Der Traum zeigt die Möglichkeit an, daß es anders sein könnte. Damit ist die Anstrengung des *Willens* gefordert, und wir dürfen die Frage stellen: Was können wir uns zumuten? Was trauen wir uns zu? Das zu beantworten bedarf es aber des *Intellekts*, d. h., wir müssen deutlich und genau fragen und unterscheiden, was wünschenswert, was nötig und was möglich ist. Und das, so wissen wir heute, in mindestens drei Dimensionen des Lebens, nämlich in bezug

- auf unsere innere Entwicklung als Individuen,
- auf unsere Lebens- und Freundschaftsverhältnisse und
- auf die Gesellschaft als Ganzes im Kontext der global wahrgenommenen Welt.

Wir haben über den Ist-Zustand des Menschseins gesprochen, vor allem über das Leiden. Wir haben gesehen, daß die Wahrnehmung des Leidens wesentlich davon abhängt, wie wir das Leiden interpretieren, von unserem Bewußtsein also. Dieses ist wiederum gefüllt und strukturiert durch Sprache und Bilder, durch Utopien und Hoffnungen, die sich hier und jetzt bewähren müssen, wenn sie Bestand haben und für die Bewältigung unseres Lebens hilfreich sein sollen. Die religiös begründete Hoffnung und die rationale Abschätzung von Sein und Sollen ergänzen mithin einander.

Ich maße mir nicht an, konkrete Handlungsmodelle anbieten zu können, weil ich eine ideale Lösung all unserer Probleme hätte. Ganz im Gegenteil: Die Behauptung solcher Ideale hat oft genug in Katastrophen geführt, wenn nämlich aus Hoffnungen und Utopien Ideologien wurden, die sich für «allein seligmachend» ausgegeben haben und deshalb totalitär wurden. Ich möchte vielmehr nach den Bedingungen fragen, unter denen eine genaue Wahrnehmung unserer selbst und der gesellschaftlichen Zustände möglich wird. Denn daran hängt die Kraft von Argumenten und ihrer optimalen Kommunikation im pluralistischen Meinungsstreit, und dieser Streit ist notwendig und möglich in einer Demokratie: Gerade im Streit und im scheinbaren Chaos der Interessenkonflikte machen wir die Erfahrung, daß wir vermutlich nicht das Beste, wohl aber das jeweils Bessere finden und gesellschaftlich gestalten können.

Dabei sollten wir uns allerdings keinen naiven Illusionen hingeben. Das Böse ist wirkungsvoll gegenwärtig, und zwar überall. Ob wir dem Bösen nun eine eigene seinsmäßige Existenz zubilligen oder es als Mangel am Guten (*privatio boni*) interpretieren, es wirkt so oder so. Und zwar vor allem in dreierlei Gestalt, nämlich als

- Dummheit,
- Egozentrik und
- Trägheit.

Unter *Dummheit* verstehe ich die Dumpfheit oder *Unfähigkeit, größere Zusammenhänge wahrzunehmen*, zu erkennen und entsprechend zu handeln. Dummheit ist nicht nur (aber auch) ein intellektueller Mangel, sondern eine bornierte Beschränktheit des Besserwissens, ein Mangel an Kreativität und das Fehlen von Neugierde gegenüber dem noch nicht Dagewesenen. Sie ist die Unfähigkeit, offen dafür zu sein und womöglich zu akzeptieren, daß die Argumente und Entscheidungen des Anderen, ja sein gesamter Lebensentwurf, auch richtig sein können. *Egozentrik* ist das meist angstgesteuerte *Anhaften am eigenen Ich*, das sich abgrenzt, um bestehen zu können. Natürlich ist Ich-Abgrenzung ein wesentlicher Aspekt der psychischen Entwicklung jedes einzelnen Menschen, doch dabei stehenzubleiben bedeutet die geistige und soziale Erstarrung. Wir haften in diesem Sinne am Ich an, weil wir die Dummheit nicht überwinden. Der Buddhismus hat diesen Mechanismus genau beschrieben und gezeigt, wie daraus Haß und Gewalt bzw. Gier und Eifersucht entstehen. *Trägheit* ist das *Festhalten am Gewohnten*, die wenig flexible Starre dessen, der so denkt, fühlt und handelt, weil er bzw. man immer so gedacht hat. Träge ist, wer sich nicht wandeln mag und hinter dem «man» verbirgt, um nicht gegen den Strom zu schwimmen. Trägheit ist letztlich auch ein Mangel an Humor, ein Mangel an Selbsterkenntnis, die eine gewisse Distanz zu den eigenen vorläufigen Lebensmustern und -meinungen erlaubt. Und dies gilt ebenso für die Wahrnehmung anderer Menschen. Dummheit, Egozentrik und Trägheit sind ein Mangel an Weisheit, nämlich der Einsicht, daß wir, wenn wir das «wie» einiger komplexer Prozesse der Wirklichkeit begreifen, durchaus noch nicht das «was» kennen, es ist die tiefere Erkenntnis, daß letztlich das Ganze der Wirklichkeit unbegreiflich und womöglich anders ist, als wir vermuten und behaupten. Das freilich war im Kontrast zu den Ansprüchen auf die absolute Wahrheit ebenfalls immer auch eine Einsicht in den Religionen.

Religiös motivierte Geistesströmungen und auch einzelne Menschen können dahin tendieren, zwischen Euphorie und Resignation zu pendeln. Dies hängt mit den nicht ungefährlichen Extremen von Utopie und Lethargie zusammen, deren Einseitigkeit es zu vermeiden gilt. Konzentrieren wir uns *nur* auf die Bilder der Utopie, sind wir entweder gelähmt und handlungsunfähig angesichts des schier Unerreichbaren, oder wir akzeptieren Gewalt, um die Utopie ideologisch umzusetzen. Die Ohnmacht und Beweglichkeitssperre drückt sich in den beiden Sätzen aus: «Es müßte etwas geschehen – Es hat doch alles keinen Sinn.» Hier ist die Stelle, wo auf dem Hintergrund der kreativen Bilder des Utopischen konkrete Ziele nüchtern formuliert und erste Schritte gefunden und gegangen werden können. Dazu bedarf es der Einsicht, die das Böse oder Negative nicht ausklammert. Das Ziel eines guten Lebens, in dem möglichst jeder Mensch seine Fähigkeiten voll entfalten kann, ist eine sehr allgemeine Beschreibung von Glück. Glück ist aber nicht ein Ziel, das durch bestimmte Strategien erreichbar wäre, es ist die Art und Weise, wie wir den Weg gehen. Wo allerdings Dummheit, Egozentrik und Trägheit dominieren, müssen sie zumindest eingedämmt werden, und zwar auch mit überprüfbarer und sich vor den Institutionen der Öffentlichkeit verantwortender staatlicher Gewalt. In diesem Sinne hat Karl Popper recht, wenn er als Ziel des politischen Handelns nicht das Glück, sondern die Vermeidung des größten Unglücks formuliert. Aber diese negative Bestimmung ist ungenügend, wenn doch Kreativität, Freiheit und Veränderung durch Einsicht und Bewußtseinsbildung möglich sind. Veränderung darf nicht nur gefordert, sie muß initiiert werden. Und zwar dadurch, daß wir selbst Gravitationspunkte der Veränderung bilden. Die moderne offene Gesellschaft bietet genügend Möglichkeiten, daß durch kommunikativen Diskurs ein Ausgleich von Einzelinteressen und Einordnung in das vernünftige Maß hergestellt werden, daß tragfähige Kompromisse gefunden und, wenn möglich, ein ständig sich verschiebendes *Konsensplateau* erzielt wird. Das Prinzip des politischen Zusammenspiels in der Demokratie ist ja gegenseitige Kritik, durch deren Institutionalisierung persönliches Machtstreben und Eitelkeiten eingebunden werden. Allerdings setzt dies voraus, daß dieser kritische Diskurs über Veränderung und Identität sachlich und gut begründet geführt wird, und dies ist der Fall, wenn sich Institutionen, Prozesse und Ideen durch Argumente stets neu zu legitimieren haben. Dafür das individuelle wie das öffentliche Bewußtsein wachzuhalten ist wiederum eine Frage der Bewußtseinsschulung und der Bildung von Werten.

Worum es hier also geht, betrifft keineswegs nur die religiöse Dimension des Menschen, sondern es geht um die Frage des Menschseins in gesellschaftlichen Bezügen überhaupt. Menschsein vollzieht sich in Gesellschaften, die Freiheit ermöglichen und/oder behindern. In Wirklichkeit ist immer beides im Spiel. Eine Gesellschaft bleibt offen, wenn sie wandlungsfähig ist und dafür institutionalisierte Prozesse schafft. Die Richtung oder Wertung der Wandlung aber beruht auf Grundwerten, die durch permanente Selbstaufklärung jeweils neu bewußt gemacht werden müssen. Sofern Religionen oder religiös begründete Lebensmuster diese Grundwerte vermitteln und ihnen Plausibilität verleihen, gilt für diese Religionen, was Carl Friedrich von Weizsäcker schreibt: «Die Religion bedarf der Aufklärung, die Aufklärung bedarf der Religion. Alle großen Religionen verlieren heute an realer Macht. Ihre oft großartigen Symbole und Selbstdeutungen sind meist Jahrtausende alt. Heute, auf dem ‹Weltmarkt der Meinungen›, hat die Wissenschaft einen festen Stand, die Religionen werden relativiert.»[37] Und doch: Ohne die jahrtausendealten Symbole und Erzählungen der Religionen werden wir kaum das Vertrauen und den Mut aufbringen können, den notwendigen Aufbruch zu wagen.

Allerdings ist meine Methode in diesem letzten Teil über das Handeln in der Zukunft bzw. die Zukunft des Handelns nicht die, Bilder der Vergangenheit getrennt nach einzelnen Religionen vorzustellen, also museale Räume zu entwerfen, bei deren Begehung wir lernen könnten, wie wir zu handeln hätten. Ich werde vielmehr unterschiedliche Religionen in einem gemeinsamen virtuellen Gegenwartsraum versammeln, an dessen Wände die drängendsten Probleme der heutigen Welt geheftet sind. Es geht mir vornehmlich darum zu prüfen, ob die

37 C. F. v. Weizsäcker, Wohin gehen wir?, München: Hanser 1997, 107

vielfältigen Aufforderungen zum Handeln Gemeinsames erkennen lassen, wobei der Blick in die Vergangenheit, in die Bilder und Symbole des Leidens und der Hoffnung, wie wir sie in den beiden vorigen Kapiteln vorgestellt haben, nicht fehlen darf. Naiver Optimismus verbietet sich ebenso wie die Trägheit der Resignation. Schauen wir nämlich in die Geschichte, so sehen wir zwar eine Kette des andauernden Grauens, der Gewalt, die gerade auch im Namen von Religionen ausgeübt wurde, wir können aber auch erkennen, daß der Mensch lernfähig ist. So ist die Annahme nicht unbegründet, daß der Mensch sich kulturell entwickeln kann zu Gestaltungen, die wir jetzt noch nicht kennen und nicht für möglich halten.

Das Vertrauen in die Wirkkraft der Hoffnung ist Voraussetzung dafür, daß die Frage «Was sollen wir tun?» nicht in hoffnungsloser Ratlosigkeit, sondern in vernünftiger Verantwortung gestellt werden kann. Vernünftige Verantwortung und verantwortende Vernunft sind wie die zwei Seiten einer Münze, denn das Ideal – Gott, die Einheit des Seins, die Solidarität aller Wesen, die Würde jedes Menschen – muß in analytisch genauen Schritten auf die Probleme der Gegenwart abgebildet werden, und umgekehrt ist eine Analyse dessen, was ist und sein soll, nicht möglich ohne eine Zielvorstellung oder ein zugrundeliegendes Programm, das die Richtung des Fragens bestimmt. Ein solches Programm ist immer auch geschichtlich bedingt und kulturell interpretiert, doch gibt es auch einige grundlegende und allgemein menschliche vor-rationale Erfahrungen, die mit unserem Menschsein gegeben sind. Ich meine damit das Bedürfnis von Erfahrungen nach unmittelbarer Zuwendung, Geborgenheit, Gemeinschaft. Eine jüdische Anekdote von Hölle und Himmel gibt ein wunderbares Beispiel für die solidarische Vernunft bzw. die vernünftige Solidarität durch bergende Gemeinschaft:

> Ein Mann wurde nach seinem Tode an die Höllenpforte geleitet. Als sich das Tor öffnete, sah er die Wesen in der Hölle an reich gedeckten Tafeln sitzen. Da gab es Lachs und Hummer, Trüffeln und wohlriechend gewürzte Braten, Champagner und die besten

> Weine aus allen Gegenden der Welt, dazu leckere Süßspeisen jeder Art. Aber alle Wesen hatten steife Arme und konnten deshalb die Speisen nicht erreichen. Sie litten die Qual unendlicher Frustration und verschmachteten in ihrer Gier. Traurig wandte sich der Besucher zu seinem Begleiter und bat darum, nun einen Blick durch die Himmelspforte werfen zu dürfen. Dort waren ähnliche Tafeln mit den gleichen Speisen aufgebaut, und auch hier saßen Menschen mit steifen Armen um die Tische. Aber im Himmel reichten sie einander gegenseitig die Speisen, und so konnten alle alles genießen.

Was also sollen wir tun? Das Not-wendige erkennen und *aufbrechen*, und zwar in allen Dimensionen, die unser Menschsein ausmachen: in der Wahrnehmung, im Fühlen, im Denken und im Handeln. Und dies wiederum in bezug auf uns selbst, auf die nähere soziale Gemeinschaft, auf die Politik großer sozialer Gruppen und in bezug auf die Mitwelt alles Lebendigen. Um Notwendiges zu erkennen, bedarf es
- erstens der *Erkenntnis*, daß eine Not da ist,
- zweitens der *Hoffnung*, daß sie abwendbar ist, und
- drittens der *Debatte* über die Wege zur Änderung.

In diesem Dreischritt, meine ich, steckt der Aufbruch.

Aufbruch bedeutet Bewegung in zweifacher Hinsicht: einerseits aufbrechen auf einen Weg und andererseits aufbrechen, was verkrustet und begrenzt ist, was Möglichkeiten verhüllt, Aufbruch also aus festgefügten Mustern oder aus erstarrten Gewohnheiten. Was heißt das? Nehmen wir das Beispiel eines alltäglichen Konfliktes: Konfliktsituationen und Widersprüche können kontradiktorisch sein, d. h. einander ausschließend und unlösbar auf der jeweiligen Bezugsebene. Ein unerschütterliches Entweder-Oder scheint eine einseitige Entscheidung zu erzwingen, so daß solche Konflikte sich auf dieser Ebene nur gewaltsam entladen können. Wenn es aber gelingt, den Konflikt in einem umfassenderen Zusammenhang, auf einer anderen Ebene wahrzunehmen, könnte das scheinbar einander Ausschließende unter anderen Parametern und Koordinaten als konstrastierende Polarität neu gesehen werden. Die Spannung des Widerspruches bleibt dabei erhalten, wird nun aber produktiv gemacht für die Öffnung eines Systems in eine neue Ebene. Beide Aspekte können integriert werden, und die zunächst einander ausschließenden Optionen werden unter einem weiteren Horizont als zwei Seiten einer Medaille gesehen, der Widerspruch wird also dialektisch aufgehoben, und das System stabilisiert sich selbst durch Transformation.[38] Der Wissenschaftstheoretiker Thomas Kuhn[39] hat diese Situation als einen «Paradigmenwechsel» bezeichnet, der in der Wissenschaft, in der Kunst, in der Wirtschaft, im persönlichen Leben und in der Politik möglich sei. Er betrifft nicht nur das Denken und Handeln, sondern auch das Wahrnehmen und Fühlen.

Ein wesentliches Problem bei der Formulierung unseres Themas scheint mir in dem Wort «wir» zu liegen: Was sollen *wir* tun? Das «wir» suggeriert eine Homogenität, die womöglich gar nicht gegeben ist, einen kollektiven Konsensus, der zerbrochen ist, oder positiv formuliert: Die Moderne ist aus dem selbstverständlichen «wir» ausgebrochen, denn das «wir» beruhte auf der selbstverschuldeten voraufklärerischen Unmündigkeit, um mit Immanuel Kant zu sprechen. Dieser Ausbruch war ein Aufbruch ins Individuelle, in die je eigene Gestaltung und Verantwortung, die nun freilich per definitionem die Differenz pluralistischer Lebensmuster auszuhalten und, womöglich, zu integrieren hätte. Der Preis war hoch: Die Geborgenheit des «wir» zerbrach, und an die Stelle trat das «Bemühen um Sicherung»,[40] das – aus sich selbst – nie zur Gewiß-

38 Ein Beispiel wäre der Gegensatz von ökonomischen und ökologischen Interessen in der Produktion von Verbrauchsgütern. Die neue Systemebene wäre die ökologisch saubere (Solarenergie), technisch intelligentere (Recycling) und innovative Umstrukturierung von Produktionsverfahren und Produkten, die profitabel sind, neue Arbeitsplätze schaffen und an nur quantitativen Kriterien entwickelte Gewohnheiten von Menschen verändern.

39 Th. Kuhn, Die Struktur wissenschaftlicher Revolutionen, Frankfurt: Suhrkamp 1967. Allerdings können verschiedene Paradigmen in einer Gesellschaft, ja sogar in einem Wissenschaftssystem, nebeneinander bestehen, und der Widerspruch löst sich oft nicht durch rationale Argumente, sondern durch Aussterben der Vertreter eines alten Paradigmas.

40 J. Gebser, Ursprung und Gegenwart. Teil II, Gesamtausgabe Bd. 3, Schaffhausen: Novalis 1978, 387

heit werden kann. Ist das Problem aber wirklich so neu? Wissen die Menschen nicht schon seit alters, daß sich ein Ertrinkender nicht selbst aus dem Wasser ziehen kann, daß *certitudo* (Gewißheit) nicht *securitas* (Sicherheit) ist? Denn ist das Ich zu seiner Ausbildung nicht auf die Gesellschaft angewiesen, die sich wiederum in der Auseinandersetzung mit den «Sachen» formiert und Kohärenz – zum Beispiel im Recht – erzeugt, die Voraussetzung individuellen Gestaltens ist?

Es stellt sich die Frage: Gibt es in modernen Gesellschaften noch ein allgemein verbindliches Sollen, und wenn ja, worin genau bestünde der Konsens, und wenn nein, wie müßte er aussehen, wenn es ihn denn überhaupt geben sollte? Verbergen sich nicht zu schnell hinter jedem «wir» Strategien der Vereinnahmung, die den Anderen zu beherrschen trachten? Ist das «wir» in unserer Frage vielleicht der verschwiegene Ausdruck autoritärer Macht? Schließlich ist die Individualisierung in modernen Gesellschaften ein Risiko, gewiß, aber auch eine Chance. Eine Chance der personalen Verantwortung und selbstgestalteten Reifung des Menschseins. Aber steckt in dem Begriff «Menschsein» oder «Humanität» nicht wieder ein «wir», das der Begründung bedarf? Wie kommen wir aus diesem Zirkel der Wahrnehmung und Konstruktion von Begriffen, die wiederum Wahrnehmung beeinflussen, heraus? Und ist nicht die Begrenzung auf dieses «wir» eine anthropozentrische Verengung, deren Behauptung vernachlässigt, daß Menschsein eingebettet ist in biosphärische Prozesse, die bei allem, was wir tun, systemisch zu berücksichtigen sind?

Das UNESCO-Projekt für eine universale Ethik bzw. ein Weltethos (Hans Küng) geht davon aus, daß sich der Individualismus und die damit verbundene Aufsplitterung der Wahrnehmung von Welt in Zukunft eher noch verstärken und deshalb ein gemeinsamer Grund von Werten gefunden werden müsse.[41] Dieser Prozeß der Individualisierung seit der Aufklä-

41 Yersu Kim, A Common Framework for the Ethics of the 21st Century, UNESCO: Division of Philosophy and Ethics, Paris 1999, 19

rung ist eine Befreiung aus kollektiven Zwängen in der Religion, in den Möglichkeiten der Lebensgestaltung usw. um den Preis der Bindungslosigkeit, ja Vereinsamung. Es scheint mir aber heute eher von dem umgekehrten Problem die größere Gefahr auszugehen: Angesichts der Manipulation durch die Werbung und standardisierte Vorbilder, durch den Druck globaler Marktmechanismen und «amerikanischer Standards» gehen individuelle Lebensformen verloren, und die individuelle Freiheit degeneriert zur manipulierten Freiheit des Konsums. Um dem entgegenzusteuern, bedarf es einer *bewußten* Ausbildung der Fähigkeit zur Freiheit. Diese beginnt mit vorurteilsfreier und genauerer Wahrnehmung der Welt. Und erst diese veränderte Wahrnehmung ist es, die Grundlagen für eine universale Ethik schaffen kann. Die Wahrnehmungsveränderung aber kommt zustande durch drei Faktoren:

- durch *Meditation*, d. h. Schulung und Konzentration des Bewußtseins,
- durch *Vernunft*, die die Vernetzung aller Lebensprozesse erkennt,
- durch Synergie der interdisziplinären *Kommunikation*.

2. *Wahrnehmung, Wirklichkeit, Bewußtsein*

Was ist Wahrnehmung?

Als der Club of Rome in den sechziger Jahren die Grenzen des Wachstums bewußt machte, veränderte dies die Wahrnehmung der ökonomischen und soziokulturellen Strukturen zunächst in den entwickelten Gesellschaften, dann auch in den sogenannten Entwicklungsländern. Dabei war offensichtlich, daß die Grenzen des *quantitativen* Wachstums gemeint waren, während offenblieb, was denn ein *qualitatives* Wachstum sei und wie die damit verbundenen Möglichkeiten verstanden werden könnten. Die in der Moderne fortschreitende Quantifizierung aller Lebensprozesse ist ja gerade das Symptom der Maßlosigkeit. Denn das qualitative Maß erst gibt Gestalt. Das ist nicht allein ein Problem der Ästhetik, sondern auch der Politik, wobei das Defizit in beiden Problembereichen jene Welt ohne Maß hervorbringt, die letztlich durch den Verlust des Qualitativen der Religion gekennzeichnet ist. Jedenfalls wissen wir, daß die Kategorie des Qualitativen in den Kulturen der Menschheit höchst unterschiedlich bestimmt wird. Das, was ein «gutes Leben» sei, ist zwischen den Religionen, aber durchaus ja auch innerhalb der Religionen, umstritten. Menschen streben nach Verwirklichung von Werten und Idealen wegen der bereits beschriebenen Differenz von Anspruch und Wirklichkeit. Sowohl die Lebenswirklichkeit als auch die Wünsche nach Veränderung werden von gesellschaftlichen wie individuellen Erwartungen geprägt, und Menschen verändern ihre Erwartungen auf Grund von Erfahrungen. Religionen haben im Laufe der Geschichte Wertemuster und Deutungen der Welt und des Lebens des Menschen geschaffen, die auf Erfahrung beruhen und in Traditionen weitergegeben werden. Solche langen Traditionen schaffen Stabilität über die Zeitläufte hinweg (diachronisch), und sie geben den Menschen auch Halt über die Anpassung an neue Orte und Kontexte (diatopisch) hinweg. Die großen Traditionen – die chinesische Welt, die indische Kultur, die afrikanischen Kulturen, die indianischen Kulturen, die jüdische Gemeinschaft, die europäisch-christliche Tradition, die islamische Welt – haben relativ verläßliche Lebenswelten geschaffen, mit denen sich Menschen identifizieren konnten. Trafen diese Kulturen aufeinander in friedlichen oder konfliktgeladenen Begegnungen, wurden die Unterschiede bewußt, d.h., man erkannte, wer man war oder sein wollte (oder was man auch nicht sein wollte). In der Vergangenheit verliefen solche Kulturkontakte und gegenseitigen Durchdringungen bzw. Abgrenzungen relativ langsam ab.

In dem Maße, in dem die Kontexte und historischen Erfahrungen heute einander mit hoher Geschwindigkeit durchdringen, entstehen neue und weniger homogene Lebensmuster, die Unterschiedliches gleichzeitig gelten lassen, ohne alles zu verschmelzen. Dies ist die Pluralisierung der modernen Lebenswelt. Dadurch schwindet die traditionsgesicherte Stabilität. Dabei verschiebt sich auch der Horizont des geschichtlichen Handlungsraumes: Der Mensch *erkennt*, daß er in einer begrenzten Ökosphäre lebt, die er gestaltet und die ihn gestaltet. Er ist Subjekt und Objekt seines eigenen wirtschaftlichen und kulturell-politischen Handelns zugleich, d. h. Täter und Objekt des eigenen Tuns, wodurch er sein Wohlergehen und Scheitern selbst verantwortet. Mit anderen Worten: Der Mensch selbst ist das Problem. Dies ist die eigentliche Veränderung in der Wahrnehmung der letzten Jahrzehnte, von der alle Religionen betroffen sind. Das kulturelle Handeln und das wirtschaftliche Handeln erscheinen damit viel enger aufeinander bezogen als zuvor: Der Mensch gestaltet sich, indem er produziert, und er produziert seine eigene Gestaltung.

Hatte die Aufklärung den allmächtigen Gott entthront und damit die Voraussetzungen für die Allmachtsphantasien des modernen Menschen geschaffen, so relativierte die Psychologie des 19. Jahrhunderts, vor allem Sigmund Freud, die Allmacht der humanen Vernunft durch die Freilegung der Strukturen des Unbewußten. Das ökologische Wahrnehmungsmodell der zweiten Hälfte des 20. Jahrhunderts aber entthronte auch die Allmacht des Menschen als Macher (*homo faber*), insofern die Grenzen der quantitativen Expansion als Grenzen des Machbaren überhaupt wahrgenommen wurden.

Was aber ist wahr-nehmen? Das Wort hängt mit Wahrheit zusammen, d. h. mit einem projektionsfreien Geltenlassen dessen, was ist. Dabei sind aber das Subjekt und das Objekt der Wahrnehmung gegenseitig voneinander abhängig oder vielmehr aufeinander angewiesen. Die Erkenntnis der Wahrheit ist nicht einfach eine Abbildung des objektiv Gegebenen, dessen, was «draußen» ist, sondern – wie in der englischen Sprache noch sichtbar – Treue und Verläßlichkeit (truth, truthfulness). Wir erkennen, was wir wahrnehmen, und diese Wahrnehmung hängt an den außerbewußten, vorbewußten und bewußten Bedingungen unseres Bewußtseins, den Einstellungen, Erfahrungen, Erwartungen, Hoffnungen, Wünschen, Ängsten. Das heißt nicht, daß wir nichts Richtiges erkennen würden, aber jede Erkenntnis ist gefiltert und abhängig von der Frage, die gestellt wurde. Wir sehen gleichsam wie durch gefärbte Brillen. Sich dessen bewußt zu werden, ist deshalb wichtig, weil wir dadurch der Relativität des eigenen Standpunktes gewahr werden und lernen, Anderes zunächst einmal anzunehmen und gelten zu lassen. Im Gespräch müssen dann die relativen Standpunkte ausgelotet, abgeglichen und aufeinander bezogen werden. Was sich als unhaltbar erweist, wird dann zumindest vorläufig verworfen werden müssen, weil es uneinsichtig ist, nicht, weil es anders ist. Das ist ein großer Unterschied. Jedoch: Das, was als plausibel gelten kann, muß immer wieder neu geprüft werden. Denn es zeigt sich, daß die Wahrnehmung des Anderen auch immer Spiegelbild meiner selbst ist.

Das Eigene – das Andere – das Fremde. Die Traditionsbildung in den Kulturen ist ein Prozeß der Selbstidentifikation, der gewisse Ähnlichkeiten mit der Reifung und Identitätsbildung des einzelnen Menschen in der Familie hat. In der individuellen Entwicklung wird die symbiotische Einheit mit der Mutter zerbrochen, das Ich entwickelt sich in der Entdeckung des Anderen und in Abgrenzung vom Anderen, das es herbeirufen und auch manipulieren kann. Das Eigene ist und bleibt auf das Andere angewiesen. Auch später noch bedarf das Individuum der Zugehörigkeit zu einer Gruppe. Auch das «Wir»-Gefühl entwickelt sich in Aneignung und Abgrenzung zugleich, d. h., «wir» steht «den Anderen» gegenüber. Die Gruppe wird dann durch Verallgemeinerung von teils realen, teils fiktiven Merkmalen als relativ homogen empfunden. Diese Einheit einer Gruppe ist nicht nur von kognitiven Elementen geprägt, sondern vor allem von affektiven Bewertungen besetzt.

Es kommt aber noch ein wesentlicher Faktor hinzu: Das als das «Andere» erlebte Gegenüber ist in hohem Grade der eigene Schatten, d. h. die verdrängten und nicht verwirklichten Realitätsbereiche des eigenen Wesens. Diese Verdrängung kann aus der individuellen Biographie herrühren oder aus der

Diskrepanz eigener Ansprüche zu den geltenden Kulturstandards. Das Andere als das Verdrängte wird um so heftiger abgelehnt, je näher es den eigenen Potentialen liegt.[42]

Um die Identifikation und Kommunikation zu vereinfachen, wird oft *ein* Merkmal verallgemeinert und absolut gesetzt, d. h., *der* Deutsche, *der* Jude, *der* Muslim soll dann *diese* oder *jene* Eigenart aufweisen. Kulturelle bzw. religiöse Identität entsteht häufig dadurch, daß soziale Gruppen solche Kulturstandards übernehmen, die in dieser vereinfachten Verallgemeinerung nur deshalb erscheinen können, weil das jeweils Eigene als unterschieden von der Praxis der Anderen erfahren wird. Die Identifikation geschieht also durch Abgrenzung. Das Andere ist damit immerhin Quelle der Selbsterkenntnis und Selbstbejahung – man weiß, wer man ist, wenn man zu sagen vermag, wer man nicht ist oder nicht sein möchte. Soziale oder religiöse Urteile sehen den Anderen durch die «Brille» dieser Selbstvergewisserung. Es handelt sich um einen Prozeß gegenseitiger Identitätsbildung.

Das oder der Andere wird nun aber unter zwei Bedingungen zum «Fremden»:

a) wenn grundsätzlich ein Verstehen von Merkmalen oder Eigenschaften nicht möglich ist, weil Vergleichbares in der eigenen kulturellen Erfahrung fehlt, wobei Vergleichbarkeit durch Ähnlichkeit oder auch durch Kontrast entstehen kann,

b) wenn aus individuell bedingten oder durch politische Konstellationen hervorgerufenen Gründen das Andere kraft seiner Faszination oder seines Machtanspruchs bedrohlich für die eigene Identität erlebt wird, weshalb es dann ausgegrenzt wird.

Das Fremde oder der Fremde erscheint in Mythen und Erzählungen in der Religionsgeschichte sehr häufig als Gast und/oder Fremder, der unversehens anklopft und sich später als Gottheit offenbart. Es ist dies das Motiv des ambivalent

42 Dies findet Widerhall in Freuds Begriff vom «Narzißmus der kleinen Differenzen». (Den Hinweis verdanke ich Werner Huth, München.) Deshalb die Vehemenz der Familienkonflikte, die auch auf kollektiver Ebene zum Tragen kommen, z. B. in der Auseinandersetzung zwischen den «familienähnlichen» Religionen Judentum, Christentum und Islam.

erfahrenen *Anderen*: Es ist un-heimlich, d. h., es fordert den Menschen heraus, aus sich herauszugehen oder über sich hinauszuwachsen, seine eigene Identität zu übersteigen und sich der neuen Situation als gewachsen zu erweisen oder auch nicht. Gelingt es nicht, das Fremde als Möglichkeit des Eigenen zu verstehen und anzunehmen, d. h. «Gott» gebührend zu empfangen, erweist sich der/das Fremde als zerstörerisch und entpuppt sich als die eigene Verdammung, d. h., es ist zum Feind geworden.

Das Fremde wird zum «Feind», wenn das Andere nicht als Chance begriffen wird, sondern wenn sich der einzelne Mensch oder die Gruppe abgrenzen zu müssen glaubt bzw. wenn umgekehrt das/der Andere sich der oben beschriebenen individuellen oder kollektiven Manipulation widersetzt und mit Gegenprojektionen reagiert. Zur Stabilisierung der Zusammengehörigkeit von Gruppen werden dann Feindbilder konstruiert, die eine Eigendynamik im oben angedeuteten reziproken Sinn gewinnen, d. h., unter dem Wahrnehmungsmuster des Feindbildes nimmt man genau das wahr, was man wahrnehmen will, um die eigene Identität zu stabilisieren, die durch den Übergang des Anderen zum Fremden bedroht worden war.

Der Begriff der Identität muß nun aber genauer bestimmt werden. Wir leben nämlich gleichzeitig in durchaus unterschiedlichen Identitäten. Man braucht nur zu bedenken, daß spezifische regionale Identitäten (als Bayern oder Sachsen usw.) neben der gemeinsamen nationalen Identität wirksam sind. Andere Identitäten, wie z. B. konfessionelle, berufliche, interessengestimmte, überschneiden sich mit der nationalen Identität. Je nachdem können sich Kraftfahrer oder Schriftsteller unterschiedlicher Nationen gegen ihre eigene Nation miteinander verbünden, um bestimmte Interessen durchzusetzen. Oder nehmen wir als Beispiel mehrfacher und überlagernder Identität die Reiseerfahrung vieler Menschen: Wenn wir uns in Deutschland bewegen, identifizieren wir uns im Gespräch im Zugabteil als Bayern oder Hessen oder Sachsen, im Horizont Europas betrachten wir uns eher in der weiteren Identität als Deutsche. Wenn wir uns im Rahmen der ganzen Menschheit sehen, identifizieren wir uns als Europäer usw.[43] Die Identitätsebene, die ich erfahre, hängt ab von dem Rahmen, in dem ich mich jeweils bewege. Identitäten sind aber auch manipulierbar, und zwar sowohl durch mich selbst als auch durch andere. Das bedeutet, daß Identität von Projektionen gesteuert wird, die durchschaut werden, wenn man erkennt, womit man sich identifizieren *will.* In eine «Identitätsfalle» gerät der Mensch, wenn seine Identität von Gruppen, Organisationen oder «Idealen» manipuliert wird, deren «Größe» er sich borgt, um zu etwas Bedeutendem zu gehören, die aber etwas ganz anderes sind, als sie vorgeben. Identität ist abhängig von Erkenntnis. Und jede Erkenntnis schafft eine Transformation von Identität.

Ähnliches gilt auch für die religiöse Identität – konfessionelle Identifikationen verlieren an Bedeutung im Horizont der Begegnung mit einer anderen Religion, und die Abgrenzung in Religionen verliert zumindest partiell ihre Funktion als Identifikationsmerkmal in einem säkular-atheistischen Kontext – hier zählt dann, ob man «gläubig» ist, wie verschieden der Glaube tatsächlich auch sein kann.[44] Auch religiöse Identitäten können also je nach dem Bezugssystem wechseln. Sie sind nicht beliebig oder austauschbar, wohl aber stellt die Identitätspyramide den Menschen in einen jeweils weiteren Horizont.

Der Prozeß ist in der Geschichte der Religionen allerdings wesentlich komplexer, als ich es hier beschreiben konnte, weil

a) in einer Religion, Kultur oder Nation verschiedene Identitäten einander überlagern und

b) in unterschiedlichen Bezugssystemen jeweils verschiedene Identitätskonstruktionen dominierend werden.

43 Man kann die Probe aufs Exempel machen: Begegnet ein Europäer auf irgendeiner pazifischen Insel einem anderen Europäer, wird er Verwandtschaft, d. h. Ähnlichkeit, wahrnehmen und den anderen als Ähnlichen begrüßen, d. h. als Europäer ansprechen. Er würde dies aber kaum in einem Zusammenhang tun, in dem ohnehin alle Europäer sind, sondern in diesem Fall würde er das Deutsche oder vielmehr den bayerischen Dialekt heraushören und sich dadurch identifizieren.

44 Die Erfahrung von Menschen unterschiedlicher Religionszugehörigkeit in der ehemaligen Sowjetunion und in China ist dafür ein beredtes Beispiel.

Besonders zu beachten ist hierbei, daß es auch eine Überlagerung von Unterdrückungs-Identitäten gibt – der im Beruf Unterdrückte wird in der Familie zum Unterdrücker, die marginalisierte religiöse Minorität reagiert repressiv gegen ihre eigenen Reformer oder Dissidenten usw. Jede nationale oder religiöse Identität (*das* Christentum, *der* Buddhismus usw.) wird aber gestützt oder unterlaufen von regionalen Identitäten (Region, Clan, Kaste, Konfession usw.). Das Gewicht einer Identität hängt jeweils ab von dem Anderen, dem gegenüber Stabilisierung erreicht werden soll, d. h., Identitäten wechseln je nach dem Bezugssystem.

In der heutigen Auseinandersetzung zwischen Religionen und Nationen, zwischen Fundamentalisten und Liberalen aller Art, zwischen Feminist(inn)en und Patriarchal-Konservativen spielen Identitätskonflikte eine entscheidende Rolle. Dabei erscheinen Pluralismus und Identitätsstreben oft als Widerspruch. Denn Pluralismus bedeutet Gleichberechtigung von Verschiedenem, Identität sucht nach Kontinuität in Abgrenzung, die sich oft in Abwertung des Fremden auswirkt.

Wir müssen in Betracht ziehen, daß die heutigen Identitäten der Religionen, Kulturen und Nationen über Jahrtausende hinweg langsam gewachsen sind. Sie sind zusammengewachsen aus Traditionen, die zuvor durchaus verschieden waren. Religionen sind Synthesen von Verschiedenem, und sie bleiben nur lebendig, wenn diese Integration von Neuem, also die Synthese (die auch Abstoßung und Überwindung von eigenen alten wie auch fremden Denk- und Verhaltensmustern einschließt) nicht zum Stillstand kommt. Das, was wir als religiöse Strömungen und Bewegungen über die Jahrhunderte erkennen können, hat immer irgendwo eine Wurzel, die mehrgliedrig ist. Alle modernen Religionen, die wir kennen, wurzeln in mehreren Kulturen oder mehreren Ursprungssituationen. Das gilt selbstverständlich auch für das Christentum. Religionen sterben dann ab, wenn sie sklerotisch oder starr werden, wenn sich ihre Identität verfestigt und sie nicht mehr in der Lage sind, Neues assimilieren und dissimilieren zu können, wenn sie die durch kulturelle Entwicklung bedingte Anpassung nicht mehr leisten können. Nicht selten existieren sie aber in erstarrten institutionalisierten Formen weiter und können gefährlich werden, weil sie nur noch mit dem eigenen Existenz- und Machterhalt beschäftigt sind.

Jede Tradition ringt geschichtlich um ihre immer wieder neu zu gestaltende Identität, und sie kann dabei anderes aufnehmen und Überlebtes abstoßen. Genau dies geschieht heute weltweit. Die Religionen befinden sich in einer fundamentalen Krise angesichts des Säkularismus bzw. der ökonomisierten Kultur, in die sich die Welt hineinentwickelt hat. Das ist in Indien nicht anders als in Japan oder in Europa. Alle Religionen stehen daher der Frage gegenüber, was ihr unverwechselbarer und unverzichtbarer Beitrag für die eine Menschheit ist, nicht nur, um die religiösen Institutionen zu legitimieren und zu stärken, sondern um einen Beitrag für die Menschen entsprechend dem Ursprungsimpuls der jeweiligen Religion zu leisten.

Wenn wir uns heute in einer Situation der globalen Verantwortung wie auch der globalen Krise als die eine Menschheit wahrnehmen und, religiös gesprochen, erkennen, daß wir alle Kinder und Geschöpfe Gottes sind, so relativieren sich die traditionellen religiösen Identitäten in einem Maße, das in der Menschheitsgeschichte beispiellos ist. Stammesreligionen wie auch die sogenannten «Hochreligionen» unterliegen einem dramatischen Wandel in der Identitätsmatrix, gegen den sich allerdings etablierte Institutionen oft auf Grund von Herrschaftsinteressen sträuben. Diesen Wandel wahrzunehmen und nicht nur die alten Formeln der abgrenzenden Identität zu wiederholen gehört zur unvoreingenommenen Wahrnehmung der Wirklichkeit. Genauere Wahrnehmung führt zu Erkenntnis und damit zur Transformation von Identität im oben angedeuteten Sinn.

Was ist Wirklichkeit?

Wirklichkeit ist nicht ein «An sich», das außerhalb des menschlichen Bewußtseins existieren würde. Vielmehr ist das wirklich, was *Menschen* als wirklich *wahrnehmen*, was also durch Bewußtsein und seine Erwartungs- und Verarbeitungsmuster geschaffen wird. Die Wahrnehmungs*bereitschaft* hängt an vorgegebenen Werten: Wirklich ist für den Menschen vor allem das, was für ihn wirksam ist, was also seine Interessen und Wünsche positiv oder negativ beeinflußt. Die Wirklichkeit ist mithin ein Resultat interaktiver Wahrnehmungsprozesse zwischen Individuum, Gesellschaft und ökosphärischer Mitwelt. Infolgedessen ist nicht nur die Kultur, sondern auch die Natur ein Produkt geschichtlicher Gestaltungsprozesse.

Daraus folgt, daß der Mensch der Natur nicht als Fremder gegenübersteht, sondern Teil eines Kommunikationsnetzes ist, in dem Wirklichkeit erst entsteht. Damit ist die Verantwortung des Menschen eine Antwort auf sein Geschick, selbst schon immer die Frage seiner Existenz zu sein. Das heißt: Die Werte, durch deren Muster hindurch wir Wirklichkeit wahrnehmen, werden stets in geschichtlichen Veränderungsprozessen erzeugt, die wiederum das, was sie schaffen, gleichzeitig voraussetzen. Was wirklich ist, wird also durch den Konsens gesellschaftlicher Werte bestimmt. Dieser Konsens ist von vielem, jedenfalls aber auch von den interreligiösen Verständigungsprozessen über die religiösen Wahrnehmungsstrukturen, abhängig.

Wirklichkeit ist also nicht einfach gegeben, sondern wird von uns geschaffen. Damit ergibt sich die Frage, in welcher Wirklichkeit wir leben *wollen!* Wir können beispielsweise erkennen, daß der Zwang zu quantitativem wirtschaftlichem Wachstum in einem begrenzten System von Ressourcen beendet werden muß, damit wir die Grundlagen unserer Existenz nicht zerstören. Welche Grundwerte sind dann aber nötig, um diesen Zwang zu überwinden, ohne daß der Gesellschaft die Arbeit ausgeht und damit der soziale Frieden gefährdet wird? Ist z. B. eine «asketische Kultur» (C. F. v. Weizsäcker), die ökologisch geboten zu sein scheint, ökonomisch vernünftig?

Wirklichkeit ist das, was wirkt. Sie ist dynamisch, sich entwickelnd im Zusammenspiel mit unserer Wahrnehmung, also nicht einfach das Gegebene oder Statische. Dies hatte wohl

Meister Eckhart im Sinn, als er den lateinischen Begriff *realitas* mit Wirklichkeit übersetzte und damit diesen Begriff in die deutsche Sprache einführte. Das, was wir als Wirklichkeit wahrnehmen wollen und können, wird *erzeugt* – durch eine Wahrnehmung, einen Willen, ein *Interesse.* Wir brauchen nur in die Geschichte zu blicken, auch in die Geschichte der Wissenschaften, um zu erkennen, daß die jeweiligen Wissenskulturen Wirklichkeit als die Macht des Faktischen oder der Sachzwänge erfahren haben, daß aber im Rückblick auf frühere Epochen jene Konstruktionen von Wirklichkeit keineswegs so unausweichlich waren, wie sie den Zeitgenossen erscheinen mochten. Wirklichkeit ist vielmehr abhängig davon, wie wir die Dinge betrachten und bezeichnen wollen. Die *Bezeichnung* schafft die Wirklichkeit und nicht eine bloße Sachlichkeit. Viel hängt also davon ab, wie wir mit unserem Bewußtsein umgehen, das Wirklichkeit erkennen kann, soll und muß.

Das, was wir als Wirklichkeit erfahren, steht im Wechselspiel mit allen Faktoren dessen, was ist. Was ist, ist abhängig von der bewußten Vergegenwärtigung des Vergangenen als Möglichkeit für die Zukunft.

Was ist Bewußtsein?

Die Wahrnehmungsmuster von Wirklichkeit sind das, was wir Bewußtsein nennen. Dabei wird angesichts des zuvor Gesagten deutlich, daß Bewußtsein weder ausschließlich individuell noch allein gesellschaftlich, noch nur global-ganzheitlich ist, sondern es ist der Kommunikationsprozeß von Mensch-Mitmensch-Mitwelt. Auch der Begriff «Umwelt» greift zu kurz, denn die Wirklichkeit, in die der Mensch gestaltend eingreift, ist Natur, an der er selbst Anteil hat. Dabei weicht aufgrund der Einsicht in die Vernetztheit aller Phänomene (einschließlich der wirtschaftlichen, kulturellen und politischen Prozesse) ein hierarchisches Modell von Machtstrukturen immer mehr dem kooperativen Modell von Kommunikationsstrukturen.

Die wirtschaftliche und kulturelle Globalisierung verlangt

nach Vernetzung politischer und geistiger Organisationsprozesse, die alle Beschränkungen der Perspektiven auf das Individuum oder die nationalstaatlichen Strukturen, wie auch den Gegensatz von Natur und Kultur (und Technik), überwinden läßt. Dies impliziert einen Bewußtseinswandel, der traditionelle Identitäten verändert. Religionen, als traditionelle Identitätsgeber, sind in ihren Tradierungsstrukturen von diesen Prozessen unmittelbar betroffen. Wie wir aber gesehen haben, verändert sich unter den Bedingungen des modernen Pluralismus die Identitätsbildung durch gleichzeitige Teilhabe an bisher getrennten Traditions- und Wertegemeinschaften erheblich. Das hat Auswirkungen auf die Religionen, aber auch auf die Bildungsaufgabe des Staates, wie ich später zeigen werde.

Bewußtsein ist kein «Ding», sondern ein Prozeß sich ständig neu erzeugender Wahrnehmungsmuster, der spontan, vernetzend und unendlich kreativ abläuft, gleichzeitig aber Strukturen erzeugt, die Halt und Stabilität geben und den weiteren Prozeß selbst erzeugen. Die «Plastizität des Gehirns» besonders in den frühen Entwicklungsjahren des Kindes besagt, daß das Bewußtsein im Gehirn die Formen und Vernetzungen selbst anlegt, nach denen es später arbeitet, wobei die Festlegungen in den ersten Lebensjahren (etwa auf die Denkformen in der «Muttersprache») unwiederholbar prägend sind. Das Bewußtsein erzeugt sich dabei nach ihm inhärenten Mustern stets neu, ist lernfähig und in Veränderung begriffen. Es ist damit einerseits die ständige Vergegenwärtigung seiner eigenen Geschichte, und zwar sowohl der Geschichte der Gattung als auch der Individualgeschichte. Andererseits entstehen durch neue Eindrücke neue Verknüpfungen und Strukturen, d. h., das Bewußtsein arbeitet kreativ. In diesem doppelten Prozeß der aktiven Vergegenwärtigung bestimmt sich das Bewußtsein selbst, es prägt sich und bildet sich, es formt Bilder und Begriffe, in denen es sich selbst spiegelt und erkennt, und zwar in den zwei Formen sprachlicher und bildhafter Gestaltmuster. Sprache entfaltet sich sequentiell, in der Zeit, sie ist analytisch. Gestaltwahrnehmende Bilder ermöglichen eher einen synthetischen Gesamteindruck, der erst sekundär in Einzelempfindungen und nacheinander abfolgende Wahrnehmungen zerlegt wird.

Wir können dies klarer erkennen durch einen vereinfachten Blick in die Geschichte der *Medien*, durch die das Bewußtsein sich Überlieferung schafft und die eigene Geschichte anzuschauen vermag:

a) *Die mythische Welt:* In den Mythen und Erzählungen der Religionen geht es um Vergegenwärtigung der Ganzheit. Dies geschieht durch die «maßgeblichen Erzählungen», die Kulturen über lange Zeiträume hinweg prägen. Die Gegenwart des Göttlichen wird hier überall wahrgenommen, die Welt ist nicht aufgeteilt in «Sachen» und «Seelen», sondern die Dinge sind belebt, die Tiere sprechen. Der Mensch kann in den Mythen verborgene Zusammenhänge zwischen den kosmologischen, sozialen und psychologischen Prozessen erkennen und im Ritus medial aktualisieren. Der Ritus gliedert das scheinbar Chaotische und schafft entweder die göttliche Ordnung neu oder bildet sie doch zumindest jeweils neu ab. In ihm wird symbolisch angeschaut, wie Mikrokosmos und Makrokosmos einander entsprechen. Inbegriff des Ganzen ist das Fest, der hohe Augenblick (*kairos*), in dem das Ganze aus der Verborgenheit tritt, damit der Mensch Anteil daran haben kann.

b) *Die begriffliche Welt:* Auch in den Begriffen der Wissenschaft wird eine Vergegenwärtigung von Wirklichkeit angestrebt, hier aber auf Grund der abgegrenzten (de-finierten), jeweils konkret bestimmten Wahrnehmung. Es wird immer ein Teil herausgegriffen und eine bestimmte Frage gestellt, auf die eine bestimmte Antwort gesucht und erwartet wird. Das, was verborgen ist, wird durch Sezieren freigelegt. Hier führt nicht die Wahrnehmung des Ganzen zu Erkenntnis, sondern die präzise Unterscheidung. Gültig ist, was sich im Experiment als wiederholbar und damit in Zeit und Raum verallgemeinerungsfähig erweist, wenn die jeweils ausgewählten Teilbedingungen bekannt sind. Die Teilbereiche werden *analytisch* durchschaut, und der Erkenntnisgewinn besteht in der Koordinierung und kausalen Zuordnung von Fakten. Die durch Präzision fragmentierte Welt kann dann zwar zu einem begrifflichen Welt*bild synthetisiert* werden, aber dies ist nicht mehr Sache der analytischen Verfahrensweise.

c) *Die mediale Bildwelt (Fernsehen):* Während der letzten Jahrzehnte sind in der Öffentlichkeit sowohl die synthetischen (mythischen) Erzählungen als auch die analytischen Begriffe durch Bilder ersetzt worden, die vor allem durch das Fernsehen vermittelt werden. Dies scheint mir eine neue Art menschheitsgeschichtlicher Überlieferung zu sein, die eine Revolution in der Art und Weise menschlicher globaler Kommunikation in Gang gesetzt hat, von der angesichts der rasanten Multimedia-Entwicklung noch nicht abzusehen ist, wie sie das Bild der Welt, auch der Religionen, verändern wird. Die Vermutung, daß vermittels Television einst entkörperte Ideen wieder durch Bilder verkörpert würden, ist, sofern sich bisher sehen läßt, nicht bestätigt worden.

Durch Menge, Geschwindigkeit und manipulierte Konservierung der rasch aufeinanderfolgenden Bilder hat sich dreierlei ereignet:

- Ehemals zusammenhängende Wahrnehmungsstrukturen sind auseinandergerissen und zu neuen Synthesen verschmolzen worden. Oft kaum wahrnehmbar, aber psychologisch wirksam, werden Bereiche miteinander verknüpft, die bisher vom wahrnehmenden Bewußtsein kaum miteinander in Zusammenhang gebracht wurden. So beruht ein großer Teil der Werbung auf der Verknüpfung primär erotischer Impulse und ihrer affektiven Stimulation mit den Versprechungen bestimmter Produkte (z. B. Autos), die man kaufen soll. Oder man denke an die geographisch kaum nachvollziehbare, im Bewußtsein aber einen Willensimpuls auslösende Verknüpfung eines Palmenstrandes mit Deo-Seife. Wirklichkeit wird dadurch nach ganz anderen Prinzipien geordnet und verknüpft als bisher.
- Die Aufmerksamkeit wird verringert. Das Bewußtsein «kann nicht folgen», sondern legt lose Assoziationen an, die wechselnde emotionale Stimulation zulassen, nicht aber ein kognitives Verarbeiten des Wahrgenommenen. Über längere Zeit hin betrachtete Bilder sammeln das Bewußtsein in seinen kognitiven wie emotionalen Fähigkeiten. Schnell wech-

selnde Bilder bewirken genau das Gegenteil. Nicht Sammlung, sondern Zerstreuung – und in dieser die Manipulation des Unbewußten – ist das Ziel.

- Konserven der Wahrnehmung beruhen auf synthetischen Manipulationen (von Farben, Klängen, Raum und Zeit), die neue «Brillen» darstellen, durch die Wirklichkeit gesehen wird. Solche Wirklichkeitsmodelle erzeugen deshalb eine virtuelle Wirklichkeit, weil diese nur dann erfahrbar ist, wenn die entsprechenden Konserven angeboten werden.

Nachdem moderne Telekommunikation eine partiell globale Weltkultur geschaffen hat, die uns ins Haus gesendet wird, wo auch immer dieses Haus steht, erfahren wir jetzt über andere Kulturen und Religionen, ohne überhaupt ein Buch in die Hand zu nehmen bzw. den Sessel verlassen oder selbst reisen zu müssen. Und wenn wir in naher Zukunft eine «virtuelle Wirklichkeit» auf dem Bildschirm stereophon mit olfaktorischen Reizimitationen verbunden erleben sollten und, sagen wir, zwischen der Welt der Tiergeister, wie sie die ursprünglichen Amerikaner erlebt haben, und tibetischen tantrischen Ritualen per Knopfdruck auswählen können, haben wir die Unschuld der Imagination verloren, denn:

- Die ursprünglichen Kulturen sahen die Welt durch ihre individuelle aktive Imagination oder Spiritualität.
- Das Fernsehen hingegen hat *standardisierte* Bilder für alle, in denen von der komplexen geschichtlichen Singularität eines Ereignisses (auch und gerade eines religiösen) nichts mehr zu spüren ist.
- Weil die Bilder aus dem wirklichen Kontext isoliert im Wohnzimmer erscheinen, tendieren Menschen dazu, Fernsehbilder passiv zu konsumieren. Es fehlt die Stimulation zum Widerstand, der Auseinandersetzung und produktive Verarbeitung ermöglicht.

Außerdem ist die Welt, zu der wir zurückkehren, nachdem wir einen derartigen «Ausflug» ins globale Dorf gemacht haben, ganz und gar kommerziell standardisiert. Die Konserven der Wahrnehmungsmodelle erzeugen eine marktabhängige Wahrnehmung, d. h., unsere Wahrnehmung wird fremdgesteuert und eingeengt, ohne daß dies sofort bemerkt würde, weil der Unterschied zur «normalen» Wahrnehmung nicht auffällt, da ja auch diese abhängig von der Bereitschaft und Struktur des Bewußtseins ist, wie wir gesehen haben. Manipulierte und selbst erlebte Wirklichkeit verschmelzen zu einer synthetisierten Wirklichkeit. Die Manipulationsmuster sind allerdings durchaus erkennbar, und genau hierin besteht die Aufgabe einer kritischen Wahrnehmungspädagogik.

Diese Bemerkungen wären zu ergänzen, denn sie können die Fülle der Fakten nur anreißen, sie genügen aber, um zu zeigen, daß und wie das Bewußtsein «plastisch» ist, d. h. geformt wird und formend wirkt auf die Wahrnehmung von Wirklichkeit. Wir müssen uns darüber im klaren sein, daß ethische Standards von einem *bestimmten* Bewußtsein gesetzt, gefordert oder abgelehnt werden, d. h., was wir wollen, wird weitgehend durch die eben bestimmten Kommunikationsprozesse standardisiert, zumal auch die Welt, die wir erleben, ein Produkt eben dieser standardisierten medialen Prozesse ist.

Aus diesen Beobachtungen folgt, daß es der gezielten Analyse und Schulung des Bewußtseins bedarf, um Eigen-Verantwortlichkeit, d. h. bewußte Wahrnehmung und ihre reaktive Verarbeitung, zurückzugewinnen. Erst dann kann die Frage «Was sollen wir tun?» kritisch und präzise gestellt werden.

3. Was sollen wir auf welche Weise tun?

Es gibt viele und vielfältige Aufforderungen zum Handeln. Die Probleme, denen wir individuell wie als Menschheit heute gegenüberstehen, sind so vielfältig und unüberschaubar geworden, daß wir einen Angelpunkt brauchen, um eine Hierarchie von Handlungsfeldern und Prioritäten zu bestimmen, von der her sich das Unüberschaubare sinnvoll ordnet. Ein solcher möglicher Angelpunkt ist die Analyse und Übung der eigenen Bewußtseinsfunktionen.

Wie ich schon dargelegt habe, ist alles, was wir tun und wie wir es tun, in unserem Bewußtsein vorgebildet. Die Wahrnehmungen, Gefühle und Gedanken, die wir im Augenblick hervorbringen, sind geprägt von früheren Wahrnehmungen, Gefühlen und Gedanken sowie von gegenwärtigen Eindrücken. Wir nehmen nichts wahr, wie es ist, sondern eingefärbt durch den Charakter, den unser Bewußtsein bereits ausgebildet hat. Alles ist «gefiltert». Diesen Filter genau kennenzulernen, zu verstehen und zu «reinigen» ist eine unabdingbare analytische Aufgabe, wenn wir in unserem Denken und Handeln klarer werden wollen.

Ich möchte in systematisierter Weise eine Möglichkeit vorstellen, wie wir das Sollen bzw. das notwendige Handeln nicht nur durch eine Ansammlung von Imperativen beschreiben können, sondern vor allem als eine genauere Beschreibung des Indikativs, d. h. des Zustandes unseres Bewußtseins, aus dem heraus alles Weitere folgt. Damit lassen sich nicht alle Probleme ansprechen, aber es könnte der Versuch sein, einige Schneisen in das Dickicht zu schlagen. Wir gehen aus von den vier grundlegenden Aspekten oder Funktionen des Bewußtseins. Dabei steht die empfindende Wahrnehmung an übergeordneter erster Stelle. Denn von der Achtsamkeit und Genauigkeit, d. h. von der Konzentration des Bewußtseins auf den gegenwärtigen Augenblick, hängt die ungetrübte und klare Aktion und Reaktion des Bewußtseins ab. Wir können nicht «angemessen» handeln, wenn das Maß von vornherein nicht stimmt und alles nur verzerrt durch den Spiegel unserer maßlosen Wünsche oder Ängste erscheint. Die *Ästhetik* im weitesten Sinne, also die neue staunende Wahrnehmung der Menschen, der Dinge, der Natur, der Kunstwerke, der eigenen Bewußtseinsfunktionen usw., scheint mir Möglichkeiten zur Bildung des Menschen zu eröffnen, die noch längst nicht ausgeschöpft sind. Eine veränderte und achtsame Wahrnehmung beeinflußt unmittelbar das Gefühl und die Affekte, die stabiler und kontrollierter werden. Das urteilende Denken wird aufgrund konzentrierter Wahrnehmung nicht nur ausgewogener, sondern es urteilt nicht vorschnell, kann Vorurteile als ich-zentrierte Projektionen erkennen und die Folgen einzelner Gedanken und Handlungen umfassender abschätzen als ein Denken, das aufgrund einseitiger

Interessen durch Engführungen irregeleitet wird. Das Handeln wird dann entsprechend sein:

- *vernünftig*, weil möglichst viele unterschiedliche Aspekte einbezogen werden,
- *besonnen*, weil die Affekte kontrolliert werden,
- *realitätsbezogen*, weil ichhafte Wunsch- und Angstmuster durchschaut werden.

Ich schlage also eine gezielte Bewußtseinsschulung vor, um das Handeln des Menschen neu zu motivieren, zu strukturieren und bewußt zu gestalten. Worum es geht, möchte ich mit einigen zentralen Beispielen klassischer Tugendkataloge aus verschiedenen Traditionen verdeutlichen. Die Kardinaltugenden des Christentums sind *Glaube, Liebe, Hoffnung*. Wir haben diese Tugenden seit Jahrhunderten im Zusammenhang mit den christlich überlieferten Katechismen gelernt und zu leben versucht. Aber in Neuaufbrüchen der Geschichte sind neue Aspekte dieser wichtigen Tugenden zutage getreten, die man vorher so nicht gesehen hatte. Ein markantes Beispiel ist die Französische Revolution. Sie hat neue Bewertungen eingeführt und soziale Konsequenzen eingefordert, indem sie die Einheit des Humanitären gegen die religiösen Ab- und Ausgrenzungen der Vergangenheit betonte: *Freiheit, Gleichheit, Brüderlichkeit* waren auf dem Hintergrund des Christentums und der spätantiken Philosophie (besonders der Stoa) zwar keine völlig neuen Vorstellungen, aber die alten Begriffe wurden umgewertet und in einem neuen Kontext politisch wirksam gemacht, auch gegen die christlich-kirchlichen Hierarchien und Geltungsansprüche.[45] Im Vergleich mit anderen Kulturen und Religionen kann man jedoch gut erkennen, wie eng die Ideale der Französischen Revolution mit der Geschich-

45 Man bedenke allerdings, daß diese drei Grundwerte noch nicht genügen, um die Wertestruktur eines Gemeinwesens zu begründen, da sie zunächst nur formal sind und sofort umschlagen können (und in der Geschichte der Französischen Revolution auch umgeschlagen sind): Freiheit in Beliebigkeit, Gleichheit in den Terror des Schafotts, Brüderlichkeit in den Mord am Bruder, der zum Gegner wird, wenn er sich nicht der Ideologie fügt.

te Europas zusammenhängen, die von verschiedensten geistigen Traditionen geprägt wurde – vom Christentum, von der griechischen Antike, vom Judentum und auch vom Islam. Und auch die Sozialphilosophien und -theorien des 19. und 20. Jahrhunderts bis hin zum Marxismus gehören in diese Reihe. Wo allerdings die klassenlose Gesellschaft mit Gewalt jetzt schon erreicht werden soll, ohne die Offenheit der Transzendenz also, wird das Handeln zum Zwang und die Utopie zur Ideologie. Und umgekehrt, wo die Liebe als Vertröstung aufs Jenseits erscheint, wird der Glaube zur Flucht.

Die aktuelle Bedeutung der europäischen Werte-Tradition wird klarer, wenn wir sie mit Werten aus anderen Kulturen in Zusammenhang bringen. Als ein Beispiel unter vielen erwähne ich die Tradition des Zen-Buddhismus, die sich in ihrer pragmatischen Ausrichtung und Betonung der Wahrnehmung im Hier und Jetzt besonders für eine Gegenüberstellung eignet. Im Zen gibt es – auf der Basis der buddhistischen, taoistischen und konfuzianischen Tradition, aus der Ch'an in China bzw. Zen in Japan entstanden ist – ganz unterschiedliche Aufzählungen wesentlicher Tugenden, aber die Zusammenschau von *Mut, Klarheit und Menschlichkeit* spielt eine wesentliche Rolle. Was diese Tugenden meinen, wird deutlicher, wenn wir sie mit Glaube, Liebe und Hoffnung zusammen betrachten, und umgekehrt erscheinen die christlichen Werte in einem neuen Licht, wenn wir sie im Kontext der Zen-Praxis neu erleben und interpretieren. Im folgenden Schema stelle ich nun die Beziehung zwischen den entsprechenden Aspekten her und benenne den Kontrast, die gegenteiligen Einstellungen und Handlungsweisen, nämlich *Gleichgültigkeit, Verdummung und Gewalt*, die wohl größten Gefahren in der Entwicklung unserer modernen Konsum- und Mediengesellschaften. Im unteren Teil des Schemas skizziere ich die Handlungsebenen, die zwar nicht voneinander trennbar sind, aber dennoch auseinandergehalten werden müssen, weil sich hier jeweils unterschiedliche Handlungsmöglichkeiten, Themen und Aktionsmuster ergeben, und dies noch einmal unterschieden für die unterschiedlichen Zeitrahmen, also kurzfristig, mittelfristig und langfristig. Allerdings sind in den aktiven Gestaltungsformen des Bewußtseins, die ich mit den vier Aspekten des Bewußtseins anspreche, immer auch vor- und unterbewußte Steuerungsprozesse wirksam, die aber wiederum zumindest teilweise als Resultate von früheren bewußten Abläufen gelten können, wie z. B. die Entstehung von «Wahrnehmungsbrillen» durch Manipulation oder Verdrängung. Für genauere Selbsterkenntnis («Erkenne dich selbst», forderten die Griechen am delphischen Orakel) ist die Aufdeckung dieser Zusammenhänge unverzichtbar, und dies setzt wiederum achtsame Loslösung von routinegesteuerten Denkgewohnheiten voraus. Um das Schema jedoch nicht zu kompliziert zu gestalten, will ich diese rückgekoppelten Mechanismen hier vernachlässigen und schlage folgende Betrachtungsweise vor: (Siehe Abbildung Seite 163)

Es geht um den Aufbruch aus festgefügten und starr gewordenen Mustern des Wahrnehmens, Fühlens, Denkens und Handelns, wobei wir diese Muster oft gar nicht mehr als geworden und damit veränderbar, sondern als unverrückbare «Sachzwänge» empfinden. Das ist die Falle. Und genau aus diesem Gefängnis können Glaube, Liebe, Hoffnung hinausführen, allerdings wohl nur, wenn wir diese Tugenden neu zu buchstabieren lernen:

– *Glaube* ist das Vertrauen in die Möglichkeit zur Freiheit von Vorurteilen und kreativem Aufbruch in das Offene bzw. das Un-Gewohnte. Glaube und Freiheit ermöglichen darum die *Lust auf Wahrnehmung* dessen, was ist (und nicht dessen, was die Gewohnheit sehen läßt). Das, was ist, ist die gegenseitige Abhängigkeit aller Wesen und Erscheinungen, die somit einander gleich, gleichrangig und gleichberechtigt sind.[46]

46 Dies heißt jedoch nicht, daß alle Erscheinungen gleichwertig wären. Denn jedes Denken beruht auf Taxonomien, jeder gesellschaftliche Prozeß auf Wertehierarchien usw. Sie werden gesellschaftlich ausgehandelt und stehen ständig auf dem Prüfstand der kritischen Vernunft. Ob solche Taxonomien interkulturell ähnliche Muster aufweisen, ist eine heute noch strittige Frage.

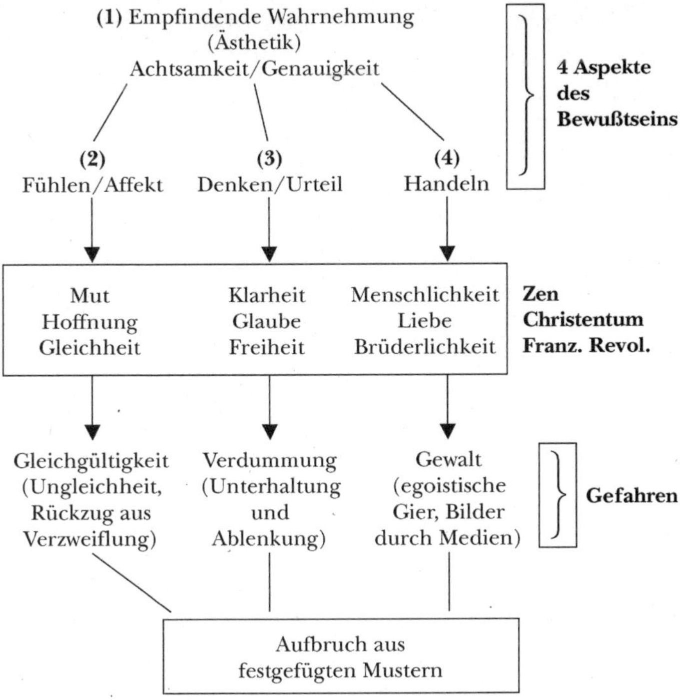

Handlungsebenen

(1) individuell
(2) Kleingruppe
(3) Staaten
(4) Ökosphäre

Handlungszeiten

kurzfristig
langfristig
strategische Muster

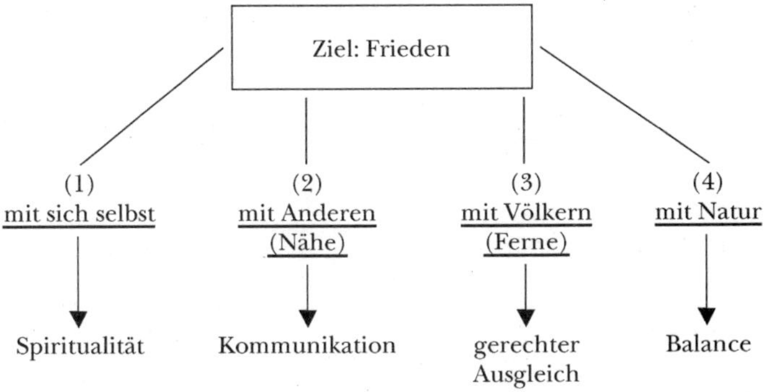

- *Hoffnung* ist die Vision, daß diese Gleichheit erkenn- und lebbar wird durch *Mut zur Verantwortung* für alle Wesen gegen Ausgrenzungen, den Partikularismus von Teilinteressen und die fortschreitende Fragmentierung von Lebensbereichen.
- *Liebe* ist die Verwirklichung der Brüderlichkeit, wobei die Intelligenz der Kommunikation zum *Mit-Leben in Kommunion* übergeht. Denn nur Gleiche, genauer: als gleich(-berechtigt) Wahrgenommene, können einander erkennen.

Neue Wahrnehmung, Mut zur Verantwortung und die Freude einer tiefen Kommunion mit allem Leben befreien uns dazu, gegen den Strom der Gewohnheit und Gedankenlosigkeit schwimmen zu können.

Handlungsmuster

Was also sollen wir tun? Die Antwort hängt ab von der Perspektive und dem Rahmen, den man wählt, von der Allgemeinheit der möglichen Aussagen bzw. der Konkretheit und Anwendung auf spezielle Situationen. Die «Enzyklopädie der Weltprobleme und des menschlichen Potentials» (Encyclopedia of World Problems and Human Potential) listet 12 203 Welt-Probleme auf, und diese Zahl kommt durch eine Auswertung von internationalen Zeitschriften und der Aussagen von ca. 20 000 Nicht-Regierungsorganisationen (NGOs) zustande.[47] Selbst wenn man verallgemeinert und weiter einengt, wie z. B. bei der UNESCO-Konferenz zum Weltethos in Paris 1997, werden immer noch acht weit gefaßte Problembereiche aufgelistet, und Aurelio Peccei spricht von 27 grundlegenden Weltproblemen: unkontrolliertes Bevölkerungswachstum, Spaltungen und Chaos in der Gesellschaft, soziale Ungerechtigkeit, Hunger und Unterernährung, Armut, Wachstumswahnsinn, Inflation, Energiekrise, Widersprüche im internationalen Handels- und

47 Encyclopedia of World Problems and Human Potential, Vol. 1, München: Union of International Associations, K. G. Saur, 1994, 60; zit in: Yersu Kim, A Common Framework for the Ethics of the 21st Century, UNESCO: Division of Philosophy and Ethics, Paris 1999, 35.

Währungssystem, Protektionismus, Analphabetismus und anachronistische Bildung, Jugendrevolte, Entfremdung, unkontrollierte Urbanisierung und damit verbundene Abnahme der Lebensqualität, Verbrechen und Drogen, Gewalt und Brutalität, Folter und Terrorismus, Verachtung von Gesetz und Ordnung, nuklearer Wahnsinn, Sklerose und Inadäquatheit der Institutionen, Korruption, Bürokratie, Zerstörung der Umwelt, Verfall der Moral, Mangel an Vertrauen, Instabilität, Mangel an Verstehen des Zusammenhangs dieser Probleme.[48] Dabei sind noch nicht einmal die medizinethischen und bioethischen Probleme und Herausforderungen sowie die Wissenschaftsethik und die Manipulation der Menschen durch die Konzentration der Medien genannt.

Ich werde mich hier auf einige wenige Aspekte beschränken, muß also auswählen und eine allgemeine Struktur für die Beantwortung unserer Ausgangsfrage finden. Die allgemeine Struktur lautet:

Wir brauchen eine Ethik des Seins, und erst sekundär des Sollens, d. h., der Indikativ geht dem Imperativ voraus.

Erst wenn ich erkannt habe, wer ich bin und was meine Potentiale sind, kann ich entsprechend wollen und handeln. Ich *werde* nicht *durch* mein Handeln, sondern mein Handeln gestaltet sich durch mich nach dem, was ich *bin*. Das, was ich bin, erschließt sich aber erst durch genaue Wahrnehmung der *solidarischen Kreativität*, die in mir lebendig ist, wenn auch meist verborgen. Solidarische Kreativität ist die Erfahrung, daß sich die kreativen und beglückenden Impulse in meinem Leben nicht dem Rückzug auf mich selbst, sondern der Öffnung zu Anderen und zu Anderem verdanken. Erst wenn ich erkenne, daß mich das Anderssein des Anderen nicht bedroht, sondern bereichert, weil es ein ungelebter Aspekt meiner selbst ist, kann ich solidarisch sein, nicht unter dem Druck eines Imperativs, sondern in selbstverständlicher Antwort auf das Lebendige in mir. Ich muß und kann nicht jeden Anderen lieben, kann aber begreifen, daß ich Schaden

48 Y. Kim, A Common Framework, UNESCO, aaO, 3 f.

leide, wenn ich das Andere im Anderen nicht wahrnehme, höre und in meine Entscheidungen einbeziehe. Erst wenn ich weiß, daß der Andere und Ich ein Netz bilden, in dem Eigensein und Anderssein die notwendigen Pole sind, vermeide ich einseitige Egozentriertheit und werde frei zur Liebe, deren Realisierung sehr unterschiedliche Gestalt annehmen kann. Das aber ist eine Aufgabe der Bewußtseins- und Herzensbildung, weniger poetisch: der vernünftigen Erkenntnis der interrelationalen Struktur des Menschseins, eine Aufgabe des Erkennens also.

Ich unterscheide allgemein vier Handlungs-Ebenen und nenne stichwortartig die jeweiligen wesentlichen Aufgaben, die auf diese Ebenen bezogen sind:

1. *Individuelle Ebene*
   Bildung, Erziehung, Bewußtseins- und Wahrnehmungschulung, Mut zum Widerstehen
2. *Gruppenebene*
   Herstellung von Netzwerken und informierter öffentlicher Meinung, Erzeugung von Druck auf Institutionen
3. *Staat*
   Diskurs aller Bürger, Zivilgesellschaft, vernetzte lokale Gruppen
4. *Globalität*
   Chancengleichheit in bezug auf Ökonomie und kulturelle Identität, internationale Rechtsinstitutionen, Stärkung der NGOs

Handlungsebenen

Individuelle Ebene: Meditation – Bildung und Ausbildung. Zur Bildung und Erziehung auf dieser Ebene gehört die Übung von Achtsamkeit, die nur möglich wird durch eine Entdeckung der Genauigkeit bzw. Langsamkeit. Wir verbinden in industriell-technologischen Abläufen Effizienz mit hoher Leistungs- und Fertigungsgeschwindigkeit, verlieren aber dabei schnell die Qualität, das Besondere und die Wahrnehmung des Details aus dem Auge. Die Folgen sind bekannt: Zerstreutheit, Streß, Krankheit, Unzufriedenheit und Verlust an Lebensqualität. Sinnlicher Genuß (beim Essen, in der Naturbetrachtung, im Kunstgenuß, in der Liebe usw.) verlangt aber Muße, langen Atem (wörtlich) und eine Kultur der Freude am Detail. Lebensqualität stellt sich ein, wenn die *angemessene Zeit* gefunden wird. Maße und Proportionen sind den Dingen und Abläufen selbst eigen, sie dürfen nicht in zweckrationalisierten Generalisierungen anderen Dinge und Prozessen übergestülpt werden. So kann sich im musischen Spiel klares Denken entfalten, das nicht getrübt wird vom Druck zu schnellen Entscheidungen. Dies ist eine ästhetische Frage, und die Ästhetik wird damit zu einem der wichtigsten Instrumente der Diagnose unserer Kultur, einer Kultur, die weitgehend kurzatmig und auf hohe Geschwindigkeiten orientiert ist und komplementär dazu der Entdeckung des Schönen in der Langsamkeit bedarf. Das heißt freilich nicht, daß Effizienz unter hohen Geschwindigkeiten und Konzentration bei «automatisch» schnellen Abläufen nicht erreichbar und von Vorteil wäre. Ganz im Gegenteil: Der Tausendfüßler, der überlegen müßte, welches Bein zuerst zu setzen sei, käme bekanntlich nie vom Fleck. Durch Übung in hohe Geschwindigkeit gebrachte routinierte Abläufe entwickeln ihre eigene Genauigkeit (beim Klavierspielen und beim Kopfrechnen ebenso wie in der industriellen Fertigung[49]), aber es kommt auf das richtige Maß an und auf die Ausgewogenheit von Langsamkeit bei komplexen Gestaltwahrnehmungen und Schnelligkeit in routinierten («unbewußten») Abläufen. Das Problem verweist darauf, daß wir unterscheiden müssen zwischen Effektivität und Effizienz. Effektivität entspricht langfristig den Rhythmen, die in Dingen und Abläufen liegen, und erfaßt das gemäße Tempo. Effizienz entspricht kurzfristig der Erreichung eines Ziels, auch wenn dadurch die Harmonik von Abläufen gestört und die Fragmentierung von Zusammenhängen möglicherweise beschleunigt wird. Kurzfristig kann es Situationen geben, in denen die Effizienz erhöht werden muß, aber längerfristig muß sie in den

49 Den Hinweis verdanke ich Herbert F. Kroll, Bangalore und München.

weiteren Rahmen der Effektivität eingeordnet sein, wenn das System nicht Schaden nehmen soll.

Achtsamkeit in jedem Augenblick ist Inbegriff intensiverer Bewußtheit, eine Qualitätssteigerung durch Veränderung der ästhetischen Anschauung. Ästhetik ist die Wahrnehmung des Schönen als Verdichtung von Sein. Dies läßt sich auch anders verstehen: als Verdichtung von Zeit. Zeit wird dabei so dicht und als Jetzt erfahren, daß «Zeitfreiheit» (Jean Gebser) entstehen kann, oder das «ewige Nun», wie die Mystiker seit Meister Eckhart es genannt haben.[50] Langsamkeit ist Achtsamkeit, damit die eigenen Schwingungen eines Ereignisses zur Geltung kommen und einander nicht ungeordnet überlagern, wie es der Dirigent Sergiu Celibidache in bezug auf die Musik ausgedrückt hat: Jeder Ton erzeugt ein eigenes Identitätsfeld. Überlagerungen können die Intensität steigern – aber auch verdekken. Das genaue Maß als Impuls intuitiv zu spüren und weiterzugeben, dies sei die Aufgabe des Dirigenten. Wer also dirigiert? Die Intuition. Aber sie wirkt nicht ohne Erkenntnis und umgekehrt.

Achtsamkeit entsteht durch den Rhythmus des Atems. Dieser gibt die Eigengeschwindigkeit oder Eigenzeit des Menschen vor – im Wahrnehmen, Fühlen, Denken und Handeln. Darum ist Achtsamkeitsübung zunächst nichts anderes als Meditation des Atems.

Jean Gebser hat die «Bewußtwerdung der Zeitfreiheit» als Voraussetzung für das neue integrale Bewußtsein bezeichnet.[51] Dabei seien wir nicht nur Zeugen, sondern Werkzeuge der Veränderung in die neue Wirklichkeit, und deshalb sollten wir uns bewußt die Mittel erarbeiten, mit denen wir diesen Prozeß tätig unterstützen oder mitgestalten könnten. Er formuliert die Folgen, die sich aus Zeitstreß ergeben: «Ich habe keine Zeit» bewirke die Folgeerfahrung «Ich habe keine Seele», und das

50 M. v. Brück, Wo endet Zeit? Erfahrungen zeitloser Gleichzeitigkeit in der Mystik der Weltreligionen, in: K. Weis (Hg.), Was ist Zeit?, München: dtv 1995, 207–263

51 J. Gebser, Ursprung und Gegenwart. Teil II, Gesamtausgabe Bd. 3, Schaffhausen: Novalis 1978, 379 ff.

sei gleichbedeutend mit der schmerzlichen Erkenntnis «Ich habe kein Leben».[52] Wie also können wir leben? Durch Bewußtseinsbildung.

Bewußtseinsbildung oder bewußte Seins-bildung ist aber nicht nur anzustreben hinsichtlich einer anderen Zeitkultur, die dem Schönen Zeit läßt durch Respekt vor den Rhythmen des Reifens, sondern sie meint auch den Aufbruch aus eingeengten Räumen des Denkens und Empfindens, eben die Freiheit, aus festgefügten Mustern aufzubrechen und «querzudenken». Ich möchte dies an einer aus der Geometrie genommenen Aufgabe verdeutlichen, die mit Wahrnehmungsschulung und dem Aufbruch aus festgelegten Mustern bzw. dem Überwinden starrer Denkmuster und Systeme zu tun hat.

Aufgabe: Die neun Punkte sollen, ohne abzusetzen, mit nur 4 geraden Linien verbunden werden:

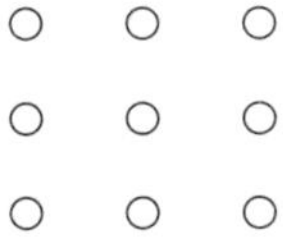

Wer die Lösung nicht kennt oder spontan findet, wird sie nur durch eine Schulung im Freiwerden von Denkmustern und der Achtsamkeit im oben genannten Sinne finden können.[53]

– *Meditation.* Die Übung von Achtsamkeit und Konzentration kann, muß aber nicht als formale Meditationsübung aufgefaßt werden. Meditationsübungen kennen wir aus allen Kulturen, und sicherlich ist das Meditieren in einer Übungstradition sinnvoll, die sich seit Jahrhunderten bewährt hat. Aber nicht wenige Menschen haben dazu aus unterschiedlichen Gründen vielleicht keinen Zugang. Für sie ist es sinnvoller, innezuhalten, die Natur oder ein Kunstwerk zu betrachten oder bei den alltäglichen Verrichtungen genau wahrzunehmen, *was* sie eigentlich tun. Dabei ist es wichtig, alle Sinne auf die genannte Weise zu erproben und zu sammeln, also

52 Gebser, aaO, 387
53 Lösung am Ende des Buches.

etwa den Klang eines rauschenden Baches in allen Details zu vernehmen, sodann das Bild des fließenden Wassers einzuprägen, die Augen zu schließen und das Bild im Innern wieder entstehen zu lassen, die Augen wieder zu öffnen und das innere Bild mit dem äußeren zu vergleichen usw. Der Geruch und der Geschmack des Wassers können daraufhin ebenso wie die Berührung mit den Händen und dem Mund genau wahrgenommen werden. *Meditation ist Übung der Wahrnehmungsfähigkeit.*

– *Bildung und Ausbildung.* In unserer Bildung und Ausbildung werden vornehmlich Inhalte vermittelt, allenfalls beim Erlernen handwerklicher und künstlerischer Fertigkeiten liegt das Schwergewicht auf dem «Wie» des Wissens. Was sollen wir tun? *Dafür sorgen, daß die Art und Weise des Lernens, der Wahrnehmungs- und Reaktionsmechanismus im Bewußtsein selbst zur Praxis der Übung und Bildung gemacht werden.* Dies beginnt in der frühkindlichen Erziehung, ist ein wichtiges Programm für die Schulen und Universitäten und kann eine lebenslange Praxis bis ins hohe Alter hinein werden, wobei die Fähigkeit, Eindrücke wirklich als neu wahrzunehmen, das Bewußtsein flexibel und «jung» erhält. Wenn man so will, ist dies eine innerliche Kosmetik (im wörtlichen Sinne, da Kosmos und Kosmetik die *Schönheit* der Welt ansprechen). Achtsamkeits- bzw. Meditationsübungen haben verschiedene Wirkungen, ich möchte hier den Zusammenhang mit unserem Thema noch einmal verdeutlichen. Achtsamkeit erzeugt

– *Langsamkeit und Genauigkeit* bzw. die Fähigkeit, bei einer Sache und im gegenwärtigen Augenblick zu verweilen. Dies fördert die Intensität der Wahrnehmungen einschließlich des Genusses. Damit wird die Gier nach ständiger Reizstimulation ganz natürlich vermindert, was wiederum den Verbrauch von immer neuen Ressourcen (Personen, Beziehungen, Dingen) minimiert, d. h., der Augenblick oder dieses eine Erlebnis kann wirklich ausgekostet werden. Statt Quantität lernen wir, Qualität zu erleben. Das wiederum hat unmittelbar zur Folge, daß wir uns selbst intensiver spüren, ganz dabei sind und das Gefühl bekommen, selbst zu leben und nicht gelebt bzw. von außen gesteuert zu werden.

- Eine solche Haltung ist allmählich erlernbar, und sie schafft Selbstvertrauen und Gewißheit, im Jetzt[54] wirklich zu Hause zu sein. Wir sind dann nicht ständig auf der Flucht vor dem ungelebten Leben, das wir in uns ahnen, und wir lernen Geduld.
- Wenn wir nicht mehr vor dem Leben und uns selbst davonlaufen, können wir Angst und das Anhaften an Vergangenem, von dem wir Sicherheit erwarten, vertrauensvoll loslassen.
- Wenn Angst wirklich reduziert (oder ertragen) wird, folgt daraus eine Verminderung von destruktiven Gedanken und Gewalt.
- Wenn Gewalt, in welcher Form auch immer, vermindert wird, können wir begründete Hoffnung haben.

Dieser Prozeß der Bewußtseinsbildung kann sich nun allerdings gerade nicht im gewohnten Paradigma des technologisch Machbaren (schnell, sofort, «Instant-Erleuchtung») vollziehen, sondern, traditionell gesprochen, nur durch das geduldige Annehmen von Sterben und Wiedergeburt, d. h. von kreativem Neuwerden, und zwar auf allen Ebenen menschlicher Beziehungen: zu sich selbst, im engeren zwischenmenschlichen Bereich, gesellschaftlich und global. Die Schönheit des Neuwerdens zu genießen bedeutet, verfestigte Seh- und Lebensgewohnheiten loszulassen. Die Gewißheit liegt im Geschenk des sich bewegenden Lebens selbst, nicht in der Sicherheit, die wir vergeblich durch Anklammern an Gewohntes suchen.

54 Dieses Jetzt hat eine Ausdehnung, die von der Wahrnehmungsgeschwindigkeit des Bewußtseins abhängt. Dazu: Eva Ruhnau, Zeit als Maß von Gegenwart, in: K. Weis (Hg.), Was ist Zeit? Teil Zwei, München: Akad. Verlag 1996 (Faktum Bd. 12), 63 ff. Danach dauert die Verarbeitung und Koordinierung von Eindrücken, die als gleichzeitig empfunden werden, ca. 3 Sekunden. Dieses Zeitfenster der Gegenwart ist das, was man als Jetzt erlebt.

Ebene engerer Gemeinschaft – Gruppen vernetzter Kreativität. Hier geht es vor allem um eine projektionsfreie oder zumindest projektions-reduzierte Wahrnehmung des anderen Menschen. Beziehungen scheitern nicht nur wegen der menschlichen Reizoffenheit und Unbeständigkeit der Gefühle, sondern auch wegen innerer Trägheit. Das Festhalten an alten Sehgewohnheiten und die unkontrollierte Übertragung der Wahrnehmungsmuster von einer Situation bzw. einer Person auf die andere führen dazu, daß wir unser Geschick nach jeweils alten und in anderen Kontexten bewährten Schablonen gestalten, auch wenn sich die Situationen und Menschen ändern, d. h., wir sind im Netz unserer Projektionen gefangen. Die *Wahrnehmungsschulung*, von der schon die Rede war, besteht im wesentlichen auch darin, diese Projektionen zu durchschauen und loszulassen. Das ist schwer, weil die Suche nach Sicherheit dazu führt, daß Menschen an Gewohntem anhaften. Das Bewährte begründet zwar einerseits Orientierung und die erwünschte Stabilität des Handelns, andererseits aber werden notwendige Anpassungsleistungen verhindert und Kreativität abgeschnitten. Ein wünschbares Maß wäre das optimale Gleichgewicht zwischen der Tendenz zum Beharren und der Motivation zu kreativem Aufbruch. Nicht nur das Denken muß neugierig immer neue Wege und Möglichkeiten erproben, sondern auch die Wahrnehmung, die Gefühle und das Handeln. Neuaufbruch bedeutet, den *Mut* zum Neu-Sehen des Anderen, den Mut zum ersten Schritt, auch den Mut zur Einmischung in unerträgliche Zustände zu entwickeln, was gemeinhin unter dem Stichwort «Zivilcourage» angesprochen wird. Ein einfaches Beispiel soll das verdeutlichen: Wenn ritualisierte Kontexte dies nicht ausdrücklich zulassen oder gebieten (wie im Klassenzimmer), schweigen wir in alltäglichen Situationen, wo Einmischung angebracht wäre, weil uns der Mut zum Gewohnheitsbruch, zu einem kreativen Lächeln oder zur Solidarisierung mit dem anderen Menschen, zumal dem Schwächeren, fehlt – im Zugabteil, im Restaurant, auf der Straße: Da schilt eine Mutter ihr Kind, das Verbote übertritt, und sagt ihm wiederholt: «Du bist böse.» Kaum jemand aber bringt den Mut zu einer freundlichen Ansprache auf, um über den Unterschied von Verbotsübertretung und Bosheit aufzuklären, was nicht nur rhetorisch, sondern pädagogisch von größtem Nutzen wäre. Wahrscheinlich würden dabei beide Seiten lernen: über die psychische Entwicklung des Kindes ebenso wie über die Möglichkeit zu fruchtbarer kreativer Kommunikation zwischen Menschen, die einander zunächst fremd waren. Das wäre ein, wenn auch bescheidener, Aufbruch, ein Durchbrechen alter pädagogischer Muster, die seit Generationen und über Jahrhunderte hinweg Unheil anrichten.[55] Wie schon gesagt: Wir gestalten uns und produzieren unsere eigene Gestaltung – individuell, gemeinschaftlich, über Generationen hinweg verbunden. Welche Chance, aber auch welche Gefahr!

Auf der Ebene engerer zwischenmenschlicher Beziehungen kommt es vor allem darauf an, eine ausgewogene Balance von offenem Dialog mit Fähigkeit zum Kompromiß und Hingabe an den anderen Menschen, der anders ist und bleiben wird, anzustreben und dabei unermüdlich – mit Humor sich selbst gegenüber – neu anfangen zu können. Denn Humor ist Voraussetzung zur Selbstdistanzierung und damit einer der wichtigsten Schlüssel zur inneren Freiheit! Das Humorvolle, das Komische handelt von der Diskrepanz zwischen dem Menschen und dem Universum, d. h., beide, Humor und Religion, sind Hinweise auf die Transzendenz. Im Witz macht der Mensch eine «Gnaden»-Erfahrung, denn im Witz zeigt sich, daß alles, jeder Atemzug und jede Idee, jedes Geschick und Mißgeschick letztlich unverfügbar ist. Der Witz ist bekanntlich eine geistige Waffe gegen totalitäre Tendenzen jeder Art, gegen die Allmachtsanmaßung des Staates und religiöser Insti-

55 Ich erspare mir Zitate aus der «schwarzen Pädagogik», in der im «Vernichtungskrieg gegen das eigene Selbst» der Wille und die Kreativität des Menschen systematisch um der Anpassung an gesellschaftliche Normen willen radikal gebrochen wurden, was zu einer Normopathie geführt hat, die in unseren gegenwärtigen politischen und wirtschaftlichen Strukturen und «Sachzwängen» durchaus real ist. Vgl. A. Miller, Am Anfang war Erziehung, Frankfurt a. M.: Suhrkamp 1983.

tutionen ebenso wie auch gegen den eigenen Überheblichkeitswahn, der sich in einer gnadenlosen Du-sollst-Mentalität äußern kann. Deshalb können der Fanatiker und der totalitäre Mensch nicht lachen – es fehlt ihnen die Freiheit zur Selbsttranszendierung, sie bedürfen der Gewißheiten, an denen sie anhaften können, weil sie keinen echten, d. h. im Transzendenten verankerten Glauben haben. Daher sind Tragödie und Komödie, beide, Kommentare zur Endlichkeit des Menschen. Die unvermeidliche Erfahrung des Scheiterns und des täglichen Neuanfangs sind gerade kein Grund zur Resignation, denn «jedem Anfang wohnt ein Zauber inne» (Hermann Hesse). Diese veränderte Wahrnehmung ist selbst schon die Heilung, und sie hängt daran, wie wir uns selbst sehen *wollen*. Das Wollen freilich ist Resultat des Könnens, das durch Übung im oben genannten Sinne möglich wird – kein Zwang zum Wollen, sondern ein gelöstes Sich-Lassen und Einlassen.

Gerade im engeren personalen Bereich ist die Erkenntnis nützlich, daß Einheit in Verschiedenheit gelebt werden kann, ohne daß die unterschiedlichen Individualitäten der beteiligten Partner verschwinden müßten. Philosophisch gesehen ist das die Struktur der Nicht-Dualität. Und Nicht-Dualität bedeutet Liebe: Einheit in Verschiedenheit und Verschiedenheit in Einheit, sich-einende Bewußtheit.

Praktisch ergeben sich daraus Möglichkeiten für vielfache Arten von Gemeinschaftsbildung. Wir können dazu frei werden, Kreativität in bezug auf die Lebensformen zu entwickeln, in denen wir leben wollen. Familien, Großfamilien, Freundschaften, spirituelle Lebensgemeinschaften und Konvente – auch hier ist ein Festhalten an Bildern starrer Institutionalisierungen und Identitäten eher hinderlich. Es geht um bewußt gestaltete Gemeinschaft mit der Balance aus Bindung, Verbindlichkeit und Freiheit – Einheit in Verschiedenheit. Angesichts der Pluralität unserer Lebensmuster ist allerdings eine Tugend unerläßlich, die wiederum mit genauer Wahrnehmungsfähigkeit zusammenhängt: der *Mut zu Ehrlichkeit und Wahrhaftigkeit.*

In Sinne dieser Wahrhaftigkeit ist es hilfreich, der «untadeligen Rede», auf die im Buddhismus[56] so viel Wert gelegt wird, größere Aufmerksamkeit zu schenken. Mir jedenfalls scheint, daß gerade in diesem Punkt Übungsbedarf besteht, nämlich der Korrumpiertheit der Sprache gewahr zu werden und ihr Einhalt zu gebieten (man denke an die nur selten gut ausgebildete Sprachkultur von Parlamentsdebatten). Dies bedeutet, daß keine ich-bezogenen Werturteile auf die anderen Menschen projiziert und weder falsche Verherrlichung noch Verleumdung zugelassen werden, sondern daß Menschen und Dingen möglichst vorurteilsfrei und gleich-gültig sprachliche Aufmerksamkeit zuteil wird. Sich achtlosen Geschwätzes bewußt zu werden und es, wenn möglich, zu überwinden ist selbstreinigend und ein wesentlicher Beitrag zur Beendigung der Vergiftung menschlicher Beziehungen.

Nachbarschaftshilfen zu ermöglichen sowie Mut zur Praxis der Achtsamkeit in Beziehungen zu entwickeln wären weitere praktische Konsequenzen, wobei das Tun hier nicht auf das Individuum und seinen Handlungsspielraum begrenzt bleiben kann. Vielmehr wäre ein gezieltes Bürger-Engagement zu fördern und juristisch wie finanziell, vor allem aber als gesellschaftlicher Wert, anzuerkennen, was den Staat von seiner bürokratischen Starre (und damit seinem Legitimitätsproblem) befreien könnte. Durch moderne Kommunikationstechnologien werden Vernetzungen von Basisgruppen möglich und gesellschaftlicher Austausch effektiv. Dies zu fördern und durch Lernprogramme in den Schulen, Volkshochschulen und anderen gesellschaftlichen Interessenträgern zu verbreiten wäre eine lohnende politische Aufgabe. Das Internet würde dann nicht nur dem Kommerz, der Verbreitung von Belanglosigkeiten oder gar dem Austausch von Schwachsinn dienen. Damit haben wir aber bereits die nächste Ebene angesprochen.

56 *Samyak-vac*, die untadelige Rede, ist ein Glied des Edlen Achtfachen Pfades (*Aryastangikamarga*) im Buddhismus.

Ebene der Gesellschaft und Politik: Das Problem von Standardisierung und Kommerzialisierung. In modernen Gesellschaften droht alles zum Produkt zu werden, Produkte aber werden in Quantitäten gemessen. Davon sind auch die Kultur, die Wissenschaften und die menschlichen Beziehungen überhaupt betroffen. Wo alles zum Markt wird, ist der Mensch auf meßbare Funktionen reduziert, besonders auf seine Rolle als Verbraucher. Daraus folgt eine Versachlichung oder Verdinglichung des Menschen und aller menschlicher Beziehungen. Wenn alles Material wird, wird auch der Mensch Material – «Menschenmaterial» ist zum Unwort des 20. Jahrhunderts gekürt worden. Der Mensch als Material ist nicht erst eine zynische Begriffsbildung im tatsächlichen Krieg, sondern in unserer ganzen Wirtschafts- und Wertestruktur! Beziehungen und Handel werden zu Materialschlachten und Absatzkämpfen, der Markt ist das Schlachtfeld des Wirtschaftskrieges. In der Tat, die Sprachbilder, die nicht nur in den Medien aufgegriffen, sondern für Schulungsmaterialien der Planungs*stäbe* aus Wirtschafts-*Kapitänen* und Werbe*strategen* für *feindliche* Übernahme*schlachten* entworfen werden, sprechen eine deutliche Sprache.

Was können oder sollen wir tun? Das Problem stellt sich nicht von außen, sondern von innen, denn jeder einzelne hat Anteil an dem großen System der Massenproduktion und -konsumption, auch wenn er in alternativen Läden kauft und sein Geld in Öko-Banken anlegt. Und doch sollte es möglich sein, die Vielfalt und damit Alternativen im lokalen und regionalen Maßstab zu stärken.

Selbstorganisation von kulturellen Subsystemen auf Nicht-Profit-Basis könnte sich als durchaus sinnvoll erweisen, insofern dadurch das demokratische Kräftespiel unterstützt würde, das durch Machtkonzentration und Zentralisierung von Kapital und Medien zur Farce zu werden droht. Doch Aufgabe des Staates ist und bleibt es, die rechtlichen Rahmenbedingungen zu schaffen, kleinere wirtschaftliche und kulturelle Systeme (Medien, Verlage, mittelständische regionale Unternehmen, Verbraucherzentralen usw.) zu unterstützen und im Interessenkonflikt zu vermitteln. Politische Entscheidungsträger schauen auf Wählerumfragen, und so können sie zum Handeln gezwungen werden durch öffentliche Meinung, d. h. durch aktive Bewußtseinsveränderung im Individuellen wie im Kollektiven. Der Staat könnte durch engagierte Zivilcourage, durch Bürgerengagement und Einmischung – nicht nur, aber auch im Wahlkampf – motiviert werden, diese Aufgaben wahrzunehmen. Die Erfindung und Ausübung kreativer Möglichkeiten für solches Bürgerengagement gehören in die Lehrpläne der Schulen! Selbsthilfegruppen in der Zivilgesellschaft sollten unterstützt, zur Nachahmung empfohlen und weiterentwickelt werden. Für diese Entwicklung zu sorgen ist eine zentrale Aufgabe des Staates, vor allem seiner Bildungsinstitutionen. Inhalt der notwendigen Weiterentwicklung wäre einerseits die Optimierung der sozialen Wirkung, andererseits die Qualität des Umgangs miteinander und die genaue Prüfung der Ziele im Sinne nachhaltigen Lebens und Wirtschaftens, und diese Orientierung auf die Qualität knüpft an das an, was oben zur Übung der Wahrnehmung und der Entwicklung von Achtsamkeit gesagt wurde.

Nur ein ermutigendes Beispiel sei hier genannt, nämlich die Nicht-Regierungsorganisationen (Non-Governmental Organizations, NGO), obwohl auch sie nicht vor Korruption und Machtstreben gefeit sind, da die Wahrnehmung öffentlicher Aufgaben unweigerlich mit Machtausübung verbunden ist. Was aber derartige Organisationen und Bürgergruppen leisten können, ist, daß sie die Kommunikations- und Handlungsprozesse pluralisieren, sie verhindern zu starke Konzentration sowie unkontrollierte Ausübung von Macht und leben davon, Alternativen aufzuzeigen und neue Handlungsmuster zu erproben. Die NGOs sind deshalb wichtig, weil durch sie Mut zum Engagement in konkreten Projekten wächst und weil sie weltweite Vernetzung ermöglichen, was z. B. durch Internet-Technologie einfach geworden ist, wie die Proteste und der öffentliche Druck auf die Welthandels-Organisation (WTO) in Seattle im Dezember 1999 gezeigt haben. Ermutigend ist das Ergebnis einer neueren Studie zu diesem Thema: Non-Profit-

Organizations, die von Bürgern gesteuert werden, haben bisher allein in den 22 untersuchten Ländern 1,1 Trillionen Dollar umgesetzt und beschäftigen 19 Millionen Menschen[57]. Wenngleich dies wieder nur quantitative Parameter sind, der Erfolg also in Dollar gemessen wird, zeigt sich die gewachsene Wertschätzung und Bedeutung dieser Gruppen auch darin, daß Greenpeace im Januar 2000 beim Weltwirtschaftsgipfel in Davos mit am Tisch saß.

Damit kommen wir zu der Frage, wie Wirtschaft und Politik unsere Wahrnehmung von Wirklichkeit standardisieren und globale Muster propagieren oder tatsächlich entstehen lassen.

Ebene der Globalität: Ökonomisch/Ökologisch – Politisch. Wirtschaft, Politik und Werte befinden sich zweifellos in weltweiter Auseinandersetzung innerhalb der Kulturen wie zwischen den Kulturen. Wirtschaft und Politik sind nicht Selbstzweck, sondern Kulturleistungen des Menschen. Sie dienen

- dem *Überleben* einzelner Gesellschaften bzw. der Menschheit und sind
- Ausdruck der *Selbstvergewisserung* oder Kreativität des Menschen, der durch Umgestaltung dessen, was er vorfindet, sich selbst findet.

Menschen treten nicht nur zahlenmäßig im Plural auf. Soweit die dokumentierte Geschichte zurückreicht, war diese schon immer von der Pluralität der Kulturen gekennzeichnet, durch eine Vielfalt an Sprachen, Kulturen, Religionen und Wirtschaftsformen. In der Vergangenheit waren diese kulturellen Einheiten meist territorial voneinander abgegrenzt und wirtschaftlich autark, allerdings mit Überlagerungen, Konflikten und imperialen Bestrebungen in territorial *begrenzten* Regionen, die einzelne Völker und Kulturen zu größeren Schicksalsgemeinschaften verschmolzen, wie z. B. im Römischen Reich, bei der Expansion der Han-Chinesen usw. Globale Auswirkungen von *einzelnen* politischen und wirtschaftlichen Pro-

57 UNDP Human Development Report, 1999, 36, zit. in: Y. Kim, A Common Framework, UNESCO, aaO, 18

zessen in einer Region gab es auch früher. So führte im Siebenjährigen Krieg die Gegnerschaft Englands auf der Seite Preußens gegen Frankreich zu einer Verschärfung der Feindseligkeiten in Indien, wodurch letztlich die Entwicklung zum British Empire begünstigt wurde. Der Sezessionskrieg in Amerika führte zu globalen wirtschaftlichen Reaktionen: Als die Südstaaten ab 1862 nicht mehr genügend Baumwolle liefern konnten, verteuerte sich dieses Produkt um das 20fache. Dadurch wurde die Produktion in Indien rentabel, und die Bombay-Mills konnten als wirtschaftliches Rückgrat des aufstrebenden Indien den Subkontinent in die Weltpolitik und Weltwirtschaft befördern, mit Folgen, deren Wirkungen bis in die Gegenwart anhalten.[58] Heute nun ist die *Globalität* der sprachlichen, kulturellen, wirtschaftlichen, politischen und religiösen Durchdringung *aller Bereiche des Lebens* der wirklich neue Faktor. Wir haben es nicht mehr mit regionalen oder teilweise überregionalen Ereignissen, sondern mit globalen Verschmelzungs- und Abgrenzungs-Prozessen zu tun, denen sich *kein* Land oder Kontinent entziehen *kann.* Allerdings sind die verschiedenen gesellschaftlichen Bereiche in unterschiedlichem Ausmaß von den Globalisierungsprozessen betroffen, und man sollte aus diesem Grund eher von partieller Globalisierung sprechen. Wissenschaft, Technologietransfer, mediale Kommunikationsnetze, Finanzströme und Wirtschaftsprozesse zur Gewinnmaximierung (nicht zur Nachhaltigkeit), aber auch die organisierte Korruption und Kriminalität sind besonders stark global organisiert. Weniger offenkundig ist dies im kulturellen, sprachlichen und religiösen Bereich. Hier scheinen sich die Gegentendenzen und regionalen Identitätssuchen eher Ventile zur Kompensation des Verlustes von Identität durch Globalisierung zu schaffen. Bei genauerer Betrachtung können sich aber auch diese Bereiche, wenngleich oft indirekt, nicht von globalen Entwicklungen (in der Fragestellung wie Beantwortung von Problemen) entziehen. Die normierende Macht des amerikanischen Englisch im Wirtschafts-

58 Den Hinweis verdanke ich Herbert F. Kroll, Bangalore und München.

leben, in der Wissenschaft und in der Popkultur ist nur ein Beispiel. Diese Entwicklung bedeutet die markante Verschärfung von Widersprüchen im ökonomisch/ökologischen wie im politischen Bereich.

– *Ökonomisch/ökologisch.* Wir verbrauchen mit unendlicher Gier und in immer größerer Geschwindigkeit die endlichen Ressourcen der Erde. Abgesehen davon, daß nur einige wenige den größten Teil dieser Ressourcen für sich in Anspruch nehmen, dieses Monopol gewaltsam verteidigen und damit die Ungerechtigkeit bei der Verteilung weltweit dramatisch zunimmt, kann dieser Prozeß im endlichen System Erde nicht unendlich lange andauern. *Der Maßlosigkeit kann Einhalt geboten werden.* Die Möglichkeit zur Lösung des Widerspruchs sehe ich in der Eindämmung der Gier und in einem intelligenteren Wirtschaften, das systemisch arbeitet und eine weitgehend geschlossene Recycling-Wirtschaft etabliert. Letzteres ist durchaus möglich, wenn es nur politisch gewollt wird, ersteres ist erreichbar durch die Bewußtseins-Schulung, wie wir sie oben angesprochen haben. Denn Gier ist die Folge der Angst und Unsicherheit des Menschen in bezug auf sich selbst, sie ist die Kompensation für mangelndes Leben im Jetzt. Haß ist die Reaktion darauf, daß man Personen oder Dinge, die man begehrt, nicht haben kann, zumal sie selbst im Kreislauf der Begierden aktiv sich zu behaupten trachten. Gier und Haß sind die Folgen der Unwissenheit des Menschen über sich selbst, d. h., der Mensch, der nicht erkennt, daß er in Gemeinschaft mit allem anderen Leben lebt, muß sich entweder durch Einverleibung des Anderen oder durch Abgrenzung von ihm stabilisieren. Das ist der Motor des unheilvollen Kreislaufs von Egozentrik und Gier. Allerdings hat der moderne Mensch auch in dieser Hinsicht ein Wahrnehmungsproblem. Die Entwicklung (der Finanzströme, des quantitativen ökonomischen Wachstums, der Bevölkerungszahlen usw.) vollzieht sich im Zeitraffer, und die Fülle von Daten ist kaum noch wahrnehmbar, geschweige denn rational zu verarbeiten. Eine Schulung zum *Innehalten* des Bewußtseins ist unabdingbar, wenn wir überhaupt noch registrieren wollen, was ist.

Daß die Situation alarmierend ist, ist bekannt. Aber sie ist nicht aussichtslos. Noch läßt sich, so meine ich, eine Umorientierung der Lebensmuster weitgehend ohne Zwang und vor allem durch Einsicht und Erfahrung erreichen.[59] Bisher geschieht einiges, aber zuwenig, weil meist nur an den Symptomen kuriert wird. Eine Meldung des Worldwatch-Instituts aus dem Jahre 2000 lautet: «Der Erde geht es zu Beginn des neuen Jahrtausends so schlecht wie noch nie.» Damit sind vor allem die steigenden Temperaturen, d.h. die vom Menschen verursachte Klimaveränderung, und der dramatische Anstieg der Bevölkerung gemeint. Was im Prinzip zu tun ist, wissen wir: Energie sparen, erneuerbare Energien fördern, Aufklärung, Bildung und gerechtere wirtschaftliche Verhältnisse in den bevölkerungsreichsten Ländern herstellen. Aber wie kommen wir zu einem Bewußtsein, das die Imperative wirklich umsetzen kann, zumal wir wissen, daß *alle* Menschen betroffen sind? Denn auch die Menschen in wirtschaftlichen Führungspositionen gewinnen aus der Reduktion ihrer Handlungsstrategien auf bloße wirtschaftliche Interessen nur wenig. Auch sie sägen an dem Ast, auf dem sie sitzen. So kritisieren viele Manager selbst das System, von dem sie zwar finanziell (noch) profitieren, unter dessen Druck sie aber leiden: «... Freiheit ist redu-

59 Die Alternative wäre eine Öko-Diktatur, wie sie Rudolf Bahro (Logik der Rettung, Stuttgart/Wien: Weitbrecht 1987) vorzuschweben scheint. Daß diese weder die Probleme lösen würde (vor allem wegen der Korrumpierbarkeit der Macht) noch politisch wünschbar wäre, liegt auf der Hand. Bahro hält das System der kapitalgesteuerten Marktwirtschaft prinzipiell für unfähig, die ökologischen Probleme zu lösen, ohne daß er diese These im Detail begründen würde. Mir scheint hingegen, daß der Übergang von vorwiegend extensivem zu vorwiegend intensivem Wirtschaften und damit zu ökologisch sinnvollen Wirtschaftskreisläufen durchaus möglich ist. Und zwar vor allem durch eine Wende in der Energiewirtschaft und eine vernünftige Steuerung der Kapitalströme, die die notwendigen Veränderungen zu nachhaltigem Wirtschaften einleiten könnten, ohne das System grundsätzlich zu sprengen. Erstere ist technisch möglich und bei entsprechender Nachfrage wirtschaftlich rentabel, wobei Nachfrage von Bewußtseinsveränderungen gesteuert wird. Bei Abnahme der fossilen Brennstoffe ist dies ohnehin das Projekt der Zukunft. Letztere ist möglich, wenn der politische Wille vorhanden ist, was wiederum von dem Konsens der öffentlichen Meinung abhängt.

ziert auf die Suche nach einem geeigneten Platz in der Wirtschaft – nicht in der Gesellschaft. Sie unterscheidet sich in keiner Weise von der Zivilisation der Höhlenbewohner: Der mit der größten Keule regiert.»[60] Außerdem wächst die Ungerechtigkeit durch wirtschaftliches Wachstum weltweit ins Unerträgliche. Immer weniger Menschen besitzen immer mehr. Dies unterhöhlt jeden Versuch von Demokratie in weniger entwickelten Ländern und macht Gewalt unausweichlich, die letztlich auch die Habenden vernichten wird. Laut einem UNO-Bericht besitzen die 225 reichsten Personen der Welt soviel wie 47 % der Menschheit.[61] Das Nettovermögen in den USA hat sich in den letzten 10 Jahren mehr als verdoppelt, doch reicher wurde nur das oberste Fünftel der US-Amerikaner, besonders die reichsten 2,7 Millionen US-Bürger (1 % der Bevölkerung): Sie besitzen ebensoviel Vermögen wie die 100 Millionen Bürger in der unteren Hälfte der Bevölkerung, und vor 20 Jahren war das Verhältnis noch 1 zu 50 Millionen.[62] Und diese Maßlosigkeit nimmt weiterhin zu.

Was also sollen wir tun? Die Balance herstellen und einen mittleren Weg finden, weder die Wirtschaft verteufeln noch den Markt anbeten, sondern vernünftige Entscheidungen treffen, die Selbstbeschränkung einschließen. Qualität, nicht Quantität der Produkte soll zählen, und Qualität mißt sich ganz wesentlich am schonenden Verbrauch von Ressourcen. Innovativ und kreativ zu sein verdient Nobel- und andere Preise, nicht nur im wissenschaftlichen, technischen und literarischen Bereich, sondern auch auf sozialem und ökologischem Gebiet. Vor allem bedarf es des Mutes, die *eigene* Freiheit zu leben und Fremdbestimmungen sogenannter Sachzwänge zu durchschauen. Das setzt voraus, daß wir wissen, was wir wirklich wollen. Gewiß mehr, als bloß den unmittelbaren Begier-

60 Unternehmensberater Tom Voltz, Moderne Sklavenhaltung, in: Die Zeit, Nr. 01, 29. 12. 1999, Wirtschaft, 25

61 Wolfgang Kessler, Die Reichsten – so reich wie die halbe Menschheit, in: Publik Forum 1/2000, 14. 1. 2000, Werkstatt Zukunft X

62 Ch. Tenbrock, Party für die oberen 10000, in: Die Zeit, Nr. 50, 9. 12. 1999, Wirtschaft, 33

den nachzugehen, Haß, Neid und Geiz in uns Raum zu geben sowie die Reichen und die Klischees der Werbung nachzuahmen. Denn dann unterwerfen wir uns gedankenlos dem Diktat namenloser Autoritäten, bedienen uns nicht des eigenen Verstandes und folgen nicht den eigenen Gefühlen, sondern Vorbildern, die nicht selten durch mafiose Korruption und am Rande der Legalität ihr Vermögen zusammenraffen, zumindest aber kaum menschliche Größe repräsentieren. Eine solche Nachahmung beinhaltet weder Werte noch Ziele, sondern erschöpft sich im geistlosen Konsumieren. Nicht Sozialneid oder Imitation des Lebens von Abziehbild-Models, sondern die Würde der freien, eigenen Lebensgestaltung nach Leitbildern, die nicht von der trickreichen Werbung aufgepreßt werden, verhilft zu dieser Freiheit. Es geht auch um die Würde, anders zu sein.

– *Politisch.* Wie wir schon festgestellt haben, befinden sich durch die Globalisierung traditionelle politische Identitäten wie Kultur, Sprache, der Nationalstaat und Religionen im Umbruch. Auch demokratisch legitimierte Entscheidungsträger wie staatliche Parlamente und gewählte Funktionsträger, der Staat überhaupt, werden zum Spielball anonymer Mechanismen, durch die die Finanzströme gelenkt werden. Weil Identitätsfindung auch auf Abgrenzung beruht und Abgrenzung heute wegen der Globalisierung der Finanz-, Wirtschafts- und Verkehrsströme komplexer geworden ist, entsteht aus kulturellen Identitätskrisen Gewalt, nämlich der mögliche Krieg aller gegen alle (individuell) wie der Krieg der Unterprivilegierten gegen diejenigen, die über die Macht der Finanzen, der Wirtschaft und der Medien verfügen, der als «Krieg der Kulturen» (kollektiv) ausgegeben wird.

In den weltweiten politischen Prozessen spielen sich zwei entgegenstrebende Tendenzen ab, die systemische und hierarchische Strukturen widerspiegeln: *Dezentralisierung und Zentralisierung.* Auch im wirtschaftlichen und kulturellen Bereich werden diese Kräfte spürbar. *Zentralisierung* bewirkt Standardisierung und Vereinheitlichung, *Dezentralisierung* bewirkt Pluralisierung. *Zentralisierung* bedeutet Konzentration von

Macht, Kontrolle, Vereinfachung komplexer Zusammenhänge und Scheinlösung von Problemen. (Die Fusionen von Großunternehmen stellen oft kurzfristig profitable, langfristig aber ineffiziente Scheinlösungen dar.) *Dezentralisierung* und *Pluralisierung* bezeichnen das Zusammenwirken unterschiedlicher Faktoren, gegenseitige Abhängigkeit, Komplexität und das Auseinanderstreben in immer kleinere Identitäten und Geltungsansprüche. (Verlagerung von Aufgaben in kleinere Einheiten zur Entzerrung von Verwaltungsabläufen ist technisch möglich durch Vernetzung elektronisch gespeicherter und weitergegebener Information, führt aber auch zur Unübersichtlichkeit.)

Beide Kräfte müssen ausgeglichen sein, wenn soziale Systeme *stabil* bleiben sollen. Zentralisierung ergibt sich von selbst aus der Steuerung komplexer Prozesse. Sie hat überhandgenommen und ein Eigengewicht bekommen durch komplexe Organisationsabläufe, Standardisierung der Normen und Vorbilder, durch die Macht der Massenmedien. Deshalb sind *Pluralisierung und Dezentralisierung notwendige Prozesse, die durch weltweit gültige Regeln* überschaubare Vielfalt erzeugen können. Pluralisierung ist notwendig für optimale Konfliktlösung in allen Bereichen, damit die Folgen von Fehlern im wirtschaftlichen und politischen System minimiert werden, bevor sie angewachsen sind. Man hat die anzustrebende Balance unter den Begriff des *Subsidiaritätsprinzips* gestellt. Es besagt, daß Entscheidungskompetenz und Problemlösung auf der Ebene angesiedelt sein sollen, auf der die Widersprüche auftreten. Erst wenn Lösungen unmöglich erscheinen, soll die nächsthöhere Systemebene einbezogen werden. Dies gilt für mentale Begriffsmodelle ebenso wie für familiäre Kleingruppen, für Arbeitsorganisation und politische Entscheidungsebenen (Kommune, Land, Nationalstaat, übernationale Zusammenschlüsse). Das Prinzip setzt die Erkenntnis voraus, daß Systeme nicht ungeordnet vernetzt sind, sondern Hierarchieebenen bilden, denen eine je eigene eingeschränkte Gesetzlichkeit zukommt. Trotz aller Analogien (z. B. von Bewußtseinsüberflutung durch zu viele Bilder, dem chaotischen Wuchern von Krebszellen, dem ungebremsten ökonomischen Wachstum sowie den Bevölkerungskonglomeraten in den Megastädten) sind die Differenzen von Hierarchieebenen wichtig (z. B. können Gedanken anders verknüpft werden als Menschen). Die Subsidiarität funktioniert, wenn im Prinzip überschaubare Strukturen und Entscheidungsabläufe entstehen. Sonst ist weder Verantwortung möglich noch kann rational entschieden werden. Funktioniert die Subsidiarität nicht, ist ein der Sache nicht entsprechender Machtgebrauch unausweichlich und institutionell nicht mehr kontrollierbar.

Der Pluralisierung und Dezentralisierung steht entgegen das *Streben nach Macht. Es kann nur durch institutionelle Kontrollen sowie durch ein allgemeines Bewußtsein des Wertes der Pluralität gebremst werden.* In der Politik ist die Demokratie die institutionelle Form, die wir heute dafür haben. In der Wirtschaft, dem Finanzwesen, den Medien, den Religionen müssen neue dezentrale Netzwerk-Institutionen solcher Art geschaffen werden, die allgemein akzeptierte Regeln auch durchsetzen können. Dabei ist es wichtig, *Stufen von Identitäten* und Lösungsebenen der Konflikte zu unterscheiden, die in der Politik als das schon genannte *Subsidiaritätsprinzip* bekannt sind: Wo dies möglich ist, sollten lokale Identifikationen und Lösungen gefunden werden, dann regionale, später nationale, europäische und schließlich weltweite. Das heißt, daß die einander ergänzenden Identitäten, die wir oben beschrieben haben, als Prozeß und als Stufen begriffen werden, die in der Vermittlung von Konflikten nützlich sind, denn nur so können gefährliche Ausschließlichkeitsansprüche von Kontrollinstanzen und realitätsblinde Reduktion von Komplexität vermieden werden. Machtmißbrauch wird es wohl immer geben, aber durch ein hierarchisches Netzwerk von Kontrollmechanismen, die jeweils aneinander rückgekoppelt sind (wie z. B. die Instanzen in unserem Rechtssystem), läßt sich das Problem entschärfen, insofern Mißbrauch möglichst schnell aufgedeckt und geahndet wird.

Im Prinzip ist dies alles bekannt, und wir wissen, daß in vielen Bereichen unserer Erfahrung nicht hierarchische Modelle, sondern *pluralistische systemische Vernetzungsstrukturen* die höhere Plausibilität genießen, so z. B.

- in den Naturwissenschaften die Chaostheorie und die Relationalität aller Ereignisse,
- in den Sozialwissenschaften das Studium der Interaktion komplexer Systeme,
- in den Religionen die *karman*-Theorie, die Wechselwirkung von Ursache und Wirkung (reziproke Kausalitäten) sowie die Verknüpfung aller Ereignisse durch *Beziehungen*.

Dennoch verhindern der Egozentrismus und das Streben nach Macht, daß diese Einsichten in politisch praktikables Handeln umgesetzt werden. Voraussetzung für diesen Schritt wäre die Wahrnehmungsschulung, wie wir sie oben angesprochen haben.

Wir können nur gemeinsam leben unter der Akzeptanz *allgemein verbindlicher Regeln*. Da die Welt vernetzt und damit globalisiert *ist*, muß es *globale Regeln* geben, die allgemein akzeptiert sind und deren Einhaltung *zentral* überwacht wird. Dies wäre aber nur möglich, wenn wir *globale Werte* hätten, denn nur auf deren Grundlage ließe sich Konsens erzielen und ein gewaltfreies Zusammenspiel des Ausgleichs unterschiedlicher Interessen aufbauen. Die Demokratie beruht nicht auf Zwang, sondern auf dem *Konsens* bezüglich der Regeln für Konfliktlösung und Interessenausgleich, die zu konkreten *Kompromissen* führen. Wer diesen Regelkonsens verletzt, zerbricht das System. Die heutige *Individualisierung der Werte* birgt die Gefahr der Selbstzerstörung der Demokratien.

Wie könnten wir also zu einem weltweiten Konsens über allgemein akzeptierbare Regeln gelangen? Durch den Diskurs über vernünftig entscheidbare Alternativen, bei dem die Partner gleichberechtigt auftreten. Der Diskurs allein verändert aber noch nicht die Zustände. Es muß zu einem politischen Druck der öffentlich gemachten Vernunft kommen, die im Kampf der Argumente entsteht. Die Vernunft muß dabei möglichst projektionsfrei sein (siehe oben), und das heißt im politischen Bereich vor allem, daß verdeckte Machtinteressen aufgedeckt und ausgeglichen werden. Hier wiederum ist das

Prinzip der Subsidiarität geeignet, Transparenz zu fördern, denn wenn Lösungen von Konflikten auf der Ebene gesucht werden, wo die Probleme auftreten, haben die beteiligten Parteien eher die Kompetenz, Zusammenhänge zu durchschauen, als in anonymen, entpersonalisierten und bürokratisch zentralisierten Entscheidungsprozessen.

Der Diskurs über die Regeln einer weltweiten dialogischen Kommunikationsstruktur sollte von drei Voraussetzungen ausgehen:

1. *Pluralismus und Dialog können gelernt werden*

Daraus ergibt sich ein neuer Wertekatalog für die Bildung. Aus der Erfahrung wissen wir, daß die Suche nach Identität ebenso wie die Suche nach Lösungen von Problemen Prozesse sind, die nie zum Stillstand kommen, d. h., es gibt nicht *das* optimale Konzept oder System oder die *einzig* wahre Lösung, sondern Annäherungen, die ausprobiert und stets neu überprüft werden können. Wir finden in der Wahrnehmung der Andersheit des Anderen und damit in der Bewußtwerdung der eigenen Lebensform Identität. Identitätsfindung geschieht also in Kommunikation, und dies gilt für alle beteiligten Partner und Gruppen. Der unvermeidliche Austausch und Dialog führen zur Überlagerung und Neufindung von Identitäten, ohne daß einer der Partner seine Identität zugunsten des Anderen aufgeben müßte. Alle verändern sich, ohne daß die Unterscheidungen verschwinden würden. Es kommt hinzu, daß, wie wir oben sahen, Identität abhängig ist vom Bezugssystem und wir gleichzeitig in mehreren Identitäten leben. Identität wird also in Kommunikation und spannungsvoller Gemeinschaft gefunden. Analog zum militärischen Begriff der Sicherheitspartnerschaft habe ich dafür den Begriff der *Identitätspartnerschaft* vorgeschlagen. Auf den verschiedenen Hierarchieebenen wirkt sich dies unterschiedlich aus, aber immer setzt eine «corporate identity» ein «corporate consciousness» voraus, d. h. die Erkenntnis eines jeweils gemeinsamen Interesses und einer systemischen Einheit. Dies kann gelernt, eingeübt und immer neu überprüft werden, und zwar emotional wie kognitiv.

2. *Die Regeln des Diskurses sind angesichts der Interessengegensätze zwischen gesellschaftlichen Gruppen und der kulturell-religiösen Differenzen auf internationaler Ebene allgemein, aber verbindlich zu definieren*

Ich halte den Vorschlag einer planetarischen Makroethik von Karl-Otto Apel[63] für bedenkenswert. Sie beruht auf der Diskursethik von Jürgen Habermas und ist von der UNESCO aufgegriffen worden.[64] Danach ist die planetarische Ethik ein Prozeß des Argumentierens, der nie zum Ende kommt. Er beruht auf vier Voraussetzungen oder Regeln, die interkulturell eingeübt werden müssen und können:

- Klarheit und wechselseitige Verständigung über alle Aspekte der intersubjektiv gültigen Aspekte der *Bedeutungen* von jeweiligen Argumenten;
- Verpflichtung, die so erkannte *Wahrheit* zu sagen;
- *Wahrhaftigkeit* bei der Offenlegung von Intentionen;
- *Aufrichtigkeit* in Rede und Gegenrede.

Dies sind subjektive Werte, die zwar öffentlich allgemein akzeptiert sind, aber nicht rechtlich eingefordert werden können. Doch sie sind methodisch umsetzbar in einer Pädagogik der Streitkultur.

3. *Sprachliche Genauigkeit ist für die Wahrnehmung und das klare Verstehen der sozialen Realität sowie für die öffentliche Debatte unabdingbar*

Moderne Gesellschaften entwickeln Sozialisationsmuster, die von denen der «klassischen» Religionen und kulturellen Überlieferungen verschieden sind. Deshalb greifen häufig traditionelle Begriffe (z. B. für das, was «Religion» ist oder einen Ritus mit sozialer Bindungskraft darstellt) nicht mehr und müssen im partnerschaftlichen Diskurs weiterentwickelt werden. Dazu bedarf es der bewußten Einübung in *eine kultivierte und hochdifferenzierte Streitkultur.* Unter Kultur ist hier neben der Gleichberechtigung der Beteiligten und der Qualität des

63 K.-O. Apel, A Planetary Macroethics for Humankind, in: E. Deutsch (Hrsg.), Culture and Modernity: East-West Philosophical Perspectives, Honolulu: Univ. of Hawaii Press 1991, 261 ff.

64 Y. Kim, A Common Framework, UNESCO, aaO, 28

Argumentierens auch eine Sprachhygiene und Medienhygiene zu verstehen, die der Tatsache eingedenk ist, daß Begriffe und Bilder auf unser Denkvermögen einwirken. Wer von Werbe*schlachten* und Konkurrenz*krieg* spricht, provoziert genau das, was er «nur metaphorisch» so benennt. Er sollte zumindest wissen, was er tut.

Eine grundlegende Maxime, deren Realisierung auf die Tagesordnung der internationalen Verständigung zwischen unterschiedlichen Staaten und Kulturen gehört, ist die Forderung nach dem Primat des Staates vor der Wirtschaft.

Dies besagt: Der Staat soll gestalten und nicht nur verwalten. Er muß moderieren, um Kommunikation zwischen Interessengruppen zu schaffen, nicht nur um Finanzen abzuschöpfen und auszuschütten, d. h., er muß vermittels des öffentlichen Diskurses auch den Rahmen und die Ziele des wirtschaftlichen Handelns setzen. Denn Konsum um des Konsums willen – und das mit der Begründung des notwendigen quantitativen Wachstums – ist unter den Bedingungen des endlichen Systems Erde nicht möglich und daher unvernünftig. Der «Primat der Politik ist eine Überlebensfrage der Demokratie» (Edzard Reuter), denn die Ziele und Grenzen wirtschaftlichen Handelns müssen bestimmt, die Gruppeninteressen müssen ausgeglichen und Langfristigkeit und Nachhaltigkeit müssen politisch gewährleistet werden. Kurz, die Wirtschaft muß gezügelt werden, weil sich der Markt (besonders der Geldmarkt) durch Spekulation regelt, was zur Katastrophe führen muß. Edzard Reuter, ein ehemaliger Top-Manager der deutschen Wirtschaft (Daimler-Benz) gibt dafür ein sprechendes Beispiel:[65]

> Wegen der hohen Gehälter der Manager, die von der Entwicklung der Aktienkurse abhängen, sind die Top-Manager nicht am mittel- oder gar langfristigen Wohl der Unternehmen interessiert, sondern am jetzigen Kurswert, der durch institutionelle Investoren in einem in sich geschlossenen Kreis in die Höhe getrieben wird: Obere US-Manager sammeln in 3–4 Jahren ein Vermögen in dreistelliger Mil-

65 E. Reuter, Ratlose Zauberlehrlinge. Die Politik verliert gegenüber der Wirtschaft an Einfluß. Doch auch die Unternehmer sind Getriebene, in: Die Zeit, Nr. 50, 9. 12. 1999, Politik, 3

lionenhöhe und mehr[66] an, d. h., sie haben ausgesorgt, ohne die Folgen für ihre Entscheidungen tragen zu müssen. So wie das turbo-kapitalistische System läuft, sind sie aber auch «Getriebene» und können weder steuern noch aussteigen. Die «Seifenblase» der Steigerung der Kurswerte muß aber platzen, wenn die «Geldmittel der institutionellen Investoren eines Tages den realen Wert der für die Anleger zur Verfügung stehenden Unternehmen übersteigen sollten», und das böse Erwachen wird kommen, besonders wenn man bedenkt, daß in den letzten 20 Jahren der Gesamtwert der Aktien an den Börsen der Welt um 1000 bis 1500 Prozent zugenommen hat, die Wirtschaftsleistung in den traditionellen Industriestaaten aber nur um knapp mehr als die Hälfte. An einem einzigen Tag ist der Wert der Telekom-Aktie um 20 Milliarden Mark gestiegen, der Internet-Buchhändler amazon.com wird mit 20 Milliarden bewertet, obwohl er noch keine Mark verdient hat – der «Wert» beruht also auf Spekulation ohne «Substanzmehrung des Unternehmens».

In der Tat, wenn nicht ein PDS-Funktionär, sondern der langjährige Vorstandsvorsitzende von Daimler-Benz, erste Adresse der deutschen Wirtschaft, im Jahre 1999 zustimmend darauf hinweist, daß «viele Autoren darüber nachsinnen, ob Marx und Engels nicht doch vor 150 Jahren mit ihrem Kommunistischen Manifest den Finger in die richtige Wunde gelegt haben», gibt dies zu denken.

Die Staaten aber sind gegenwärtig nicht hinreichend in der Lage, ihre Aufgabe gegenüber den wirtschaftlichen Prozessen im globalen Rahmen zu erfüllen, weil sie

- als Nationalstaaten die globalen Bewegungen und Probleme nicht steuern können und
- die Funktionsträger meist nur kurzfristig, d. h. in Wahlperioden, denken.

Der Nationalstaat ist für die Bewältigung des ökologischen Umbaus der Weltwirtschaft und die Organisation weltweiter

66 «Auf den Chefetagen haben die Einkommen stratosphärische Höhen erreicht. Sanford Weill, Ko-Vorsitzender des Bankgiganten Citigroup, strich 1997 gut 230 Millionen Dollar ein; Disney-Boss Michael Eisner wird im Alter eine Milliarde auf dem Konto haben.» (Christian Tenbrock, Party für die oberen 10000, in: Die Zeit, Nr. 50, 9. 12. 1999, Wirtschaft, 33) Der Hinweis auf diese Fehlentwicklung hat nichts mit Sozialneid zu tun, sondern mit Entscheidungsfindung und Verantwortung sowie der Folgenabschätzung von Entscheidungen bei Führungskräften: Sie müssen die Folgen ihres Handelns kaum noch tragen.

gerechter Handelsbedingungen, die allein eine Verelendung der Zivilisationen in der südlichen Hemisphäre verhindern könnten, zu klein. Er ist umgekehrt für die Gestaltung nachhaltiger Wirtschaftskreisläufe und systemischer Sozialbeziehungen in den Regionen zu groß.[67] Die gesellschaftlichen Bildungs- und Kommunikationsprozesse sind immer noch zu einseitig hierarchisch orientiert.

Es bedarf also

- weltweiter Gremien mit Kompetenzen und Aufsichtsfunktionen, die langfristig denken und Rahmenbedingungen schaffen für die Übereinstimmung des ökologischen und ökonomischen wie politisch-demokratischen Interesses, eine Art internationales Öko-Kartellamt, analog zu einem internationalen Gerichtshof;
- des Bürger-Engagements bei der Teilung von Arbeit und Verantwortung, damit auch die Privatsphäre entlastet wird und Zeit für umfassendere Erziehung und Bildung frei wird, auf deren Grundlage die öffentlichen Diskurse, die wir oben angesprochen hatten, überhaupt erst möglich werden.

4. Praktische Möglichkeiten des Handelns hier und jetzt

Muß das, was wir als notwendige Veränderung der Wahrnehmung und des Handelns beschrieben haben, Utopie bleiben? Sind politische und vor allem wirtschaftliche Gruppeninteressen so stark, daß jede Hoffnung auf rationales politisches Handeln angesichts der vielfältigen Krisen unrealistisch wäre? Mir scheint, daß dem nicht so ist. Einsicht im hier beschriebenen Sinn kann durch geeignete Kommunikationswege öffentlichen

67 Hier sei auf detailliertere Beobachtungen und Vorschläge von Ervin Laszlo verwiesen: Das dritte Jahrtausend. Zukunftsvisionen, Frankfurt a. M.: Suhrkamp 1998, bes. 80ff. Ich teile Laszlos Meinung, daß eine «bewußte Evolution» möglich und wünschenswert sei, indem das systemische Weltbild der Wissenschaften endlich die reduktionistischen «Mythen» der westlichen Rationalitätskultur ablöst und eine Bewußtseinsveränderung durch Schulung der Bewußtseinspotentiale auf breiter Basis erstrebt wird.

Druck erzeugen, der Meinungen verändert und entsprechendes politisches Handeln nach sich zieht. Es kommt darauf an, diesen Druck durch mediale Kommunikation in der öffentlichen Debatte zu erzeugen und institutionell umzusetzen. Dies braucht einen langen Atem, und schnelle Ergebnisse sind gewiß nicht zu erwarten. Ob wir genügend Zeit haben, um z. B. die Erwärmung der Erdatmosphäre zu stoppen, steht dahin. Aber von vornherein auszuschließen, daß der Mensch des Besseren fähig sei, ist rational nicht einsichtig. Wie die Klimadebatte um das Kyoto-Protokoll in den Jahren 2000 und 2001 gezeigt hat, ist der Egoismus bzw. Lobbyismus außerordentlich stark. Aber das Ergebnis der Debatte hat doch Tatsachen geschaffen, die wirtschaftlich relevant werden: Selbst die geringste Reduktion des Ausstoßes von Kohlendioxid erzwingt neue Technologien, die Innovationsschübe ermöglichen, woraus sich die technische Überlegenheit der Innovatoren ergibt, was wiederum wirtschaftlich wirkungsvoll ist – Veränderungen also, die der Trägheit des Faktischen entgegenwirken. Um den hier intendierten öffentlichen Druck zu verstärken, kommt mittelfristig den Institutionen besondere Bedeutung zu, die Werte, Meinungen und Verfahrensgewohnheiten besonders stark prägen und vermitteln, also den Bildungsinstitutionen, den Medien und auch den religiösen Institutionen. Ich kann und muß mich hier auf wenige Anmerkungen zu ausgewählten Handlungsfeldern beschränken. Ich wähle den Bereich der Religionen (besonders der interreligiösen Konfliktlösung) und der Bildung, weil ich in diesem Bereich arbeite und weil beide Bereiche zentral für die Entwicklung der menschlichen Gesellschaften sind.

Allgemein

Frieden, Freiheit und Gerechtigkeit hängen so eng miteinander zusammen wie Freiheit, Gleichheit und Brüderlichkeit oder Hoffnung, Glaube und Liebe bzw. Mut, Klarheit und Menschlichkeit. Die Freiheit hat ihre Grenze an der Freiheit des Anderen. Die Freiheit der Anderen erstreckt sich nicht nur auf die gegenwärtig Lebenden, sondern auch auf zukünftige Generationen. Dementsprechend ist die Frage, wie wir unserer Welt und Mitwelt (Tiere, Pflanzen, die gesamten Ökosphäre) begegnen, an das Freiheitsproblem und an die genannte Einschränkung der Freiheit geknüpft: Menschliche Handlungsfreiheit hat ihre Grenzen an der Freiheit zukünftiger Generationen, einschließlich der Generationen von pflanzlichen und tierischen Arten, ohne deren Schutz und Erhalt das Leben überhaupt gefährdet würde.

Das gilt auch im kulturellen und religiösen Bereich, und zwar national wie im Dialog der Kulturen. Denn auch die Religionsfreiheit hat ihre Grenze an den Grundrechten des Anderen. Wer dagegen verstößt, muß rechtsstaatlich zur Verantwortung gezogen werden. Alle religiösen Gruppen, ungeachtet der Mehrheitsverhältnisse, einschließlich der großen Institutionen (wie z. B. Kirchen, finanzstarke Tempelorganisationen usw.), sollten im Recht national und international gleich behandelt werden. Freilich bedarf es der Konsensbildung darüber, was als religiös gelten kann und wer den Schutz der Religionsfreiheit für sich in Anspruch nehmen darf. Dafür notwendig ist ein *öffentlicher und transparenter Diskurs*, an dem sich alle Religionen, so sie es wünschen, beteiligen können – auf kommunaler, Länder- und Bundesebene und auf internationaler Ebene. Dafür wiederum bedarf es ziviler Institutionen («Runde Tische»). Solche Institutionen würden Öffentlichkeit erzeugen und Rechtshilfe bieten. Diese Diskurse hätte vorrangig zwei Aufgaben:

- Aufklärung und die Herstellung von Transparenz im interreligiösen Austausch,
- Klärung der Kriterien, was im jeweiligen Bereich (in der Wirtschaft, der Wissenschaft, der Religion) als akzeptabel und nicht akzeptabel gelten könne.

Bildung

Für den Bereich der Bildung vom Kindergarten bis zur Universität möchte ich ganz grundsätzlich formulieren, daß Bildung mehr ist als Ausbildung für bestimmte Funktionen bzw. Berufe.

Es geht um eine Erziehung zur Verantwortung und eine Verantwortung zur Erziehung im Sinne des solidarischen Mit-Seins mit allen anderen Wesen eingedenk der durch die Vernunft erkannten Vernetztheit aller Ereignisse und Gestalten in der Welt.

Daraus folgt für die Inhalte und Methoden der Bildung eine neue Bestimmung der Prioritäten, nämlich:

- nicht nur mehr (und in einigen Bereichen vermutlich weniger) Quantität des Wissens, sondern *Bildung des Bewußtseins* selbst (Übungen zur Konzentration und zum Erkennen von Vorurteilen, systemisches Denken, Analyse der Denkprozesse, um Widersprüche zusammendenken zu können, Einübung in Lernmethoden)
- *meditativ-synthetisches* Erfassen der Wirklichkeit, ästhetische Schulung, wie oben ausgeführt;
- die Gewichtung der Rolle von *Vorbildern* und Leitbildern.

Kurz, es geht um ganzheitliche Bildung von meditativen, ästhetischen und intellektuellen Aspekten der *einen* Erziehung. Dazu möchte ich ein allgemeines Konzept vorschlagen, das in Ansätzen bereits vielerorts in Akademien, Tagungsstätten der Kirchen und in freier Trägerschaft, zunehmend auch in Schulungszentren der Wirtschaft, Einzug findet, das aber prinzipiell auch in den Hauptstrom der schulischen und universitären Bildung integrierbar wäre, nämlich die *kontemplative Akademie.*

- Eine solche Akademie bemüht sich um eine Pädagogik der Schulung von Wahrnehmung zur Öffnung für kreative Lebensgestaltung, die aus kontemplativem Schweigen kommt. Sie will Ideen und Lebensgestaltungsmuster zusammenführen und reflektieren, die an vielen Orten bereits im Entstehen begriffen sind. Denn alternative Möglichkeiten ganzheitlicher Bildung und Lebensgestaltung sind nicht nur für die Entwicklung des Individuums, sondern als unterschiedliche Modelle für zukunftsfähige gesellschaftliche Lebensmuster vonnöten. Wie wir schon sagten, ist wirklich das, was als wirklich wahrgenommen wird. Deshalb sollen das Spektrum und der Wille zur Wahrnehmung geschult werden. Wahrnehmungsprozesse sind interaktiv, d. h., sie spielen sich zwischen Individuum, Gesellschaft und ökosphärischer Mitwelt ab. Deshalb bedarf es neuer Räume, in denen die Gestaltung solcher Interaktion eingeübt werden kann.

- Dabei kommt es darauf an, die *spirituellen, ästhetischen* und *intellektuellen* Dimensionen von Wahrnehmung und Gestaltung in ihrer aufeinander bezogenen Dynamik bewußt werden zu lassen und zu entfalten. Diese drei Aspekte durchdringen einander auf der Grundlage einer aktiven Passivität, durch die Projektionen, Ängste und Stereotype abgebaut werden können, d. h., *schweigende Anschauung* ist Voraussetzung für Kreativität in Wahrnehmung und Gestaltung. Die kontemplative Akademie will in gemeinschaftlicher Lebensgestaltung allen, die jene Einheit von spirituellen, ästhetischen und intellektuellen Aspekten suchen, einen Rahmen bieten. Durch gemeinschaftliche Bewußtseinsschulung kann der Vereinzelung einerseits und der Vermassung von Geschmack und vorgefertigter Information andererseits eine Alternative entgegengestellt werden.
- Die Fragmentierung des Wissens, von Wissen und Gestalten, von Kultur und Natur usw. ist eine der Hauptursachen für die gegenwärtige Unübersichtlichkeit und scheinbare Unmöglichkeit der Selbstverantwortung in komplexen gesellschaftlichen Prozessen. Daher ist es sinnvoll, interdisziplinär zu arbeiten, wobei die handwerkliche Arbeit und Bildung ebenso bedeutsam ist wie die Schulung der ästhetischen Ausdrucksfähigkeit und der intellektuellen Reflexion. Auf der Grundlage einer meditativen Praxis kann die Akademie Bewußtseinsschulung, emotionale Schulung, Sensibilität für die tierische und pflanzliche Mitwelt, Erprobung einfacher und dabei ästhetisch hochkultivierter Lebensgestaltung sowie den philosophischen, politischen und ökonomischen Diskurs miteinander verbinden. Sie soll ein Übungsfeld für achtsames Menschsein unter den Bedingungen und Herausforderungen der heutigen gesellschaftlichen Entwicklung sein.[68]

68 Daß dieses Modell eine Nähe zur Waldorf-Pädagogik hat, ist unübersehbar. Neu sind die Bedingungen der Globalität im wirtschaftlichen wie

Drei Werte-Prinzipien für alle Bildungsaufgaben:

1. Weil sich Machtkonzentration sowohl durch Informationsentzug als auch durch Informationsüberschwemmung auszeichnen kann, wird Spezialisierung des Wissens, die zur Unübersichtlichkeit führt, zur Selbststabilisierung von Bürokratien, nicht aber zur Lösung von Problemen führen. Gesamtwissen wird unterdrückt und durch subsystemische Wahrnehmungen ersetzt, so daß Problemlösungen, die den eingefahrenen Verhaltensweisen («Sachzwang») alternativ wären, im Ansatz blockiert werden. Die grundsätzliche Frage lautet deshalb: Welcher Werte bedarf es in der Pädagogik von Problemlösungsstrategien, um dieser Reduktion auf Subsysteme entgegenzusteuern? Es geht also um *systemische Methoden und systemische Wissensinhalte.*

2. Das Problem der Werte, nach denen gehandelt wird, letztlich also auch ein mit den Religionen verbundenes Problem, stellt sich in modernen pluralistischen Gesellschaften so dar: Wenn im Gefolge der Aufklärung jeder nach seiner Façon selig werden kann und soll, so muß gefragt werden, wie überhaupt Façon zustande kommt. In den traditionellen Religionen geschah dies:

- durch Tradition,
- durch Sukzession,
- durch Diskurs – besonders dann, wenn mehrere Traditionen vorliegen, die bewußt erworben werden müssen, um sie zu besitzen.

Unter interkulturellen Bedingungen muß prinzipiell mit unterschiedlichen Neugestaltungen von «Religion» bzw. Wertegebern gerechnet werden, wobei in modernen pluralistischen Gesellschaften Überlagerungen bzw. Synthesen entstehen. Hier ist als Grundeinstellung nicht nur Toleranz erforderlich, sondern *Akzeptanz*, das *prinzipielle Interesse an der Andersheit des Anderen* und am Geltenlassen, an der Achtung des Anderen durch Vermeidung von Vorurteilen. Diese Haltungen müs-

interkulturellen Sinn sowie die Bedeutung des demokratischen Diskurses aller politisch aktiven Kräfte.

sen eingeübt werden, woraus sich die Befähigung zum *Kompromiß* entwickelt.

3. In der religiösen Sozialisation fehlt es häufig an *kritischer Aneignung*, was sich unter den Bedingungen des Pluralismus fatal auswirkt. Die Folge davon ist nämlich, daß an die Stelle des Erkenntniswillens gegenüber der eigenen Relativität die bloße Behauptung tritt, im *Besitz* des Gültigen (der Wahrheit, der Autorität des Guru etc.) zu sein. Deshalb fällt es schwer, Regeln für den pluralistischen Wertediskurs zu suchen und zu erarbeiten. Ziel der Bildungsaufgabe ist daher die Einübung einer *kritischen solidarischen Vernunft*.

Beispiel: Interkulturelles/Interreligiöses Lernen als Schulfach

Der Fächerkanon in unseren Schulen stammt vorwiegend aus dem 19. und frühen 20. Jahrhundert. Die meisten Zusammenhänge werden dabei auseinandergerissen, d. h., Wirtschaft und Geist, Politik und Kunst erscheinen als weitgehend getrennte Bereiche. Dies muß zu unzulänglicher Wahrnehmung führen, wenn unsere Ausgangsthese richtig war, daß alles menschliche Handeln Kultur ist.

Ein weiterer Mangel, der sich besonders in pluralistischen und interkulturell geprägten Gesellschaften schmerzlich bemerkbar macht, ist der viel zu spät einsetzende Fremdsprachenunterricht. Sprachen werden in der Kindheit ganz anders gelernt als in der Adoleszenz oder im Erwachsenenalter. Das frühe Erlernen mehrerer Sprachen prägt und relativiert Denkformen, was wiederum die Kreativität fördert und die Einstellung zu anderen Lebensgestaltungen bzw. Kulturen beeinflußt. Gegenargumente lassen sich schnell entkräften, wenn man beobachtet, wie in vielen Ländern der Welt Kinder mehrsprachig aufwachsen, und die Wirkung dieser Tatsache auf ihre Entwicklung studiert.

Religionen spielen als Wertesysteme und Identitätsgeber auch im 21. Jahrhundert weltweit eine entscheidende Rolle, sie verdienen daher auch in der politischen und bildungspolitischen Öffentlichkeit in Europa viel größere Aufmerksamkeit, als dies auf Grund der Entwicklungen seit der Aufklärung gegenwärtig der Fall ist. Nur in Europa ist im Zuge der Säkularisierung die Rolle der religiösen Institutionen dramatisch verblaßt, aber dies ist weltweit die Ausnahme, und selbst in Mittel- und Nordeuropa spielen Religionen eine durchaus nicht unbedeutende Rolle. Das bedeutet:

1. Die Bildungsinstitutionen sollten dafür sorgen, eine kritische Distanz sowohl zu den traditionellen Sprachmustern als auch zu den Begriffen der Selbstwahrnehmung von Gruppen zu ermöglichen und im Diskurs zwischen allen Beteiligten Kriterien zu erarbeiten, die auf *alle* religiösen Strömungen in der pluralistischen Gesellschaft (einschließlich der Kirchen) angewendet werden, damit höchstmögliche Transparenz entsteht.

2. Interkulturalität erzwingt einerseits die *historische* Fragestellung nach den verschiedenen Ursprungsbedingungen von Werten in unterschiedlichen Sprach- wie Religionsräumen, andererseits die *hermeneutische* (verstehenstheoretische) Frage nach den Kommunikationsbedingungen zwischen einander widersprechenden Werten und Wertesystemen in heutigen Gesellschaften. Die Bildungsbemühungen sollten sich deshalb verstärkt darauf richten, die Bedingungen und systemischen Varianten von *Wertebildungsprozessen* erkennbar zu machen.

Welche Form des Religionsunterrichts bzw. der Vermittlung unterschiedlicher kulturell/religiöser Werte dem demokratischen Staat und den Interessen der in der Pluralität miteinander umgehenden religiösen Gruppen am besten gerecht wird, ist strittig und sollte unter dem Gesichtspunkt der Vermittlung von Kompetenz in interreligiöser Kommunikation erörtert werden: Vorurteile werden abgebaut und Hilfen zur persönlichen Entscheidungsfindung gegeben dadurch, daß man umfassende und sachlich korrekte Kenntnisse über die eigene wie zumindest eine fremde Werte-Tradition (Religion) erhält, deren Vermittlung nicht durch institutionelle Machtinteressen filtriert ist.

Demnach könnte der Religionsunterricht dreigliedrig gestaltet werden, wonach

- erstens eine *bekenntnisgebundene* Einführung und Beheimatung in einer bestimmten religiösen Tradition erfolgt,
- zweitens eine neutrale *religionswissenschaftliche* Betrachtung die unterschiedlichen religiösen Traditionen in Beziehung setzt und
- drittens eine *dialogische* Einübung in Verstehen und Kooperation zwischen verschiedenen Traditionen gelehrt wird.

In welchen (Alters-)Stufenmodellen dies konkret umzusetzen wäre, ist ein spezielles entwicklungspädagogisches Problem, das wir hier nicht erörtern wollen.

Politische Institutionen

Wir hatten gesehen, daß eine der dringendsten Aufgaben in diesem Bereich weltweit und national darin besteht, Regeln und Institutionen für den fortlaufenden Dialog zwischen Gruppen und Partikularinteressen zu erstellen. Das heißt, daß *Regeln* für die Kommunikation und nicht feststehende inhaltliche Dogmen gesucht und gefunden werden müssen. Dabei kann es keine aufoktroyierte Gesprächsagenda geben. Die bisherigen Institutionen wie UNO oder UNESCO sind zu unflexibel und zu globalistisch, so daß sie nur punktuelle Konferenzen zustande gebracht haben, nicht aber einen fortlaufenden Diskurs initiieren konnten. Wahrscheinlich ist es sinnvoll, daß zunächst regionale und auch nationale «interkulturelle runde Tische» eingerichtet werden, die von Politik, Wirtschaft und den Finanzinstitutionen gesponsert und ihnen mit Rechenschaftspflicht zugeordnet werden. In den Diskursen sollten sich die Kompetenzen der vier großen gesellschaftlichen Gruppierungen heutiger Kulturen bündeln, nämlich Kultur/Religion, Politik, Industrie und Medien/Journalismus.

Wenn man dieses Modell im größeren Rahmen, vor allem auf international/interkultureller Ebene anwendet, stellen sich folgende Probleme, deren *Bewußtwerdung* bereits ein wichtiger Aspekt des Dialogs und ein Schritt zur Lösung selbst ist, nämlich:

1. *Alle Kulturen begegnen heute einander auf einer westlich-kulturellen Basis*

Im 20./21. Jahrhundert begegneten und begegnen die Kulturen einander de facto nicht als gleichberechtigte, sondern in einer *Struktur* und unter Bedingungen, die als solche der europäisch-amerikanischen Tradition entstammen. Das betrifft die Sprache (Englisch), die Kommunikationssysteme, die Bankensysteme usw. Für viele Länder (wie z. B. Indien) gibt es sogar intern keine andere Möglichkeit, als in Englisch zu kommunizieren. Dies ist unvermeidlich, aber es ist ein Problem. Denn die Sprache und die Macht über die Kommunikationsmittel sind unmittelbare politische Macht, die Ungleichgewichte schafft. Daraus folgen Unsicherheiten, Identitätsängste und psychologisch bedingte Fundamentalismen (die in der arabischen Welt, im Iran, in Indien und anderswo fast immer von Gebildeten konzipiert werden!). Diese Ungleichgewichte betreffen aber auch Europa und Amerika bzw. seine Kultur und Religion selbst, denn auch hier werden traditionelle kulturelle Systeme durch Rationalisierung und Technisierung überrollt. Gegenströmungen in Gestalt von Gefühls-Romantik, nationalistischer Anti-Amerikanismen oder eines neuen Militarismus, diverser Fundamentalismen usw. treten überall auf. Es gibt demzufolge auch «kulturelle Grenzen des Wachstums» hinsichtlich der Globalisierung, und dies müssen die global operierenden Institutionen (UNO, Weltbank, multinationale Industrieunternehmen, aber auch NGOs usw.) mit Sensibilität bedenken lernen.

2. *Langfristige Perspektiven sowie transnationale politische und juristische Institutionen werden immer wichtiger*

Die weltweite politische Machtverteilung betrifft drei Ebenen: Globalität, Nationalstaaten, teilautonome Regionen. Das Schwergewicht liegt noch bei den Nationalstaaten, wobei die Tendenzen zu ihrer teilweisen Entmachtung unübersehbar und wohl auch zwingend sind, wenn globale Institutionen Aufgaben übernehmen, die nur globale Lösungen zulassen (Klimaschutz, internationale Rechtsinstanzen usw.) und regionale teilautonome Strukturen dafür sorgen, daß die ausufernde

Macht von Bürokratien eingedämmt wird. Das Nationale und nationale Institutionen sind weiterhin wirksame Instanzen der Identifizierung und lebensweltlichen Ordnung, auch und gerade für nicht-staatlich organisierte und anerkannte Völker (Tibeter, Kurden usw.), die auf Teilautonomie, sprachliche und kulturelle Anerkennung sowie Religionsfreiheit drängen. Um hier Lösungen zu finden, könnten die nationalen Identitäten teilweise einerseits dezentralisiert werden, d. h. in kleineren regionalen kulturellen und lebensweltlich identifizierbaren Räumen mit legalisierten Teilautonomien «kantonalisiert» werden, andererseits in transnationalen Zusammenschlüssen im wirtschaftlichen, finanzpolitischen, außenpolitischen und militärischen Bereich Stabilität und Sicherheit gewinnen. Die lokale und regionale Vielfalt würde gestärkt, und nationale Gewaltmonopole können gleichzeitig in größere Rahmen eingebunden werden. Die Idee vom «Europa der Regionen» könnte hier weltweit Modellcharakter gewinnen, wenn sie konkreter ausformuliert und weltweit debattiert wird.

Gegenwärtig sind in diesen Belangen eher Rückschläge zu verzeichnen, weil die Konzeptlosigkeit der internationalen Politik *langfristige* Handlungsmuster verhindert. Wie schon gesagt, hängt dies mit der Struktur der nationalstaatlich organisierten politischen Systeme zusammen. Im Zusammenhang mit der Reform der Organisation der Vereinten Nationen sollten internationale «Denkinstitutionen» geschaffen werden, denen institutionell Einfluß gegeben werden müßte. Außerdem braucht die internationale Ordnung zahlreiche zivilgesellschaftliche Institutionen (NGOs), die nationale wie internationale Gesetze und Strategien auf ihre Nachhaltigkeit prüfen. Wenn ihnen die Politik ganz bewußt Spielräume einräumt, also Macht abtritt und durch juristische wie finanzielle Unterstützung ihre Wirksamkeit in der weltweiten Öffentlichkeit garantiert, könnten solche Institutionen öffentliche Meinung schaffen und damit politischen Druck erzeugen. Sie wären im nationalen wie internationalen Geschehen so etwas wie eine zusätzliche «Kammer» in den Entscheidungsprozessen.

3. *Anerkennung von einander ergänzenden Identitäten vernetzt Gruppen, die bisher einander ausschließen, zu Systemen des Dialogs*

Wir hatten über die wechselweise Stabilisierung unterschiedlicher Identitäten im religiösen wie im politischen Rahmen gesprochen. Ausschließlichkeitsansprüche im religiösen wie im politischen Bereich sollten in dieser Perspektive überwunden werden durch das, was wir *universale Relationalität* nennen können, d. h. die intellektuelle und gefühlsmäßige Anerkennung der Tatsache, daß alles Leben, jede Kultur und jede Religion relativ und in Beziehung zu anderen Lebens- und Kulturformen entstanden ist und existiert. Keine Sprache, Religion, Kultur oder Einsicht ist einfach «vom Himmel gefallen», auch und gerade dann, wenn sie himmlische oder göttliche Wirklichkeit zu repräsentieren beansprucht. Das Wahre bzw. Göttliche wirkt in, mit und unter der Vielfalt kultureller Formen. Das bedeutet, daß die politische Anerkennung vieler gleichzeitiger regionaler Identitäten neben der trans-nationalen globalen Identität des einen Menschseins bewußt gemacht und wirklich gewollt werden muß. Die Vielfalt in der menschlichen Lebenswirklichkeit wie in der Natur ist ein kostbares Gut. Jede Reduktion, die zunächst Vereinfachungen verspricht, erweist sich langfristig als Verlust, ganz abgesehen davon, daß solche Reduktionen meist nur durch Ausübung von Macht und durch Verdrängung des jeweils Anderen zustande kommen. Versuchungen zur Verdrängung oder Einverleibung des Anderen, ob im individuellen oder gesellschaftlichen, im politischen oder religiösen Bereich, sind oft subtil und treten im wohlmeinenden Gewand oder unter dem Anspruch der Alleinvertretung von Wahrheit auf. Solchen Versuchen muß widerstanden werden, indem die politischen und juristischen Institutionen, vor allem aber die Bildungssysteme, entsprechend vorbeugen.

Wohl nur unter diesen Voraussetzungen wird Globalisierung nicht zum Schreckgespenst für die Freiheit der Individuen und der einzelnen Völker. Globale Identität wird zwar vornehmlich durch wirtschaftliche Kooperation wirksam, kann aber für die beteiligten Menschen langfristig nur durch *universale* letztgültige (spirituelle) *Werte* legitimiert werden, die *gemeinsam* erarbeitet werden müssen. Dann wird die alte Hoffnung auf die Gemeinschaft freier Bürger im Sinne echter Anerkennung des Anderen wirksam, und nicht bloß als herablassende Toleranz oder gar Gleichgültigkeit.

5. *Schluß*

Was also sollen wir tun? Uns selbst sowie jeweils einander eine Erziehung zur Verantwortung und eine Verantwortung zur Erziehung ermöglichen. Erziehung ist dabei der Mut zur Wahrnehmung jeweils weiterer Zusammenhänge, der Verknüpfung ethischer, intellektueller und ästhetischer Lebensgestaltung. Es geht um Erziehung zum Aufbruch aus festgefügten Denk- und Lebensmustern in der Grundhaltung der Ehrfurcht vor allem Leben in jetzigen und künftigen Generationen.

Auflösung der Aufgabe von Seite 173:

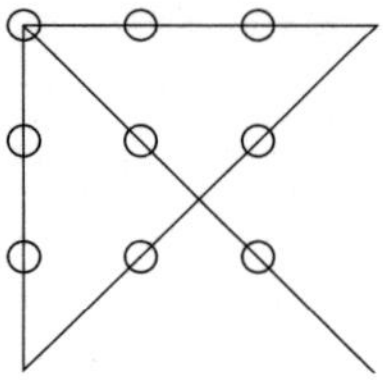